검도와 인생
Kumdo in my life

붓글씨_우곡 김종권

검도와 인생

이종원

직지

검도와 인생

저자_ 이종원(professore@naver.com)

초판 1쇄 인쇄_ 2023. 4. 28

발행처_ 직지
발행인_ 이보식

등록번호_ 제195호
등록일자_ 2014. 10. 15

경기도 용인시 수지구 대지로 58, 가-503(선진포리스트) 우편번호_ 16873
대표전화 070-4248-1021, 010-2024-8848, 팩스 031-266-1022

저작권 ⓒ 2023 이종원
편집저작권 ⓒ 2023 직지

ISBN 979-11-955262-5-3 00690

이 책은 저작권법에 의해 보호받는 저작물입니다.
저자와 직지의 서면 허락 없이 내용의 일부를 인용하거나 발췌하는 것을 금합니다.
잘못된 책은 구입처에서 교환해드립니다.
책값은 표지에 있습니다.

독자의견 전화_ 070-4248-1021
홈페이지_ http://www.jikjimedia.com
이메일_ jikji7@gmail.com

좋은 책이 좋은 사회를 만듭니다.
도서출판 직지는 독자 여러분의 의견에 항상 귀 기울이고 있습니다.

閑古錐

乙未秋 崇山 李鍾垣

닳아서 끝이 무디어진 송곳이란 뜻으로
모든 것으로부터 자유자재하게 되어 서슬이 가신
원숙의 경지를 가리킨다는 선어(禪語)이다.
출전 _ 법정, 성철, 「설전(舌戰)」
붓글씨 _ 이종원

프롤로그

　인생 나이 일흔을 넘기고 검도 나이 예순 가까이 되니까 검도도 인생도 이제 조금 알 것 같다. 인생 종심(從心)은 아직 멀었지만, 검도 이순(耳順)은 얼추 되어가는 것 같다. 서로 다른 다양한 견해의 검도가 이제 이해되고 또 각기 다른 장점이 눈에 띈다. 넘쳐나는 유투브 자료들을 요즘도 매일 몇 개씩 본다. 대부분 아는 것이지만 배우는 것이 많다. 참 재미있다. 천재적 소질을 가진 U-tuber들이 많다. 공자님 말씀대로 '학이시습지 불역열호아(學而時習之 不亦悅呼)'이다. 그런데 대부분 좋은 책이나 잡지(인터넷잡지 포함)나 유투브가 물 건너 온 것들이다. 국내 제작품들은 드물고 내용이나 기술 수준도 떨어진다. 젊은 사범들이 용기를 내어 만든 것들 중 발전 가능성이 큰 것들이 늘어나고 있다. 좋은 현상이다. 우리 나이에 할 수 있는 것은 역시 책을 쓰는 일이다. 이제 나이든 검도인으로서 우리 검도 후배들에게 읽을 거리를 제공할 의무 또한 느낀다. 국산품의 수준이 외제만 못하더라도 이용하다 보면 세월 지나 현대차처럼 국제수준에 도달할 수도 있지 않을까.

　만 65세에 수원대학교를 정년하고 성균관대, 경희대 등 대학원에서 유럽경제와 국제 경제 및 경영을 강의하다 만 70세가 되니 강의도 연령제한에 걸렸다. 그러나 검도에는 정년이 없다. 퇴직 후 모교인 용산고 주말 검도 지도와 용인대에 나가다가 코오롱스 포렉스(강남역)에서 검도 강의를 맡았다. 시설(바닥)도 대우도 좋지는 않지만 즐겁다. 배우는 사람들도 초보자가 많지만, 기본을 가르치는 것이 참 재미있다. 가르치면서 배운다. 이를 통해 내가 좋아하는 교학상장(敎學相長)을 경험한다.

  2010년 입원치료 중 성경을 보다가 "남은 가르치는데 왜 자신은 못 가르치는가?" 글귀를 읽고 크게 회개한 적이 있었는데, 이번엔 석가모니의 말씀을 듣던 중 그보다 더한 깨달음을 얻었다. 즉, 자신을 남보다 먼저 가르치고 행동함으로써 남을 가르치라는 것이다. 한마디로 말해 솔선수범(率先垂範)이 가장 좋은 교육방법이라는 것이다. 공자님도 배우고 익히지 않은 것을 남에게 가르치지 말라는 가르침을 주었는데, 이 교훈은 검도에 부합한 것이라고 생각한다.

  서산대사(西山大師)는 "눈 내리는 들판을 함부로 걷지 마라. 오늘 나의 발자국을 보고 뒷 사람들이 따라 오니까."라는 선(禪詩) 시를 남겼다. 이 모든 가르침이 우리 검도 선생들을 보고 하는 말인 듯하다. 익히지 않은 것을 가르치지는 않는가. 무섭다! 그래서 옛날 선생님들은 말씀을 삼가셨구나 하는 생각이 든다.

그러나 오늘날은 시대가 바뀌어 검도를 과학적으로 연구하고 지도 방법을 체계화하여 통일하고 모든 세계 검도인들이 공감할 수 있는 방향으로 빠르게 세계화가 진행되고 있다. "Think globally, act locally." 거대 담론에 우리만 예외가 될 수는 없다. 따라서 우리 검도인은 합리적 사고와 효율성을 중요시하는 한편, 국제수준의 교양과 검도 지식을 갖추어야 한다. 가까운 일본에는 해마다 수 천 편의 검도 논문과 검도 기고문, 수 백 편의 유튜브 그리고 수십 권의 검도 서적이 출판된다. 다른 것들은 우리나라가 일본검도의 대체로 10분의 1 수준이지만 논문은 100분의 1, 전문 서적은 1000분의 1 정도나 될까 모르겠다. 이것이 내가 이 책을 내는 이유이다.

랍비 해롤드 쿠시너가 말한다. "인생의 목적은 이기는 것이 아니다. 인생의 목적은 성장하고 나누는 것이다." 필자는 스스로 묻는다. "검도의 목적은 무엇이냐? 이기는 것이냐? 아니다! 검도의 목적은 서로 배우고 성장하고 운동의 즐거움을 함께 나누는 것이다." 내가 배우고 경험한 것들을 정리해 검도인들에게 읽을 거리를 제공하고 또 비판받아 서로 성장하고자 본서를 집필한다. 검도를 가르치는 일도 책을 읽는 일도 책을 쓰는 일도 다 즐거운 일이다. 이 즐거움을 여러분들과 함께 나누고 싶다.

사실 이러한 검도 잔소리 같은 책의 원조는 1998년 출간된 이노우에 선생의 「검도와 인간의 도」이다. 70년 이상 검도한 90대의 노검

객이 조국의 미래를 걱정하며 승부위주의 검도와 이를 방관하는 전일본검도연맹을 비판하며, 청소년들에게 검도정신에 입각한 바른 교육을 시킴으로써 바른 인간을 만들자는 훌륭한 책이었다. 그 책을 보고 왜 한국에는 이런 책이 없을까 하는 의문과 해동검도를 하는 사람이 이를 번역한 것도 좀 의아했다. 우리 검도인들은 무얼 했는가? 이노우에 선생은 우리 부모뻘 되는 옛날 분이므로 시대에 뒤처지는 부분도 있었다. 극우적인 애국관이라든가 남성우위 사상이 그런 것들이다. 그럼에도 불구하고 검도를 하는 사람들에게 꼭 읽어 보기를 권한다. 필자는 스포츠 검도를 배운 사람으로서 이런 옛날 분들의 경지를 따라갈 수는 없겠지만, 글로벌 시대 올바른 검도 이해와 검도인들의 교양을 위해 이에 준하는 본서를 본인의 경험을 바탕으로 준비하였다. 거기에 인간이라는 말을 붙이는 것은 너무 엄청나 감히 쓰지 못하고 필자의 경험을 말할 수 있는 삶이라는 뜻의 인생(人生)이라는 말을 감히 써 보았다.

   끝으로 선배제현들과 동료 검도인 여러분들의 지도와 편달을 부탁드리며, 편집부터 교정까지 담당하며 영리성 없는 본서를 기꺼이 출판해준 이보식 사장께 깊이 감사드린다.

癸卯年 꽃피는 계절에
대한민국의 검도가 세계 속에
우뚝 서기를 염원하면서 李鍾垣拜

목차 _CONTENTS

- 프롤로그 · 8
- 에필로그 · 402

Chapter 1　서재 여적 · 18

Lecture 01　우리는 검도 대인인가?　· 20
Lecture 02　인생의 단계별 좌표와 검도 이정표　· 26
Lecture 03　검도호흡　· 30
Lecture 04　탈무드의 입과 군자의 입　· 34
Lecture 05　윤리방정식과 검도 대련　· 37
Lecture 06　골프와 검도 : 개그맨 김국진의　스윙비법　· 40
Lecture 07　검도와 무릎건강　· 43
Lecture 08　코로나 이후 세태변화 : 학연, 지연보다 느슨한 관계를 원한다　· 47
Lecture 09　동갑인 홍수환과 조용필 그리고 최백호로부터 검도를 배운다　· 50
　　　　　　 - 4전5기 신화의 홍수환　· 51
　　　　　　 - 고희 넘긴 가왕 조용필　· 55
　　　　　　 - 새 음반 낸 노가수 최백호　· 60

Chapter 2　검도 에세이 · 64

Lecture 01　제25회 대선기 대회와 김영달 선생님 추모　· 66
Lecture 02　용고검도반 1966년 입학 동기 회고　· 70

Lecture **03**　미완의 퇴임사　·76
Lecture **04**　오사카 무자수업　·92
Lecture **05**　베트남 검도여행　·114
Lecture **06**　2016년 한일 대학검도교류를 마치고　·119
Lecture **07**　한국대학선발팀 대 관동대학선발팀 경기관전기　·130

Chapter 3　고사성어 ·138

생활 속의 고사성어 ·140
Lecture **01**　가인박명　·140
Lecture **02**　간담상조　·142
Lecture **03**　강태공　·144
Lecture **04**　과유불급　·146
Lecture **05**　군자불기　·150
Lecture **06**　노익장　·152
Lecture **07**　무항산무항심　·155
Lecture **08**　백전백승　·158
Lecture **09**　온고지신　·161
Lecture **10**　타산지석　·163
Lecture **11**　할계언용우도　·165
Lecture **12**　형설지공　·167
Lecture **13**　호연지기　·171
Lecture **14**　화룡점정　·173

수련 속의 고사성어 ·175
Lecture 15 수파리 ·175
Lecture 16 존심과 양기 ·177
Lecture 17 사무사 ·182
Lecture 18 예기 ·184
Lecture 19 공자의 계사전에서 ·188
Lecture 20 하수와 고수 ·190
Lecture 21 장자의 칼과 목계 ·192

Chapter 4   짧은 교훈과 검도 ·202

01 플라톤의 5가지 행복 ·204
02 간디가 손자에 남긴 7가지 악덕 ·204
03 천국에서 쓰는 말 7개 ·205
04 라틴어 3마디 ·206
05 검도 사범의 3박자 ·206
06 이어령의 6C ·207
07 톨스토이의 인생 의문 3가지 ·207
08 석가의 2가지 인생 문제 ·208
09 김형석 교수의 오래 사는 비결 4가지 ·208
10 다산의 인생교훈 5가지 ·209
11 브롭리의 늙지 않는 법 ·211
12 주신중의 인생 5계론 ·211
13 상대를 움직이는 공세 5가지 요소 ·212

14 펠레의 마지막 한마디 ·213
15 탈무드의 첫 번째 가르침 ·214
16 친한 사람에게도 하지 말 것 3가지 ·214
17 미야모도 무시시의 나쁜 발 3가지 ·215
18 여동빈의 칼 3자루 ·216
19 괴테에게 인생달인이란? ·217
20 하버드대 70년 연구결과 '행복 7요소' ·217

Chapter 5 검도교훈 ·218
Lecture 01 검도인생 10훈 ·220
Lecture 02 검도 3력 ·229
Lecture 03 검도 3불 10법 ·237
Lecture 04 검도 10독 10법 ·239

Chapter 6 검도 경기와 심판 ·254
Lecture 01 제103회 전국체육대회(2022년) 검도부문 총평 ·256
Lecture 02 제18회 대한체육회장기 생활체육대회 심판장 ·261
Lecture 03 2016년 청주마스터십대회 심판장 ·264

Chapter 7 검도 심사 · 270

Lecture **01**   8단심사평 · 272
Lecture **02**   5단심사평 · 278
Lecture **03**   검도의 본 심사 유의사항 · 285

Chapter 8 끝이 없는 길(道) · 290

Lecture **01**   검도본(사토 나리아끼 선생께 질문) · 292
Lecture **02**   검도(엔도 마사히로 선생께 질문) · 306
Lecture **03**   미해결 과제– 선생은 다 알아야 하나? · 310

Chapter 9 검도 연구 · 318

Lecture **01**   중세유럽의 무술과 검도 비교연구 · 320
Lecture **02**   사에(SAE)있는 수내작용과 격자 · 366
Lecture **03**   격자의 전제조건인 공세의 의미와 방법 · 386

氣 位

範士
李鍾坦

Chapter 1
서재 여적[1] _명언과 검도

1 글을 다 쓰거나 그림을 다 그리고 난 뒤에 남은 먹물

Lecture **01** 우리는 검도 대인인가?
Lecture **02** 인생의 단계별 좌표와 검도 이정표
Lecture **03** 검도호흡
Lecture **04** 탈무드의 입과 군자의 입
Lecture **05** 윤리방정식과 검도 대련
Lecture **06** 골프와 검도: 개그맨 김국진의 스윙비법
Lecture **07** 검도와 무릎건강
Lecture **08** 코로나 이후 세대변화: 학연, 지연보다 느슨한 관계를 원한다
Lecture **09** 동갑인 홍수환과 조용필 그리고 최백호로부터 검도를 배운다
　　　　　　- 4전 5기 신화의 홍수환
　　　　　　- 고희 넘긴 가왕 조용필
　　　　　　- 새 음반 낸 노가수 최백호

우리는 검도 대인인가, 소인인가?

옛날 책을 읽다가 보면 성인, 군자, 우인, 대인이나 소인이라는 말을 흔히 발견한다. 과연 우리는 검도 대인일까? 아니면 소인일까? 성인은 아무나 되는 것이 아니므로 역사적으로 보더라도 그 수가 아주 적다. 석가, 공자, 소크라테스, 예수 네분은 세계 4대 성인으로 추앙받고 있으며 마더 테레사 같은 분들도 그런 반열에 속하고 있다.

송나라 대학자 사마광은 사람을 성인, 우인, 군자, 소인 네 분류로 나누고; 군자란 재주를 가지고 좋은 일을 하고 소인은 재주를 가지고 나쁜 일을 한다고 했다. 우인은 어리석은 자로 나쁜 일을 하려고 해도 그 지혜가 두루 살필 수 없다. 그는 다움(德)과 재주(才)의 유무를 가지고 이렇게 분류했으며 군자란 다움과 재주를 다 함께 갖추었는데 덕이 재보다 뛰어난 사람을 일컫고, 소인은 재주가 덕을 뛰어넘는 사람을 일컬었다. 따라서 군자란 소인과 인간적으로 정반대가 되는 사람이다. 군자는 정의(正義)를 생각하며, 소인은 이익(利益)을 생각한다. 군자란 '정신'을 사랑하고 소인은 '재물'을 사랑한다. 공자는 "소인은 간사하고 교활하므로 여자와 어린애들의 환심을 잘 사며, 그들의 사귐은 아교 같고 꿀 같다."고 하였다. 군자는 태도에 무게가 있으며 오만하지 않고, 소인은 오만하지만 무게가 없다.

결국 이 두 그룹의 차이는 군자는 정의(正義)를 행하고 도덕과 참다운 인간성을 내세우지만, 소인은 불인(不仁)을 부끄러워 하지 않고 불의(不義)를 두려워 하지 않으며 오로지 자신의 이익에만 집착한다.

이를 우리 검도인에 적용시켜 보면 어떠할까? 우선 검도 성인은 극히 소수일 것이므로 제외하고 보면 그 다음은 군자인데, 군자 또한 역시 너무 거창하다. 돌아가신 분들에게나 성인 군자를 논하는 것이 맞지 않을까 싶다. 따라서 군자를 대인으로 바꾸어 놓고 보면 우리들을 검도대인, 검도우인, 검도소인 세 그룹으로 나눌

수 있을 것이다. 이와는 별도로 검도에는 명인이나 대가라는 말을 사용할 수 있으므로 이들도 대인그룹에 포함시키고자 한다.

　우선 현실적으로 보면 대부분의 검도인들은 검도를 좀 배우다 말며, 좀 더 수련하더라도 그 이치를 제대로 이해하지 못하고 중도에 하차하는 경우가 많다. 배우는 중에 그만 두었다는 의미에서 이들을 검도학생으로 보면 검도우인의 범주를 벗어나지 못할 것이다. 옛날 벼슬하지 못하고, 즉 진사나 생원도 되지 못한 분들이 돌아가시면 비석에 학생(學生)....라고 써 드리지 않았던가. 옛날에는 평생 배우다 간 분들이 대부분이었던 것 같다.

　한편 검도 명인이나 대가로 불리우려면 8단 승단은 필요조건인 것 같은데, 우리나라 검도인구 최대 70만명 중 80명에 불과하며 일본 역시 700만명 중 800명 정도로 그 비율은 대체로 비슷하다. 검도인의 약 천 분의 1정도로 매우 낮다. 명인(名人)은 평생을 수련하여, 그 기와 술이 한 도에 도달한 분들을 지칭할 수 있겠으며, 대가(大家)는 설사 그 재주가 명인만큼은 아니더라도 평생수련하여 바른 검도와 바른 정신으로 제자를 많이 키워내며 일가(一家)를 이룬 사람이 아니겠는가? 이와 별도로 필자는 검도대관인이라는 말을 만들어 가끔 사용하고 있는데, 이들은 검도를 있게끔 판을 벌려주고 검도인을 교류하도록 만들어 주는 사람들이다. 또는 검도도장을 만들어 기증하거나 대회를 창설하며 검도를 후원하는 분들이다. 꼭 8단이 아니더라도 검도팀을 만들고 지방검도회나 검도단체에 헌신하는 분들도 이에 해당할 수 있을 것이다. 대관인(大官人)이란 말은 필자의 애독서인 수호지의 구문룡 사진 사대관인으로부터 따왔다. 그는 지방유지로 천명에 가까운 호걸들에게 숙식을 제공하고 무술수련을 하도록 장을 마련해 주므로 '대관인'이라고 불렸다.

이제 여담이지만 검도에는 수련의 정도와 인격형성의 단계에 따라 칭호를 수여하는데, 필자의 경우 연사, 교사 칭호를 받고는 그저 기쁜 느낌이었지만 범사를 수칭하고는 깜짝 놀랐다. 당시 연한은 지났지만 우리 또래들이 아직 아무도 범사가 없어 신청조차 하지 않고 있었는데, 마감 임박한 어느날 갑자기 신청하라는 권유를 받고 처음으로 범사심사 서류를 제출하였다. 그래서 운 좋게 범사칭호(範士稱號)를 받고 '증'을 받아 그 내용을 읽어보니 다음과 같이 적혀 있었다.

"귀하는 평생 검도를 수련하여 그 기와 술이 한 도에 이르고 투철한 상무정신과 고매한 인격이 모든이의 수범이 되므로 본 칭호를 수여함."

범사의 경지가 이런 것이라면 필자는 잘못 받았으며 그 자격이 없다. 사실이 아니므로 '반납해야 되나' 라고 생각도 해봤지만, 진정한 검도인이라면 그 부족한 점을 채워나가야 하지 않을까 하는 결론을 내렸다. 만일 상기 문구에 적합한 분이 있다면, 그는 검도 군자일 것이다. 과연 세계적으로 몇 명이나 있을까?

대부분의 8단이나 범사들은 검도 명인이나 대가에 해당될 수 있겠으며, 상당수의 고단자들은 아마도 검도 대관인이 아닐까 생각한다. 돌아가시고 제자들이 그 분을 추모해 대회를 만들어 추모한다면 아마도 그분은 검도 군자나 대인으로 불려도 되지 않을까 한다. 얼마 전 대선 김영달 선생님 추모대회에 심판장으로 다녀와 생각해 보니, 돌아가시고 25년째 추모대회가 열리고 있음을 보면 선생님은 검도군자이심이 확실하다. 이와 비슷한 대회가 남원, 남해, 부산, 광주에서 열리고 있음은 참 아름답고 바람직한 일이 아닐까 한다. 또한 8단 제자를 여러 명 배출한 분들 역시 검도대인으로 손색이 없을 것이며, 세계대회 입상 이상의 기록을 가졌거나, 국내대회에서 발군의 실력을 보인 분들 역시 검도명인의 자격이 있지 않을까 생각한다.

또한 일선에서 검도보급에 앞장 선 관장, 감독, 지도사범 뿐만 아니라 좋은 검도를 수련할 수 있는 여건을 조성해 주는 많은 분들 역시 군자나 대가는 아니더라도 대관인 또는 이에 준하는 훌륭한 분들이다.

필자는 대학교수로 재직하면서 평생 바른 검도를 수련하며 문무겸진(文武兼全)하려고 노력하였다. 또한 검도를 배우고 가르치는 교학상장(敎學相長)이 즐거워 일흔이 넘은 지금도 매일 검도를 배우고 또 가르치면서 인생의 즐거움을 찾고 있다. 그러나 분에 넘치는 검도대인의 대우를 받고 있으니 부끄럽다. 아마도 더 잘하라고 단과 칭호 제도를 만들어 놓은 것이 아닐까 생각하며 남은 여생 더 노력하면서 진인사대천명(盡人事待天命) 해보겠다.

인생의 단계별 좌표와 검도 이정표

공자께서 말씀하시기를 나는 열다섯에 학문에 뜻을 두었고 서른살에 자립하였다. 마흔살이 되어서는 미혹되지 않았고 오십에는 하늘의 뜻을 알았다. 예순살이 되자 귀에 거슬리는 말이 없어졌고 일흔살이 되니 마음 내키는 대로 살아도 법도를 넘지 않았다.

15세 志學 30세 而立 40세 不惑 50세 知天命 60세 耳順 70세 從心

필자는 20세에 대학에 들어가고 30세에 유학가고 35세에 교수되고 40세에 엄청난 나이 스트레스를 받은 기억이 생생하다. 불혹의 나이에 난 아직 이게 뭔가? 옛 사람들에 비해 학문적 성취가 턱없이 부족했기 때문이었다. 이후 50세나 60세에는 큰 불편 없이 맞았다. 50세에 한국유럽학회장이 되고 60세에 한국무역학회장으로 바쁜 날을 보냈다. 70세가 넘은 지금은 어느 때보다 마음이 편하다. 사회적으로 꼭 성취해야 할 기대와 부담이 없으며 돌볼 어린 자녀도 없고 경제적으로도 어느 때보다 여유롭다. 다만 나이 때문인지 건강이 예전 같지 않고 먹는 약 개수도 늘고 병원 출입 빈도수가 자꾸 늘어난다.

다음은 대전 백련검도관 박종봉(교사, 7단) 관장이 쓴 글에서 따왔다.
10대에 검도를 하면 자신감이 생기고
20대에 검도를 잘한 사람은 30대에 당당하다.
30대에 검도를 한 사람은 40대에 늠름하다.
40대에 검도를 해둔 사람은 초라하지 않은 50대를 맞을 수 있다.
50대에 검도를 게을리하지 않은 사람은 60대가 되어도 두려워하지 않는다.
60대에 쉬지 않고 검도한 사람은 누가 위로해 주지 않아도 당당하게 70대를 맞을 수 있다.
70대에는 검도의 진미, 인간존중을 알 수 있으며
80대에는 평온을 찾을 수 있다.
 필자의 경우 검도는 10대에 시작하여 2단을 따고 20대에 5단을

30세에 6단을 취득하고 이탈리아에서 국가대표팀을 맡으며 검도를 보급했다. 마흔에 7단 승단하고 수원대에 검도부를 만들고 김영달 선생님께 無心(마음을 비움)이라는 글을 받아 면수건을 만들고 연구실에 그 액자를 걸어두었다. 후에 또 敬劍愛人(검을 공경하고 사람을 사랑하라)의 면수건도 만들었다. 그리고 50세에 8단 승단하여 기념 면수건에는 氣山心海(기세는 산과 같이 웅장하고, 마음은 바다와 같이 넓고 잔잔하게)를 60대 범사 수칭 때는 우곡 김종권 서예 선생님께서 군자의 칼을 쓰라고 義劍(의로운 칼)을 면수건 글로 써 주셨다. 65세가 되어 수원대학교에서 정년퇴직할 때는 이제 물러나서 조용히 살겠다는 다짐으로 閑古錐(다 닳아 끝이 뭉툭한 송곳)를 이번에는 필자가 직접 써 액자로 서재 벽에 걸고 또 면수건을 만들어 지인들에게 돌렸다. 70세에는 검도본 책을 내고 또 국내 최초로 검도본 대회를 용고검도부 동문OB들과 함께 만들었으나, 아직 검도 화두나 좌우명을 정하지는 않았다. 아마 일생을 살아가며 가장 편안한 삶을 사는 시기라 너무 편해 나태해졌는지도 모르겠다. 나이가 드니 더 이상 성공(검도 승단이나 진급 또는 논문작성 등)할 일도 없고 사회와 가족이 지웠던 책임(가장이나 대학교수로서의)과 의무(부모봉양과 자식양육)가 가벼워지니 자연히 이타적(altruism)이 된다. 앞에서 박관장이 주장하는대로 70대에는 인간존중을 알수 있을까? 이 책(필자의 세 번째 검도책)을 쓰면서 속으로 생각하는 화두는 放下着(집착하는 마음을 내려 놓아라!)이다. 80대에는 방하착하여 마음의 평온을 찾아 치지 않고 맞아주는 '마음의 검도'를 할 수 있을까?

여담으로 선친께서는 가훈 외에도 우리들에게 易地思之(입장 바꿔 놓고 생각하면 이해 못할 일이 없다)란 말씀과 思無邪無不敬(삿된 생각을 하지 말고 모든 사람을 중하게 여겨라)이란 말씀을 자주 해 주셨다. 우리 검도인보다 요사이 정치인들이 들으면 더 적합할 것 같다. 연전에 관동대학선발팀 단장으로 내한한 검도본 저자인 사토 나리아키 선생은 자기 저서에 愼獨(신독)이란 글귀를 써 필자에게 주었다. 신독은 독신 또는 근독(謹獨)과도 같은 뜻인데 옛날부터 우리 선비들이 수신(修身)할 때 첫 번째로 지켜야 할 덕목이다. 우리 검도인들도 옛 선비에 준해 이를 명심해야 하지 않을까?

검도호흡

바람직한 검도호흡: 3-2-15, 일반호흡은 4-7-8

　검도를 오래 하면서 늘 어렵고 궁금한 것이 호흡과 명상이었다. 누구나 호흡하고 그 중요성을 잘 알고 있지만, 우리나라에서는 체계적으로 배우거나 가르치지는 않는다. 대부분 사람들은 태어날 때부터 누구나 자연호흡을 하면서 숨이 끊어질 때까지 생명을 유지한다. 검도도 이와 같이 자연호흡으로 하는 사람들이 많다. 검도의 경우, 필자는 묵상할 때나 연격할 때는 호흡에 신경쓰지만, 대련할 때는 상대에게 노출되지 않는 범위 내에서 자연호흡으로 해 온 것 같다. 그러다가 조선세법을 배우면서 기합을 넣지 않으니까, 순간순간 잡념이 떠 오르며 집중이 흐트러지는 느낌을 받았다. 그래서 나름 호흡에 맞춰 해 보니 크게 도움이 되었다. 호흡의 원리는 일단 검도본 호흡법에 맞추어 시작했다. 즉, 동작을 취할 때 숨을 들이마시고 이동 중 숨을 조금씩 내 보내거나 멈추고, 칠 때는 내쉬되 약간의 숨을 남겨두는 방식이다. 장의찬 의학박사는 "스님들이 참선을 하면서 호흡에 맞추어 하지 않는다면, 그 오랜 시간을 견디지 못할 것이다."라고 말했다. 필자는 템플스테이에서 불교식 호흡으로 겨우 15분 정도를 잡념없는 상태를 유지했을 뿐이다. 검도의 묵상이나 대련 중에도 잡념이나 4계 등으로 무념무상의 상태를 오래 지속하기 힘들다. 만일 호흡을 잘 할 수 있다면, 명경지수의 상태를 다 오래 유지할 수 있지는 않을까?

젊은 시절 호흡에 대해 생각했던 것들을 정리해 2012년 필자의 첫 검도저서인 '검도는 평생친구' 제 4장에 기고한 적이 있어 이번에 참고하였다. 그리고 최근에 호흡에 관한 세계적인 베스트셀러인 제임스 네스터(James Nestor)의 '호흡의 기술'을 읽고 호흡의 중요성을 다시 깨닫는 차에 유재주 역 '신 8단의 수행' 22장 산노미야 카즈히로의 '호흡을 단련하여 더 높은 검도를 지향한다.'를 접하게 되었다. 그런데 놀랍게도 이 세 가지 방식은 모두 대단히 유사하여 한 뿌리인듯 하였다.
먼저 세계적인 권위자인 네스터 박사의 4-7-8을 소개한다.
- 숨을 들이쉰 다음, 입으로 휴우 하면서 숨을 내쉰다.

- 입을 다물고 속으로 넷까지 세면서 코로 조용히 들이쉰다.
- 숨을 참으며 일곱까지 센다.
- 휴우 하며 입으로 한껏 숨을 내쉬며 여덟까지 센다.
- 적어도 4회 반복한다.

  산노미야는 4-4-8의 호흡을 하다가 검도에 적합한 3-2-15의 호흡법으로 변경하였다. 즉, 처음에 숨을 들이마실 때는 배를 볼록하게 하고, 숨을 멈출 때는 전신에 약간 힘을 넣고, 내쉴 때는 배를 쏙 들어가게 하는 복식 호흡의 방법이다.

  필자는 천천히 산책할 때는 5-5-10(15)으로 묵상할 때는 3-2-10(15)으로 3동작은 3-2-5, 2동작은 1-2-2으로 한다. 연격을 할 때는 좌우머리 9번과 마지막 큰 머리까지는 숨을 멈춘 채 이어서 한다. 그러므로 처음 큰 머리 치고 칼을 들 때만 두 번 호흡하게 된다. 숨을 내쉬는 시간이 약 15초 정도 된다. 이 15초간 숨을 참을 수 있으면 9차례 정도의 연속공격이 가능하다. 대련 및 시합 중에는 상대에게 호흡을 노출해서는 안 되므로 가능한 코로 조용히 호흡해야 한다. 일족일도 거리에서는 작고 조용하게 호흡하다가 숨을 멈추고 공세로 상대를 이긴 후 기합과 함께 공격하며 공기를 내보낸다. 검도본도 묵상과 비슷하게 자세를 취할 때 숨을 들이쉬고 3보 이동 중에는 숨을 멈추거나 조금씩 숨을 내보낸다. 상호중단으로 맞설 때까지는 숨을 들이쉬면 안 되고, 칼을 쉬어칼로 내릴 때 들이쉬고 5보 물러갈 때는 가볍게 숨을 내쉰다. 중단에서 자세를 취할 때 숨을 들이쉬고 숨을 멈추거나 조금씩 내보내면서 중앙의 위치로 나아간다. 숨을 내보낼 때 단전을 완전히 비우면 숨이 꼬임으로 안 된다.

호흡을 초 단위 시간으로 계산해 보면 3초 들이쉬고 2초 참고 15초 내보내면 약 20초가 한 호흡이다. 분당 3번 호흡하므로 2분이면 6번 3분이면 9번이 된다. 만일 숙달되지 않아 5초나 10초 동안만 내뿜는다면 힌 호흡에 10-15초가 되므로 약 2-3분 호흡에 약 12회 정도 호흡하게 된다. 이 정도가 묵상에 적합하지 않을까 생각한다. 이상의 호흡에 무슨 법칙이 있는 것은 아니고 사람마다 편한 호흡을 하면 된다. 그러나 복식호흡과 코로 들이쉬고 입으로(또는 코로) 내쉬는 것이 일반적이다. 폐전문 서효석 한의사는 「입으로 숨 쉬면 병 걸린다」라는 저서를 발간하기도 했다. 결론적으로 필자는 코로 들이쉬고 배에 저장했다가 입으로 길게 내쉬는 심호흡을 권장한다. 이 호흡법은 건강에도 틀림없이 좋을 것이다.

탈무드의 입 그리고 군자의 입

　탈무드의 우화에 혀에 관한 것이 나온다. 어느 날 왕이 두 광대를 불러 각각 세상에서 가장 선(善)한 것과 가장 악(惡)한 것을 찾아오라고 명을 내린다. 왕의 명을 받은 두 사람은 몇 년 동안 전국을 돌면서 찾아온 것이 공교롭게도 같은 것이었다. 둘다 '혀'를 찾아와 내놓은 것이다. 세상에서 가장 선한 것도 악한 것도 혀라는 것이다. 글이 종이에 쓰는 언어라면 말은 허공에 쓰는 언어이다. 자칫 말이 나오면 허공으로 사라진다고 생각하기 쉽지만, 말의 진짜 생명은 그때부터 시작된다. 한번 내뱉은 말은 자체의 생명력으로 공기를 타고 번식한다.

　품격의 품(品)은 입 구(口)가 셋으로 만든 글자인데, 입을 잘 놀리는 것이 그 사람의 품위를 가늠하는 척도라는 것이다. 노자는 혀를 다스릴 줄 아는 자는 천하를 다스릴 수 있다고 했다. 도덕경 56장을 보면 "아는 자는 말하지 않고, 말하는 자는 알지 못한다(知者不言 言者不知)." 구절이 나온다. 논어에서도 입을 다스리는 것을 군자의 덕목으로 꼽았다. 군자의 군(君)을 보면, 다스릴 윤(尹) 아래 입 口자가 있다. 입을 다스리는 것이 군자라는 뜻이다. 세 치의 혀를 잘 간수하면 군자가 되지만, 잘못 놀리면 한 소인으로 추락한다.

 영국 작가 조지 오웰은 생각이 언어를 타락시키지만, 언어도 생각을 타락시킨다고 말했다. 나쁜 말을 자주하면 생각이 오염되지만 우리는 그 집에 살 수밖에 없게 된다. 덕담을 많이 할수록 좋지만 잘난척하면 사람들이 싫어하고, 허세에 한 번 속지 두 번 속지 않는다. 앞에서 할 수 없는 말을 뒤에서 하지 말자. 우리 검도인들은 어떠한가? 아니 어떻게 해야 되겠는가? 인격을 모독하는 막말을 하지 않는가? 모질게 말하지는 않는가? 아무리 말하는 사람의 생각이 옳더라도 사용하는 언어가 적절하지 않다면 상대방이 잘 받아 들이지 않을 것이다. 스페인 격언 중 "화살은 심장을 관통하고, 매정한 말은 영혼을 관통한다."라는 말도 있다.

검도지도자의 입은 어떤가? 다른 운동 지도자들처럼 거칠고 정제되지 않은 말을 사용하지는 않는지 되돌아 봐야 할 것 같다. 사람들을 말로 이끄는가? 말보다 올바른 행동과 진실된 마음으로 사람들이 따라오게 해야 한다. 검도에서는 솔선수범이 가장 중요한 덕목이 아닐까? 성경 다니엘 12장에 "사람들을 올바른 길로 이끈 사람은 영원히 별처럼 빛날 것이다."라고 했다.

윤리방정식과 검도대련

떨어져 어렵게 사는 모자가 모처럼 만나 회포를 풀고 함께 살 형편이 안되니 부득이 또 헤어졌다. 엄마가 집에 와 지갑을 보니 20만원과 "엄마 집값 보태 내세요."라는 메모를 발견했다. 한편 아들은 집에 와 책을 펴니 책갈피에 엄마가 몰래 넣어둔 20만원이 있었다.

이를 경제학적으로 보면 20-20=0 이므로 이들은 서로 이득도 손해도 없다. 윤리방정식으로 다시 계산해 보면, 엄마는 아들을 위해 20만원을 썼고 또 아들에게서 20만원을 받았으므로 20+20=40만원이 되고, 아들 역시 유사하게 계산하면 합이 40만원으로 큰 이득을 얻었다. 엄마와 자식의 이득을 합하면 80만원으로 둘 다 큰 돈을 번 셈이다. 여기에다 만일 모자의 기쁨까지 합하면 더욱더 커질 수밖에 없는 아름다운 계산법이다.

이 아름다운 윤리방정식을 검도에 적용시켜 보면 어떨까? 옛날부터 큰 선생님들이 맞아주는 검도를 하라고 가르치시지만, 이를 실천하기가 어렵고 또 말씀하신 선생님들도 좀처럼 잘 안 맞아주시는 것 같다. 왜냐하면 누구나 지기 싫어하고 맞기 싫어하기 때문이 아닐까? 사람의 심리가 한 대 맞으면 한 대 때려주고 싶기 때문일 것이다. 이러한 계산법은 경제학적 계산과 같다. 왜냐하면 경제학이라는 학문이 이기심을 바탕으로 하는 인간본성을 전제하기 때문이다. Give and take(주고 받기), no free lunch(공짜 점심은 없다)이란 것들이 자본주의를 대표하는 말들이다.

우리 검도를 "오른뺨을 맞으면 왼뺨을 내 놓아라."하는 종교적 계산법에 적용시키기에는 너무 어려우므로, 윤리학적 계산법으로 이해해 보기로 한다. 특히, 검도선생이 지도대련을 할 때 제자가 나를 때리면(유효타를 내면) 내가 잘 가르친 것이고, 내가 제자를 치면 아직 부족한 제자의 약점을 가르쳐 줄 뿐만 아니라 노스승의 건재함을 보여주는 것이므로 1-1= 0이 아니라 1+1= 2가 될 수 있으며, 교학상장(敎學相長)의 기쁨까지 있으니 이 아니 즐거운가?

1979년도 키타모토 국제강습회에 갔을 때 경시청 수석사범을 역임한 타나야 선생님이 내 손을 붙잡고 돌아다니면서 오늘 자기가 나에게 대련 중 손목을 한대 기가 막히게 맞았다면서 맞는 것을 즐기는 老선생님의 모습을 보고도, 필자는 아직도 마음을 비우고 있지 못한 것 같다. 상호 간의 대련에서도 "때리면 반성하고 맞으면 감사하라." 명언 중 전자의 경우 제대로 된 한판인가 돌아보고, 후자의 경우 상대가 나의 부족한 점을 깨닫게 하여 고칠 수 있는 계기를 마련해 주었다. 따라서 윤리방정식으로 계산하면 zero-sum game(영합의 게임)이 아니라 win-win(승승의)전략이 되는 것이다. 즉, 둘 다 이기고, 둘 다 이득을 얻는 것이다. 우리 검도인들도 계산법을 윤리방정식으로 바꿔 '지고도 이기는' 지혜를 득하자.

골프와 검도
개그맨 김국진의 스윙비법

　오랜 기간 검도를 지도하고 있는 필자에게 검도지도는 참 즐겁고 보람있는 일이지만 때로는 괴롭고 좌절하기도 한다. 백번 천번 말해도 변함없는 마이 웨이 검도인들이나 심사 때만 살짝 교정했다가 얼마 지나면 다시 원상복귀해 옛날 버릇대로 검도하는 후배님들을 보면서 참 안타깝게 생각한다. 6단 따면 6단으로서 부족함을 채우고 즉시 7단 심사 준비 모드로 들어가는 것이 바람직한데 오히려 원래대로 퇴보(승단의 요요현상)하는 것이다.

　나이가 들수록 검도를 가르치는 것이 재미있기도 하지만, 지도해도 개선되지 않는 사람들을 보면 자신의 역량 한계를 느끼며 검도사범으로서 회의를 느끼기도 한다. 필자는 무엇을 보든 늘 검도를 연관시켜 생각하는 버릇이 있는데, 어느 날 골프레슨계의 대부 임진한 프로의 레슨 장면을 보았다. 아! 부끄럽다. 평생 고치지 못해 골프를 그만 둘까 하는 사람들을 단숨에 바로 잡는다. 무슨 마술을 부리는 듯하다. 검도도 저렇게 고쳐줄 수 있으면 얼마나 좋을까? 그러나 각 운동의 특성이 다르고 또 당장은 되는듯 해도 그것이 체화(體化)되지 않으면 요요현상이 흔히 발생한다.

 이렇게 도사 같은 임 프로가 연예인 김국진씨를 극찬한다. 그 칭찬 내용을 보면 체중 이동을 하면서 한 번에 휘두를 줄 안다는 것이다. 힘을 빼고 주는 법을 알기 때문에 작은 체격으로 220-30m의 장타를 날릴 수 있다는 것이다. 참고로 그는 키 171cm에 체중 58kg의 왜소한 편이다. 그는 그립에 제로의 힘을 주고, 골반 회전과 함께 몸이 돌면서 클럽이 따라다니게 한단다. 또한 스케이트 타듯 체중이동, 즉, 오른발에 체중을 실으며 백스윙하고, 왼발로 체중을 옮기며 다운스윙을 하는 것이 장타의 비결이란다. 그의 말 중 "그립에 100의 힘을 주면 실수할 확률이 100, 10의 힘을 주면 실수할 확률이 10."이라는 말은 새겨들을 만하다. 우리도 손에 힘줘 꽉 잡으면 안되지 않는가. 도구를 사용하는 운동의 그립은 자전거 핸들 잡듯이 또는 우산 쥐듯이 해야 한다.

검도로 치면 수내작용 즉 데노우찌가 grip에 해당하는 것인데, 오른손을 꽉 잡고, 즉 그립에 강한 힘을 줘 오른손 중심으로 칼을 올리고 내리는 사람들이 의외로 많다. 오른손에 힘을 빼고 왼손도 소지와 약지에 가능한 적은 힘을 줘, 왼손 중심의 양손으로 가볍게 들어올리고(backswing) 같은 방식으로 칼을 내리게(downswing) 되면 칼끝의 궤적은 중심선에서 벗어나지 않는다. 좌우면이나 허리를 칠 때도 왼손은 항상 가운데에 있다. 왼손은 중심선에서 좌우 5cm 이상 벗어나면 안 된다.

골프는 클럽을 뻗어주고(원심력) 또 당기는 힘(구심력)을 함께 쓸 수 있어야 공에서 찰떡치는 소리가 난다는 것이다. 검도에서도 마찬가지이다. 왼손은 당기고 오른손을 밀고 마지막 손안을 조으는 힘이 있어야 칼끝에 힘이 들어가고 '사에'가 있는 타격이 발생하며 그 소리 또한 경쾌하게 나면 '산뜻한' 느낌이 난다. 골프와 달리 검도에서는 발구름까지 해야 하므로 검도가 더 어렵다. 검도를 한 사람이 골프를 잘 친다고 한다. 아마도 원리가 비슷하기 때문일 것이다. 그렇다면 우리가 골프에서 배울 점은 없겠는가?

검도와 무릎건강

　등산이나 운동을 하다가 흔히 무릎을 다친다. 유명한 배구선수 김연경은 무릎을 7번 수술했다고 하고, 유도선수로 매너가 훌륭하기로 소문났으며 100kg급 올림픽 은메달리스트인 조구함은 도쿄올림픽을 마치고 일곱 번째로 무릎 수술을 했다고 한다. 우리 검도계에도 운동을 그만 두게 되는 첫 번째 부상 사유가 무릎이다. 옛날 서정학, 김영달 선생님도 무릎 이상으로 운동을 조기에 접으셨다. 많은 검도인들이 무릎 수술(인공관절)을 했고 더 많은 분들은 불편함을 감수하고 운동을 하고 있다. 일본에서도 '슌교'가 불편한 노검도인들이 많다. 유명한 이강호 선수가 오래 전에 양 무릎 연골 시술을 했다는 말을 듣고, 그에게 물어본 후 필자 또한 오른 무릎 반월판을 3분의 1 다듬어 내는 시술을 검도인인 손용락 박사로부터 받았다. 수술을 하지 말라는 의사도 있었지만, 이강호 선수가 수술 후에도 국가 대표 선수로 활동했고 마흔이 넘은 지금도 현역 최고령 선수로 활동하고 있음을 보고 용기를 냈다. 결과적으로 보면 시술하기를 잘 했고 덕분에 팔순 넘어까지 운동할 수 있을 것 같다. 단지 두 가지 불편한 점은 정좌를 아직 못하고 발구름을 하면 아직 약간의 통증이 있다. 이강호 선수 말을 들으면 점점 회복된다니 그 말을 믿고 그 때를 기다리고 있다. 장의찬 박사가 시술 안해도 일상생활은 가능하니 가능하면 손대지 말라는 충고에 "검도를 못하면 무슨 재미로 사나?"하고 약간의 리스크를 부담했다. 장박사는 유럽형 의사 스타일로 인위적인 의료행위 보다 인체의 자율회복 기능을 중시하는 훌륭한 분이다.

이런 이야기를 일본 친구에게 했더니 깜짝 놀란다. 자기네들은 50대부터 무릎영양제를 복용하고 있으며, 자기는 벌써 15년째 매일 두 알씩 먹고 있단다. 우리들이 너무 무심한 것인지 아니면 안전불감증인지? 검도를 오래 하기 위해서는 무엇보다 우선 무릎이 튼튼해야 하므로 무릎을 보호하고 또 아껴 쓰는 것이 중요하다는 것을 건강을 잃고 이제 깨달았다. 일전 좋은 날에 용산고 검도장에 30여 명이 모여 운동한 적이 있었는데, 나이 든 7단 이상 고참들 중 반 정도가 무릎을 꿇는 정좌를 불편해 꺼리는 것이다. 문제가 심각하다. 이제 개인의 문제를 떠나 선수보호 차원에서 협회나 또는 각종 단체 차원에서 관심을 가져 체계적인 대응을 해야 될 것 같다. 오래전 안양의 모 중학교 검도부가 좋은 성적을 냈지만, 딱딱한 바닥에서 운동한 결과 반 정도의 선수들은 부상으로 인해 고교에 운동선수로 진학하지 못하게 된 안타까운 일도 있었다.

 필자가 다녔던 고교와 대학의 도장 바닥은 다행히 좋은 편이었지만, 이탈리아에서는 바닥이 대체로 딱딱했으며 심지어 대리석이나 호텔 카페트 위에서 운동한 적도 있었다. 당시에는 검도를 할래? 안 할래? 하는 존폐의 문제이었으므로 선택의 여지가 없었다. 이후 수원내에서도 검도 전용도장이 없어 딱딱한 체육관을 빌려 쓸 수밖에 없었다. 필자의 경우 아마도 딱딱한 바닥에 발구름하여 오른 무릎에 충격이 누적되어 쌓이지 않았나 생각한다. 최근 일본에서도 발구름을 너무 강하게 하지 말라고 교육하고 있다고 한다. 7-80년대부터 강한 발구름을 장려한 결과 발생한 부작용을 시정하고 있는 것 같다. 우리도 늦었지만 그래야 될 것 같다. 우리나라에서 검도하는 의사 선생님들 중 유난히 정형외과 선생님들이 많으신데, 이에 관한 연구나 기고가 없는 것 같다. 부디 장기적인 우리나라 검도발전을 위해 또 검도인의 건강보호를 위해 좋은 지침을 만들어 주면 대단히 고맙겠다.

　끝으로 무릎관절염을 극복한 어느 정형외과 의사 선생님의 무릎 강화 처방을 소개한다. 환자였던 그는 우선 체중을 줄이고 허벅지 근육을 키우라고 한다. 계단 오르기를 적극 권장하나 내려올 때는 승강기가 좋단다. 또한 무릎영양제나 연골주사를 권장한다. 그리고 피해야 할 것은 무릎꿇기, 쪼그려앉기, 높은 구두 신기, 무거운 짐 들기, 계단 빨리 내려오기 등을 피하라고 한다. 운동으로 그는 자전거 타기와 계단오르기를 강조한다. 우리 모두 무릎를 아껴 9988하게 평생검도를 합시다.

코로나 이후 세태변화 학연 지연보다 느슨한 관계를 원한다

COVID19 유행 이후 엠브레인 트랜드 모니터가 1000명을 대상으로 설문조사한 결과가 발표했다. 응답자 55%가 우리 사회에서 학연 지연문화가 없어져야 한다고 답했다. 또한 학연과 지연의 중요성이 예전 같지 않다는 답변도 46.9%에 달했다. 성인 약 10명 중 7명은 '느슨한 관계' 선호도가 높아졌다.

최근 세태를 보면 작은 결혼식과 가족장례식 등 모임축소, 비대면 강의, 재택근무 등 포스트 코로나 현상이 역력하다. 우리 검도계는 어떤가? 코로나19로 인해 검도인구가 감소하고 도장이 문을 닫는 등 위기상황이 발생하였으나, 3년 차 들어 각종 대회가 재개

되는 등 재활성화 조짐이 나타나고 있다. 그런데도 검도계에는 여전히 학연과 지연이 큰 변화없이 가장 중요한 인간관계로 작용하고 있는 것 같다. 과거 S대 집중으로 뒷말이 많았고, 요즘은 H고 전성시대라고 수근 거린다. 대한민국에서 끝까지 없어지지 않을 모임이 세 군데라고 하는데; 해병대 전우회, 호남향우회, 고대동문회였다. 그런데 최근에는 네번째로 ROTC전우회가 추가되었단다.

　형님 동생 하는 혈연주의와 지역주의가 우리 문화의 주류로 전승되어 왔으므로 쉽게 바뀌기는 어려울 것이다. 또한 순기능도 많으니 더욱 그러할 것이다. 그렇지만 그룹 내(inner group) 사람들과 우선 관계를 가짐으로써 그룹 밖(outer group)에 있는 사람들에 대한 배려가 부족한 것이 아닌가 우려된다.

　정치권에서도 보면 과거 군 출신들이 득세하다가 다음은 운동권 출신들이 그리고 최근에는 검찰 출신들이 요직을 꿰차고 있다. 과거 미국 카터 대통령 시절 조지아 사단이 있었고 김동진 외무장관 시절에는 DJ사단이 있었다. 관계(官界)에서는 특정학교 출신이 아니면 요직을 못했었기 때문에 KS(경기고 서울대)마크란 말도 나왔다. 요즘에는 집중현상이 많이 해소 되었지만, 여전히 외고나 과학고 등 특수고가 판을 치고 있다. 경찰에서도 경찰대 출신들이 과거 군대의 하나회와 같이 똘똘 뭉쳐 요직을 독점했었다. 학계에도 서울대와 미국 유학파가 주류를 이룬다.

 우리의 독특한 문화임에 틀림없지만, 지연, 학연, 혈연보다 능력위주(meritocracy)로 마음이 통하는(like-minded) 사람들과의 관계가 더 효율적이 아닐까? 일본 검도계에서도 오랫동안 행정은 동경대 출신이 그리고 검도 실기에는 검도가 강한 경찰 출신 검도전문가들이 역할을 분담해 과점해 왔었다고 한다.
 우리는 어띤가?
 탕평책으로 능력있는 다수를 참여시키는 것이 바람직하지 않을까.

동갑인 홍수환과 조용필 그리고 최백호로부터 검도배우기

필자는 1950년 8월 6일 낙동강 전투가 한창 치열할 때 낙동강가 경북 구미 비산동에서 태어났다. 지금은 공단이 들어서 아쉽게도 그 흔적이 모두 사라졌다. 국내 유명 연예인인 가수 조용필, 최백호 배우 안성기 그리고 권투선수 홍수환도 모두 동갑이다. 이들 중 최백호씨만 미사리 라이브 카페에서 한번 만났는데 동갑이라고 손님 이상의 환대를 받았다.

사실 국내외 여행을 다니다가 만나도 동갑이라면 쉽게 친구가 되는 것 같다. 검도계에서도 경시청의 엔도나 세키야마 8단 역시 동갑으로 각별한 친근감을 느끼고, 오사카의 하나자와나 동경의 야마자키와 야마모토도 그렇다. 이탈리아 시칠리아의 라파엘레

레오나르디 또한 동갑이라고 남다르다.

   최근 조선일보 주말 특집에 홍수환 인터뷰를 자세히 읽어보니 그의 권투인생에서 우리 검도인 역시 배울점이 있고, 최근 73세의 나이에 단독콘서트를 연 가왕 조용필로부터도 동갑인 필자는 많은 교훈과 깨달음을 얻었다. 우선 둘 다 십대부터 아직까지 쉼임 없이 한 분야에 매진하여 일가를 이루고 세계적인 스타가 되었다는데 부러움과 존경심을 동시에 느꼈다. 나이가 같아 같은 시대를 함께 살았기 때문인지는 몰라도 남다른 느낌으로 배울점이 많은 것 같다. 필자 역시 십대부터 우연찮게 검도에 입문하여 일흔 넘어까지 나름 열심히 지속히였지만 그들의 성과에 비하면 미미할 따름이다. 역시 73세의 나이에 신곡을 발표한 최백호 또한 존경할 만 하다. 그들은 무엇을 어떻게 했으며 무엇이 우리들과 다른가를 살펴보고 교훈을 찾고자 한다.

4전 5기 신화의 홍수환

   홍수환은 1977년 11월 27일 세계복싱협회(WBA) 주니어 페더급 초대 챔피언 결정전에서 2라운드에서 4번 다운 당하고도 3라운드에서 상대를 KO시켜 세계 챔피언이 되었다. 이후 네 번 쓰러졌다가 다섯 번째 일어난다는 4전5기가 우리의 옛말인 7전8기를 대신해 세간에 유행하였다. 그는 1950년생으로 필자와는 동갑이다. 그는 지금 국민 코치로 또 유투버로도 인생 2막을 살고 있다. 많이 배우지는 못했지만, 그가 하는 말 한마디 한마디가 삶의 지혜에서 나오는 진리이고 참으로 들린다.

투박한 그의 말이 내 귀에 꽂힌다. "몸통이 먼저 들어가야 돼. 그래야 팔이 쭉 뻗어지는 거거든. 팔부터 나가니까 안 되는 거야. 자 보라고! 타이슨, 걔는 완전히 발로 때리는거야. 체중이 다 실리잖아. 하체에서 잡아주면 어깨가 팍팍 돌아간다고. 모든 운동은 하체야 하체!" 이 명강의에 10-20대 여성들이 열광하고, 남성들은 "몸 돌리는 연습했더니 확실히 펀치력이 달라졌다. 괜히 전설이 아니다."라고 감탄한다. 어떤가? 검도랑 똑같지 않은가? 팔로만 치지 않는가? 상허하실(上虛下實)로 하체가 든든히 받쳐주는가? 하체로부터 공격을 시작하여 체중이 칼끝에 실리는가?

그는 고1부터 복싱을 시작해 아마추어 전적은 2전2패였으며 늘 눈탱이 밤탱이가 돼 집에 갔단다. 복싱을 반대하던 어머니가 이런 아들을 보고 "너 한번은 이기고 관둬라."라는 격려에 크게 힘입어 본격적으로 시작하게 되었다고 한다. 그 길로 경북 영천에 사는 김준호 선생을 찾아가 합숙하면서 프로로 데뷔했다. 김선생은 그에게 허리로 하는 권투를 가르쳐 줬으며 그는 불광동 고개를 뛰어 올라가며 연습했다. 그의 다음 말이 또 검도하는 나의 가슴에 닿는다. "아무리 훌륭한 스승이 있어도 연습하지 않으면 안 된다. 연습이 스승이다." 우리도 백련자득(百鍊自得)이라고 잘 알고 있지만 과연 충분한 연습을 하는지. 또 제대로 하는지.

그런 그도 쓰라린 패배의 경험을 가지고 있다. 숙명의 라이벌인 알폰소 사모라이다. 홍수환 복싱인생에 유일하게 2패를 안긴 장본인이다. 군인시절 LA 가서 그에게 1차 방어전에 지고 귀국해 1주일 영창에 갔었고, 제대후 2차전은 인천으로 그를 불렀다. 대전료 10만 달러를 마련하려고 집팔고 땅팔았는데 결과적으로 전재산을 다 날렸다. 빈털터리가 된 후 10살 어린 파나마 복싱영웅 카라스키야와 붙었다. 매스컴들은 "홍이 이기는 것은 낙타가 바늘구멍 들어가기."라고 했는데 네 번 쓰러지고 다섯 번째 일어나 KO시켰다. 그래서 그는 우리나라 복싱신화를 썼다. 그의 승리 뒤에는 충분한 연습이 있었다. 남산계단 1978개를 단숨에 올라갈 정도로 날마다 뛰었고, 사모라에게 진 후 그가 장작을 패면서 체력을 길렀다는 소리를 듣고 매일같이 통나무를 사서 장작을 팼단다.

그는 필자와 동갑이면서 아버지가 권투팬이었고(선친도 검도를 배우신 적 있음) 고1부터 시작한 점은 필자와 같지만, 그는 세계적인 챔피언으로 국민영웅이 되었고 필자는 우보만리로 slow and steady하게 검도를 수련한 결과 8단 범사가 되었다. 국민코치로 활약하는 그에게 미치지는 못하지만, 필자 또한 바른검도를 보급하면서 검도책을 써 많은 검도인들에게 읽을거리를 마련해주고 있다. 끝으로 그가 한 말 "링보다 인생이 더 무섭더라… 지금은 옥희에 완전 잡혀 살아."가 의미심장한 것 같다. 앞쪽은 다르지만 뒤쪽은 필자와 똑 같다. 동갑이고 같으면서도 다른 삶을 살아온 홍과 나는 의외로 공통점이 많으며, 그가 말하는 권투로부터 우리 검도인들도 배울 점이 많은 것 같다.

과거 필자는 아마복싱 관전을 즐겼는데 그들의 스텝만 유심히 본 적이 많다. 발만 봐도 알 것 같았다. 김기수로 대표되는 프로복싱도 참 좋아했다. 김기수 선수의 성실한 인간성과 복싱 선수들의 경쾌한 스텝 그리고 프로복서들의 승부근성은 우리가 배워야 하지 않을까? 필자는 군 복무 시절에 주둔지인 강원도 대표선수로 전국체전에 두 번 출전했었는데, 당시 함께 합숙하던 복싱선수들은 하루 줄넘기만 5-6시간을 하는 것을 보고 좀 따라해 보니 검도스텝에도 큰 도움이 되었다. 그래서 제자들에게 늘 줄넘기를 권하지만 따라 하는 사람이 드물다. 선수출신이 아닌 박혜연 관장도 줄넘기 덕분에 최근 7단 승단에 성공하였다.

고희 넘긴 가왕 조용필

73세 동갑인 조용필이 2시간 내내 23곡을 불렀다. 동갑인 필자가 두 시간 동안 23명과 대련할 수 있겠는가? 한 시간 이상은 가끔 뛰지만 두 시간은 우리 나이에 아무래도 무리가 될 것 같다. 필자 제자들에게 두 시간 동안 쉬지 않고 3분씩 40명과 시합하라는 제안을 했지만 아무도 성공하지 못했다. 조용필은 한국 최고의 가수로 이미자와 나훈아를 앞선다는 평가도 있으니까 실력은 당연히 대단하겠지만, 성대와 체력을 잘 관리한 절제력 또한 높이 평가할만 한다.

조용필은 배우 안성기와 서울 경동고를 1969년 졸업했다. 서울에서 5대 공립하면 경기 서울 경복 용산(필자 졸업) 다음 5번째 공립고교로 좋은 학교이다. 과거 서울대 입학생 기준으로 보면 경기고 250명 서울 200명 경복 150명 용산 100명 경동 50명 정도 들어가는 수준이니 그들 또한 공부도 잘했음이 분명하다. 조용필은 기타리스트로 활동하다 가수가 되었는데, 1977년에 부른 '돌아와요 부산항'으로 국민가수가 되었다.

 음치에 가까운 필자가 여기에서 그의 음악을 평하고자 하는 것이 아니고, 그의 음악하는 자세에서 교훈을 얻고자 함이다. 그는 우선 음악의 모든 장르를 넘나들며 국악, 클라식, 동요 등을 아우르고 예순 넘어 경쾌한 랩을 부르기도 하고 최신 음악흐름을 놓치지 않으려고 유튜브로 콘서트 영상 등을 접하고 있단다. 또한 준비되어 있지 않으면 무대에 서지 않는 완벽주의자이고 비싼 출연료 유혹에도 야간 업소에 한 번도 서지 않기로도 유명하다. 가수 라훈아도 재벌 이건희가 오라는 데도 가지 않고 와서 보라고 한 당당하면서도 멋진 면이 있었지 않은가! 조용필은 판소리로 목을 단련한 덕에 후두염을 앓고도 평양공연을 소화하였다. 그는 매일 2회씩 연습하며 건강관리를 위해 술은 가끔 마시며 소식하며 저녁 6시 이후엔 금식한다. 가수 양희은도 늘 열심히 하루 종일 8시간씩 연습하는 날이 많다고 들었다.

우리 검도인들이 이들 가수에게 배울 것은 연습이 아닌가 생각한다. 우리도 '연습만한 스승은 없다' 또는 '백련자득'을 말하면서 연습을 중요시하고 있지만, 문제는 과연 그렇게들 하느냐가 아닐까? 전설의 일본 챔피언 미야자키 형제는 정월 초하루 딱 하루만 연습을 쉰단다. 그런데도 손을 만져보니 맨들맨들하다. 테노우찌가 무척 부드러운가 보다. 형제가 하니까 더 자주 할 수 있을 것이다. 일본 동갑 친구 야마모토도 황궁경찰시절 때 하루 10시간도 연습했다고 하였다. 그들의 말을 들으면 부끄럽다. 최근 인터뷰에서 조용필은 죽을 때까지 배우겠다고도 하였다. 공자님의 '학이시습지 불역열호아'를 인용하면서. 그는 이미 왕인데도 또 더 배우고 익히겠다니 평범한 사람들은 얼마나 더 배우고 익혀야 되나?

가왕 조용필은 연말 가수왕을 몇 년째 독점하자 '이제 그만 받겠다'고 선언하고 후진들에게 길을 터줬다. 그래서 김수철, 이승철 등이 뒤를 이을 수 있었다. 또한 그는 숨은 고수를 찾아내 위대한 탄생을 요람으로 창작의 지평을 넓혔다. 건반 연주자 이호준을 비롯해 밴드 '사랑과 평화'의 베이시스트 송홍섭 등과 가수 유재하 등을 발굴하였다. 내 제자 내 새끼들만 챙기는 스포츠계에 경각심을 주는 훌륭한 처세이다. 히딩크가 와 계파에 관계없이 능력과 장래성 위주로 인재를 발굴해 훈련시킨 덕에 한국축구가 월드

컵 4강에 들 수 있었다. 그가 아니었으면 연고대 출신도 아닌 명지대 출신의 박지성이 어떻게 월드스타가 될 수 있었겠는가? 우리 검도계도 히딩크와 조용필에게 배워야 하지 않을까? 검도범사와 모든 8단들은 대한민국의 검도사범이 되어야지 한 지역이나 한 도장에 머물러서는 안 될 것 같다.

사회에서는 검도계를 연예계보다 더 인정하고 훌륭하다고 평가하고 또 그런 측면도 사실이지만, 우리는 여전히 그들로부터 배울 점이 많다. 첫째가 열정적인 연습이다. 그리고 나이 들어서도 꾸준히 노력하는 예술사랑과 체력관리이다. 직업군으로 따져 보면 가수가 가장 오래 산다고 한다. 왜일까? 우선 복식호흡으로 노래하고 인생을 즐겁게 살기 때문이 아닐까 생각한다. 우리 검도인들은 왜 장수하지 못할까? 왜 부상을 입어 오래 활동하지 못할까? 아마도 '절제(節制)'하지 못해 그럴 것이다. 필자도 무릎 연골 시술받고 반성을 많이 했다. 부상입고 다쳐 운동을 못하면 제자들이 어떻게 생각할까? 검도란 윗사람이 모범을 보여야 하기 때문에, 검도지도자는 호구쓰고 나설 때 리더십이 발휘될 수 있지 않을까? 지금부터라도 우리 검도인들은 의사검도회 김종현 회장 말대로 다치지 말고 남을 다치게 하지도 말고 절제된 운동을 하여 평생검도를 실천합시다.

 끝으로 여담 한마디로 마무리 하고자 한다. 일본 동군 주장으로 시합의 달인이신 한 선생님이 고소공포증으로 배를 타고 부산에서 서울로 와 함께 연습한 적이 있다. 대련 중 한번은 40대의 젊은 필자에게 70 가까운 범사가 아홉 번 공격하셔 기어이 득점하신다. 참 놀랍다! 검도란 공격이고 선(先)이라는 것을 몸소 보여 주신다. 끝나고 맥주 한잔 대접하면서 검도 잘 하시는 비결을 여쭈었다. 소탈한 그 분 왈 "검도를 잘 하려면 말이야 노래방에 가서 아랫배에 힘 넣고 큰소리로 노래를 부르고 춤을 많이 춰야해."도호분 선생님도 "춤을 춰라 그러면 검도를 잘 할 수 있다."라고 말씀하신 적이 있다. 음치와 몸치인 필자는 그분들만큼 검도 잘 하기는 다 틀렸나 보다 체념하고, 규범이 임기응변보다 더 중요한 검도본 연구에 매진해 국내 최초의 저서를 남겼다. 검도본을 연구하면서 검도에 대한 이해가 크게 깊고 또 넓어지게 되었다. 검도가 칼로부터 왔으니 검리가 같기 때문일 것이다. 또 한편 검도를 잘하는 사람은 검도본을 배우면 금방 더 잘한다. 왜일까? 검도수련을 통해 형성된 일종의 내공인 기위(氣位)가 우러나오기 때문일 것이다.

'낭만에 대하여'의 가수 최백호

　미사리 라이브 카페에서에서 만난 적이 있는 50년생 동갑인 가수 최백호가 73세의 나이에 새 앨범 '찰나'를 펴냈다. 참으로 장하고 훌륭한 노익장이다! 금년에만 우리 용산고교 동기가 다섯 명이나 저 세상으로 갔다. 한해 사망자 중 가장 많다. 그중 서너 명은 잘 알기에 더욱 인생이 허무하며 이제 남의 일만은 아닌 것 같은 느낌이다. 고교 동기가 8개 반 약 480명인데 그중 한 반 이상 즉 약 100명 가까이 운명했다. 그런데 최백호는 아직 가수로 활동하는 것만 해도 대단한데 신곡을 발표하다니 참으로 훌륭하다. 그의 앨범에는 나이들며 겪는 성장과 고민이 함께 들어 있어 검도인에게도 시사하는 바가 있다. 20대에는 곡명덧칠, 30대에는 개화, 40대에는 변화, 50대에는 그 사람, 60대에는 나를 떠나는 것들이다. 그는 마치 노래하는 철학자 같다. 우리 검도에서도 20대에는 파워와 스피드로 치고 또 쳐서 이기는 검도를 하다가 30대에는 이기고 치는 승타의 기회를 보면서 검도를 꽃피우고, 40대에는 지도자로 변하여 사범으로 크고 작은 칼을 자유자재로 쓰며, 50대에는 이제 자기만의 칼과 인격 그리고 개성을 갖춘 사람이 되었다가, 60대에는 파워도 스피드도 나를 떠나며 하체에 힘이 빠져 약해지지만 마음만은 맑고 더욱 강해진다.

70대에 들어선 그는 "60대까진 죽음을 실감하지 못했지만 이제 현실이 됐다."고 했다. 하지만 그는 "살면서 보니 난 70대가 된 게 참 좋다."고 하면서 젊은 시절로 돌아가고 싶지 않다고 했다. 필자와 똑 같은 생각이다. 살아가면서 지금이 가장 편한 시기인 것 같다. 최백호씨는 "60대만 해도 가난한 옛날 젊은 시절로 돌아갈까 바 항상 불안하고 잡다한 생각이 많았는데, 이제 생각이 정리되고 편해졌다."고 했다. 이제 눈앞의 것만 아닌 아닌 전체를 보게 되고 덕분에 80이 되면 더 좋은 노래를 쓸 것 같고, 그렇게 "90대까지 90대의 호흡으로 품위있게 노래하고 싶다."고 한다. 얼마나 멋진 말인가? 생활철학의 달인이다. 필자는 젊은 시절 80까지 검도하는 그 목표를 세웠었는데, 평균수명이 상향되고 있기에 목표 또한 5년 상향했지만, 이제 90으로 올려야 하지 않을까도 생각한다.

그는 청춘은 아름답지만 그 때로 돌아가고 싶지는 않다고 한다. 왜냐하면 태어난 지 다섯 달 만에 부친이 교통사고로 돌아가시고, 스무살 때 모친이 가셨으니 얼마나 고생했겠는가? 필자는 다행히 양친 밑에서 그런 고생은 하지 않았지만, 유학시절로 다시 돌아가기는 싫다. 너무 힘들어 아침에 깨어나지 말았으면 좋겠다고 생각하던 시절도 있었으니까.

끝으로 그의 인간성을 나타내는 말 한마디를 소개한다. 30대 때 조용필의 '생명'을 듣고 '와, 그는 범접할 수 없는 사람이다' 라고 했다는 것이다. 인간 최백호는 상대를 쿨하게 인정하고 자기 분수를 가늠하는 훌륭한 사람 아닌가? 우리 검도인도 자기보다 나은 사람을 인정하고 배우려 하는가? 진영논리로 니편 내편 갈라놓고 우수한 사람들은 배제하지는 않는가 마치 정치판과 같이 이제 최백호의 마지막 멘트를 소개한다. 청춘이 아름답지만, 나는 일흔의 내가 좋아요. 미투요(Me, too)! 동감합니다!

心外無法

祝二十週年
劍道部
水原大

Chapter 2
검도 에세이

Lecture 01 제25회 대선기 대회와 김영달 선생님 추모
Lecture 02 용고검도반 1966년 입학 동기 회고
Lecture 03 미완의 퇴임사
Lecture 04 오사카 무자수업
Lecture 05 베트남 검도여행
Lecture 06 2016년 한일 대학검도교류를 마치고
Lecture 07 한국대학선발팀 대 관동대학선발팀 경기관전기

제 25회 대선기(大仙旗) 검도대회를 다녀와서(김영달 선생님 회고)

대선기 대회는 돌아가신 대선 김영달 선생님을 추모하는 검도대회이다. 생존시인 1994년에 시작해 2022년에 25회 대회를 성대하게 시행하였다. 국내 몇 안되는 돌아가신 선생님 추모대회 중 가장 활발한 대회이다. 성동고 출신의 현 서울시 박학훈(성동고 검도부 1회) 회장을 위시한 성동고 동문 여러분들의 노고에 감사드린다. 이번 대회에는 영광스럽게도 심판장으로 부름을 받았다. 이에 기꺼이 수락하고 심판장 주의사항을 작성하여 9월 25일 일요일에 동두천 국민체육센터로 달려갔다. 가보니 동두천시 시장을 비롯한 관계자들이 다수 참석했으며, 30여 명의 심판들을 제외하면 어린 학생들이 대부분이었다. 아마도 성인부가 오후인 관계로 그랬던 것 같다. 이 학생 검도인들이 22년 전에 돌아가신 선생님을 알 수 있을까? 아마도 그냥 전설적인 인물로 기억하고 있을 것이다. 선생님은 필자의 모친과 동갑인 1916년생 용띠이시니까 필자보다 34세가 위다. 그래서 학생들에게 선생님을 간단히 다음과 같이 소개하기로 하고 그 내용을 8가지로 정리하였다.

첫째로 선생님은 인품이 훌륭하시어 항상 웃으시며 자상하게 남을 대하신다.

둘째, 허리를 잘 치신다. 그것도 아주 크게 들어 진검 쓰시듯 하신다.

셋째, 검도본을 잘 하시며 칼을 잘 쓰신다. 검도본 시범과 베기연무를 도맡아 하신다.

넷째, 늘 인자하시므로 적이 없다. 즉, 인자무적(仁者無敵)을 실천하신다.

다섯째, 글씨를 잘 쓰신다. 붓글씨의 달인으로 필자에게도 '무심'과 '경천애인'을 써 주셨다.

여섯째, 늘 남에게 자리를 양보하시고 젊은 사람인 필자에게도 늘 자리에서 일어나 인사를 받으신다.

일곱째, 시합에 졌다고 나무라지 않으시고, 심사에서는 거의 합격을 시켜 주신다. 그러나 단증이 나오면 그때 한 말씀 하신다. '단에 대해서 책임을 지시오!' 무서운 말씀이다.

여덟째, 술이 엄청 세시며 팔씨름을 해서 져 본적이 없다고 하신 다. 대단한 장사이시다.

이렇게 선생님을 간단히 소개한 후 심판장 주의사항을 말하고 자리에 앉으니 박한서 선생님께서 한 말씀 하신다. 이교수! 한 가지가 빠졌어. '네 뭐가요?' '선생님이 말이야 노래를 참 잘 부르셔!' 저는 나이 차가 많아서 선생님의 노래를 들어본 적이 없지만, 그럼 한가지 추가요!

아홉째, 선생님은 노래를 참 잘 부르신다. 기합소리가 그렇게 우 렁 차신 분인데 노래인들 못하시겠는가?

끝으로 군대 시절에 있었던 선생님과의 에피소드를 한가지 언급한다. 아마 1975-6년인 듯하다. 선생님이 성동고 하계 훈련차 나의 군부대와 붙어있는 춘천 위도유원지에 오신다는 기별을 강원도검도회로부터 받았다. 부대에는 구두로 허락받고 일과 후 강 건너 위도로 배타고 건너갔다. 이미 운동이 다 끝나고 잔디밭에서 한 잔 하시고 계셨다. 뵙고 큰 절을 드리니 내 두 손을 잡고 자식 대하시듯이 군대생활 고생많지? 하시니 나도 눈가가 젖어 온다.

자 한잔 받아라! 하시며 종이컵에 소주를 가득 따라 주신다. 새우깡에 김치 안주로 선생님과 잔을 주고 받으니, 옆에 계시던 박한서 선생님 등은 슬슬 어디로 다 빠져 나가셨다. 내가 사간 4홉들이 두 병 2홉들이 두 병 다 없애시고 술 더 가져와라! 하셔 조금 더 마시다가 취기가 올라 "선생님! 저 이제 부대에 들어가 봐야 합니다."라고 말씀드리고 배타고 강건너 샛길로 부대로 들어가려는데 발을 디디면 땅 밑으로 푹푹 들어가는 느낌으로 겨우 부대 근처에 오니 누가 후레쉬를 얼굴에 비춘다. 술김에 기분이 나빠 큰 소리로 '누구야' 하며 짜증을 냈다. 그랬더니 어이 '이 병장! 한잔 하셨네', '빨리 들어가 자!' 한다. 가까이 보니 일직사령이다. 노란 완장에 빨산 막대가 4개이다. 평소 친한 사이니까 봐 줬지 엄격히 따지면 영창감이다. 잠깐이라도 무단이탈이니까. 나중에 이야기 들어보니 선생님은 그 후에도 술을 더 드시고 또 새벽 6시에 운동까지 하셨다고 한다. 보통 사람들은 상상도 못할 체력과 주량을 가지신 분이다.

龍山高 劍道班 55年 回想[1]

필자는 1966년 3월 입학(20회)과 함께 검도반에 들어가 2021년 5월 현재까지 56년째 검도를 계속하고 있다. 왜 이렇게 검도를 오랫동안 열심히 하는가?라는 질문에 답변 대신 '잘할 때까지 하려고 한다'라고 농담으로 응한다. 그 숱한 기회비용을 치르면서도 왜? 아마도 좋아서 했겠지만, 대학시절 연애 한번 못하고 매일 늦게까지 운동하고 합숙과 시합 또 수업과 시험에 왜 그렇게 바쁘게 지냈을까. 흔한 골프 한번 못 배워보고, 교수시절 일반독서량이 부족할 수밖에 없었는데도 말이다. 오늘날까지도 주말이면 검도행사 등으로 20회 동기회 유일한 참가 모임인 공두열에도 못나가고 있으며, 나가고 싶은 바둑모임이나 문화탐방 모임에는 언감

---

[1] 2021년 말 용산고 입학 55주년을 기념하기 위해 발간된 문집 『용두열 이야기』에 게재된 글이다.

생심이다. 그래도 연 1회만 나가면 되는 동기회 이사직은 영광스럽게 유지하면서 나름대로 면피는 하려고 노력하고 있다.

여러 해 전 송광사 템플스테이에 1주일 동안 다녀온 적이 있었는데, 거기에서 자신을 돌아보고 '나는 누구일까?'라는 화두로 명상하다가 문득 떠오른 작은 깨달음이 난 아마도 전생에 '무술하던 중'이었구나였다. 새벽 두시 반에 깨 세시 예불드리고 저녁에 해 떨어지면 일찍 자는 생활이 체질에 딱 맞다. 토테미즘적이기도 기복적이기도 한 불교의 법당에서 마음이 편해지는 이 느낌은 무엇일까? 자아를 찾고 자신을 닦는 구도자 체질이 몸에 베인 것 같다. 검도와 불교의 공통점일랄까….

모교 입학 후 선배들의 홍보도 있었지만, 창 넘어 보이는 검도가 멋있었고 또 1학년 때 짝이었던 이만희가 먼저 들어가 따라간 것이 아닌가 싶지만, 정확한 이유는 생각나지 않는다. 우리 동기들 중 검도부를 거쳐간 사람은 족히 수십 명을 넘는 것 같지만, 마지막까지 남은 사람은 7명뿐이다. 반장: 서정환, 부반장: 이종원 그리고 김광수, 김영배, 인정욱, 고 김수천, 고 문형식. 그리고 졸업 후 배워 유단자가 된 사람은 서초구검도회 회장을 역임한 강신량 사범과 예순에 시작하여 일흔 셋에 4단 딴 대단한 김선구 사범이다.

　당시 검도부는 매일(토요일 포함) 방과 후 운동했으나, 성적표 검사를 실시하며 공부를 독려하였다. 덕분인지는 몰라도 1학년 말 종합시험에서 전교에서 10등 명단에 김광수, 김광욱 두 명이 들어 있어 검도부의 큰 자랑거리였던 기억이 새롭다. 다행히 이들 둘과 강신량은 분당에서 자주 만나 당구를 치고 막걸리 한잔하며 우정을 지속하고 있다. 김광욱은 1학년 말까지 기검체(氣劍體) 일치에서 뛰어났을 뿐만 아니라 성품이 좋아 차기 반장을 맡으라는 선배들의 요청이 있었으나, 공부하겠다고 '빳따'를 맞고 검도부를 떠났다고 세월이 지난 후에 들려주었다. 운동에서 발군의 실력을 보인 사람은 역시 반장이었던 서정환이었다. 김수천은 온갖 궂은 일을 도맡아 하는 숨은 일꾼이었으며 김광수와는 단짝이었다. 인정욱은 자세가 좋고 잘 하였으나 다른 써클활동에 더 주력했던 기억이 난다. 목사 김영배가 17회 최낙진 선배와 맞짱 뛰던 기억이 생생하다. 문형식과 필자는 성실하고 평범하게 검도와 학업을 병행했던 것 같다. 검도부 했다 나간 박경웅은 야당 국회의원이 되겠다고 큰 소리 치더니 나중에 의사가 되었다. 키 큰 장길수는 광주 서중학교 때 선수였다는데 고교에서는 검도를 하지 않았다. 아까운 인재를 놓친 셈이다. 체형이 딱 검도에 적합한데도….

그 바쁜 와중에도 18회 김의현, 19회 이성필 형의 안내로 성진회라는 외부써클에 다닌 기억이 난다. 김광수, 김수천 외에도 이건종, 이성수 등 동기들이 몇 명 더 있었던 것 같다. 바둑 고수 광수는 그 시절 필자(당시 5급 정도)에게서 바둑을 배웠다고 광수생각을 말했다. 대학 가서도 광수와 난 검도를 지속했고, 황건호(한국증권협회장 역임)가 서울상대에서 성균관대까지 근 1년간 와서 배웠으나 단은 따지 못했다. 졸업 후 대학원 시절에도 검도를 계속하여 전국체전에 출전하였으며, 군대 시절에는 주둔지인 강원도 대표 선수로 국체에 두 번 출전하였다. 전국체전에 총 8번 출전해 금 1, 은 2, 동 2개의 메달을 획득하였다. 이후 이탈리아 로마대학교에 유학 가서는 이탈리아 국가대표팀 감독을 하며 우리 검도를 유럽에 최초로 전파하기 시작하였다. 그 공로로 후에 이탈리아 대통령이 주는 기사장 훈장도 수훈하였다.

우리 동기들 중 운동기량이 뛰어난 강신량에게 당신과 내가 같이 운동했었더라면 아마 당신이 먼저 8단이 되었을거라고 자주 말했다. 서정환(당시 IQ 148로 동기 중 최고)의 기세와 순발력, 김영배의 용기와 배짱, 김수천의 운동신경과 성실함에 밀리는 필자가 쟁쟁한 성남고 선배들을 제치고 어떻게 먼저 8단이 되었을까? 필자가 한 것이 있다면 그저 꾸준히 지속한 것뿐인데.... 牛步 萬里... 참 운이 좋았다. 용고에서 신준식 선생님(오사카에서 검도를 배운 후 서울법대로 편입함)에게서 배운 검도가 다행히 기본에 충실한 부드러운 것이었다. 재학시절 지도해 준 이경제(11회), 김정휘(14회), 최낙진(17회), 신인철(19회) 선배님들에게도 진심으로 감사드린다. 이에 보답하기 위해 필자 또한 24회부터 30회까지 모교에 가서 지도했으며 승단도 챙겨주었다. 모두 다 무보수로 모교사랑 후배사랑의 봉사활동이었다. 또 대를 이어 봉사해 준 김태영(21회), 김동완(29회), 정재욱(39회), 안규동(45회) 아우님들에게도 감사드린다. 요즘에는 졸업생들이 다 모여 토요일마다 여름에는 본교 도장 그리고 겨울에는 김동완 관장의 서래관에서 같이 운동하고 있다. 7단만 해도 3명을 배출했으며 동문 도장이 두 군데(또 한군데는 도의관) 그리고 센타가 두군데이다. 필자는 토요일 외 월수금 사흘 강남역 부근 코오롱스포렉스에서 검도를 지도한다. 정재욱 사범은 목동스포츠센타에서 가르친다.

뿐만 아니라 김의현 회장 시절 시작하여 완공한 후 모교에 기부채납한 멋진 도장 역시 龍劍의 자랑거리가 아닐 수 없다. 이성필, 강신량 두 후임 회장님과 최영환 동문의 적극적인 협조도 큰 힘이 되었다. 양적으로나 질적으로 龍劍이 크게 발전하였다고 자부한다. 끝으로 오늘의 용검을 탄생시킨 돌아가신 선생님과 지도해 주신 선배님들 그리고 역대 회장님들과 또 힘을 보탠 다수의 동문들에게 감사드린다. 이제 검도부 우리 동기 중 유명(幽明)을 달리한 김수천, 문형식 두 분의 명복을 빌면서 마무리한다.

추신: 용두열(용산고 20회 동문) 이야기라는 문집이 발간된 이듬해인 2022년에 인정욱 동문이 또 타계했다. 인생 80 살기가 이리도 힘든가? 2023년에는 필자가 동기 회장이 되어 경조사와 각종 행사에 분주히 다니고 있다.

정년퇴임사[2]
문무겸전의 길

I knew if I stayed around long enough, something like this would happen.
(우물쭈물 하다가 내 이럴 줄 알았다.)
- Show, George Bernard의 묘비명에서

흔히 영미문화권에서는 졸업 또는 학위수여식(commencement)을 새로운 시작이라고 합니다. 저도 정년을 또 다른 시작이라고 생각하니 좋은 점도 많은 것 같습니다. 출퇴근에 신경 안 쓰니 더 많은 시간을 수양과 문무겸전에 할애할 수 있지

2 한국유럽학회 발간, 『이종원 교수 정년 기념논문집』, 엠-애드, 2015.11.27.

않을까 기대합니다. 謹獨(또는 獨愼)과 閑古錐(한고추)를 항상 마음에 새기면서 말입니다.

저는 저명한 영국 경제학자 마셜처럼 차가운 머리와 따뜻한 가슴을 이야기할 정도의 학문수준에 있지 않으므로 소박하게 저의 과거를 몇 단계로 나누어 돌이켜 회고하고 앞으로의 각오를 다져볼까 합니다.

우선 말씀드릴 것은 이루지 못한 저의 인생목표인 문무겸전(文武兼全)입니다.

잘 아시다시피 저는 1966년에 서울 용산고등학교에 입학하여 우연한 기회에 검도부에 입문한 이래 정확하게 50년 동안 쉼 없이 수련해 왔지만, 검도는 여전히 어렵고, 학문 또한 남들 흉내만 내다가 이렇게 마치게 되었습니다. 만일 하나만 했더라면 더 잘 할 수 있었을 터인데 하고 자주 생각해 보았지만, 검도를 포기하지는 않았습니다. 그동안 1950년생 저희 검도 동기들중 전국적으로 유명한 친구들은 이런저런 사정으로 검도를 그만 두거나 쉬었지만, 저는 계속했습니다. 왜 그렇게 열심히 했는지는 저도 잘 모르겠습니다. 검도하는 하는 사람들이 좋아서 했지 누가 시켜서 하거나 무얼 얻으려고 한 것은 분명히 아닙니다. 그 결과 만 50세에 동기들 중 최초로 8단에 승단했으며 재작년 범사(範士)라는 최고의 칭호(한국에 15명 정도)도 받게 되었습니다. 이 모두 비록 제가 잘하지는 못했지만 쉬지 않고 꾸준히 수련한 결과라고 생각합니다. 소걸음으로 만리(牛步萬里)를 간 셈입니다.

 운동신경도 남들만 못하고 체력도 부족하여 전국대회 개인전 우승은 한 번도 못하고 잘 해야 늘 3위 정도에 머물렀지만, 그 과정에서 제가 잘 한 것도 한두 가지는 있었던 것 같습니다. 저는 결코 검도를 하면서 공부 뒤로 숨지 않았고, 또 검도 하면서도 공부를 핑계대지 않았습니다. 오히려 검도인으로 검도를 욕 먹이지 않으려고 더욱 노력했습니다. 저를 통해 검도를 보시는 분들은 제 처신에 따라 검도인을 평가할 것이기 때문이었습니다. 사실 시간은 한정돼 있고 할 일은 많고 무슨 뾰족한 수가 있겠습니까? 一寸을 아껴 쓰고 정해진 시간에 집중하는 수 밖에는요. 덕분에 저는 쓸데없이 남하고 시비하는 일은 하지 않고 살았습니다. 시간이 없기 때문이었지 제가 수양이 돼서 그런 것은 아닙니다. 마지막으로 한 가지 자랑거리는 세계 곳곳에 검도친구가 많다는 겁니다. 죽도 한 자루만 메고 다니면 일본과 동남아는 물론이고 유럽과 미국

등 못 갈 데가 없습니다. 세계 도처에 검도인 친구가 많기 때문입니다. 올해 여름에도 이탈리아 중북부를 3주간 돌면서 수 백 명의 현지 검도인들을 만났고 그들로부터 환대를 받고 왔습니다. 그들은 대부분 저에게 검도를 배운 적이 있거나 또는 제자들에게 배운 제자들입니다. 그들 모두가 제 친구입니다. 일찍이 백두산인 호익룡 선생님이 쓰셨던 휘호 '以武會友'(무를 통해 친구를 만난다)라는 글귀가 새삼 생각납니다.

대학에서 정년퇴임한 이후에는 논문은 그만 쓸까 생각합니다. 성취지향적인 단기목표는 접고 대신 그 동안 못 본 책들을 두루 읽으면서 검도에 시간을 더 할애하여 문무겸전(文武兼全)에 가능한 더 가까이 다가갈까 합니다. 이루지 못할 사랑인 줄은 알지만 사랑은 받는 것이 아니라 주는 것이니까요.

다음에는 저의 지나온 길을 4 단계 즉, 청년기, 장년기, 중년기 그리고 앞으로의 길인 노년기로 나누어 말씀드릴까 합니다.

첫째, 청년기: 이탈리아 유학-가보니 길이 있더라
성균관대학교 경상대학 무역학과를 졸업하고 학과 조교를 하다가 1974년 12월에 느닷없이 입대영장을 받고 군에 가 약 3년 후 병장으로 만기제대 하였습니다. 그 후, 칼같이 퇴근(오후 5시 30분에 아래 사람부터) 시켜준다는 KAL에 입사하여 석사 학위 논문을 마무리 하였습니다. KAL은 참 좋은 직장이었으며 거기에서 아주 훌륭한 상사들을 만났습니다. 그들은 이건희 대리, 이종희 과장, 심이택 부장으로 특히 마지막 두 분은 대한항공 사장을 역임한 능력과 인품을 두루 갖춘 뛰어난 분들이었습니다. 첫째 분은 LA 주재근무를 끝으로 현지에 사시기로 결정하셨지만, 제 마음 속에는 항상 형님으로 모시고 있습니다. 저에게 업무를 가르쳐준 제 사수이기도 하지만 제가 LA에 100일간 장기 출장 갔을 때 매일 도시락을 두 개씩 챙겨 오셨던 분이십니다. 지금 생각해 보면 형님 내외분은 사람이 아니라 신선이셨던 것 같습니다. 내년이나 후년에는 도시락 100개 싸들고 LA로 꼭 찾아뵙고 싶습니다.

미국에서 귀국하여 다시 미국 유학을 위해 토플 공부를 하던 중 저의 검도 친구인 Mario Crema 주한 이탈리아 초대 대사가 이탈리아로 유학가지 않겠냐고 제안하였습니다. 저는 얼떨결에 수락하고 이탈리아 정부 장학금을 받으면서 1980년에 이탈리아 국립 로마대학교에 유학했습니다. 이것이 제가 유럽과 인연을 맺기 시작한 계기였습니다. 유학시절 이탈리아 올림픽위원회(CONI)의 주선으로 로마에서 검도를 가르치기 시작했으며 이탈리아 검도국가대표팀도 지도했습니다. 1년 지도만에 유럽대회 단체전 결승에 진출시켰으나, 이후 일본 측의 교묘한 플레이로 더 이상 국제대회 참가가 불가능했졌습니다. 대신 대표팀을 해마다 한국으로 전지훈련 오도록 주선하였습니다.

4년 반 기간의 유학생활을 마치고 귀국한 뒤 현 직장인 수원대학교에 공개 초빙되어 1985년 3월부터 2015년 8월까지 정확하게 30년 6개월 동안 근무해 왔습니다. 당시만 해도 무역학과 교수 지원자 중 박사학위 소지자는 저 하나뿐이었습니다. 면접과정에서 설립자인 이종욱 초대총장께서는 다른 대학으로 옮기지 않겠다는 약속을 하라고 하셔서 몇 분간 정적이 흐르기도 했었습니다. 격세지감을 느끼시지요? 저는 이 직장에서 지난 30년간 'Happy days are coming!' 을 생각하면서 즐겁게 직장생활을 했고 결국 오늘에 이른 것 같습니다. 근정훈장 받고 연금까지 타게 되어 걱정 없는 노후를 보장 받은 셈입니다.

둘째로 학문의 길과 학회 활동으로 주로 장년기의 이야기입니다.

제가 한국 나이로 마흔이 되던 해인 1989년 봄 어느 날, 모 신문에 '한국유럽협회 창설'이라는 기사를 보고 연락을 드려 박성조 베를린대 교수님과 라종일 경희대 교수님을 신촌 '석란'에서 처음 뵙게 되었습니다. 이때부터 본격적인 유럽학회 활동과 유럽연구를 시작하게 되었습니다. 그로부터 5년여가 지난 후 저의 제안으로 서울 롯데호텔에서 '한국유럽학회(한국유럽협회 산하)' 창설을 결의하였고, 라종일 교수를 초대 회장으로 그리고 제가 총무로 구성된 학회가 출범되었습니다. 그리고 그해 말 학회지인 『유럽연구』가 창간되었습니다. 이것이 1994년에 있었던 일입니다. 요즘은 학회지에 논문을 게재하려면 논문 심사를 통과하고 게재료를 내야 하는 절차를 거쳐야 하지만 그 당시에는 실을 원고가 없어 저랑 이창훈 교수가 여기저기 사정하여 지면을 채웠습니다. 농담입니다만, 차라리 우리가 쓰는 게 낫겠다고 생각할 정도였습니다. 당시에는 아마도 교수 업적평가가 명문화 되어 있지 않아서 그랬을 겁니다. 『유럽연구』는 그 후 불과 20년 만에 국내 최고의 유럽연구 학회지로 자리매김하는 놀라운 성과를 이루었습니다. 그렇지만 국제적으로 비교하면 아직 갈 길은 멀다고 생각합니다.

2000년 쉰의 젊은 나이에 라종일, 유임수, 허만 회장에 이어 제

4대 한국유럽학회 회장에 취임하여 학회를 사단법인 등록하였으며, "유럽 그랑프리." 포상제도를 만들어 학회예산을 처음으로 억 단위로 끌어 올렸습니다. 또한, 1990년 체키니 보고서 번역을 시작으로 해서 1998년 한국 최초의 대학교재 수준의 『유럽통합론』을 저술하였으며, 이후 번역과 공동저서 그리고 개정판을 포함해서 30여권의 책을 발간했습니다. 'Publish or Perish'의 정신으로 많이 내기는 했지만 돌이켜 보니 쓸 만한 것은 거의 없는 것 같습니다. 33번째로 쓴 삼삼한 책은 제가 잠시 外道하여 저술한 『검도평론집』입니다. 이 책은 에세이 수준이긴 하지만 그래도 독창성과 희소가치가 다소 인정됩니다. 남의 것 안 베끼고 제 생각을 주로 썼기 때문입니다. 그래서 앞으로도 검도에 관해 몇 권의 책을 제 경험을 바탕으로 해서 더 쓸까 합니다. 2005년 사회인대회에 참가한 현직 이탈리아 농림부 장관은 제 제자의 검도 제자로 이탈리아 대통령의 국가훈장인 기사장을 개회식 때 깜짝 이벤트로 저에게 수여하였습니다. 제가 검도를 통해 이탈리아 청소년들에게 꿈과 희망을 심어준 공로라고 하였습니다.

이러저런 과정을 거쳐 2008년에는 한국무역학회 제 28대 회장에 취임하였습니다. 서울 삼성동 무역회관 45층에 있는 사무실에 수시로 드나들면서 1년을 보내고 나니 무역인력양성에 힘썼다고 대통령 근정포장을 주었습니다. 사실 그때는 한미 FTA 찬반 논쟁이 한창이었을 때라 나름대로 FTA 조속타결을 촉구하는 기자회견을 개최하며 또 방송출연 등으로 매우 바빴던 기억이 납니다. 아마 제가 기여한 공로를 굳이 따져본다면 뒷부분이 더 클 것 같습니다. 또 다른 한가지의 보람은 무역학회지를 국제공인 SSCI에 등재한 사실입니다. 이는 한국 최대 학술단체인 한국경제학회나 한국경영학회도 그 당시 이루지 못한 쾌거입니다. 그러나 그해 말 사랑하는 어머니가 93세를 일기로 노환으로 돌아가셨습니다. 참 심성이 고우시고 어지신 분으로 평생 남에게 싫은 소리를 하거나 듣지 않고 사신 고결한 분이었습니다. 지금도 제 가슴속에 묻혀 계십니다. 돌이켜 보면 효도 한번 제대로 못했지만, 모자간에 단 한 번도 고성이나 의견 불일치가 없이 평생 좋은 관계를 유지했었던 것 같습니다.

셋째로는 중년기의 일로 주로 2010년 암 투병 이후의 이야기입니다. 환갑을 두 달 앞둔 어느 날 제가 아침에 출근을 하지 못하는 초유의 일이 발생했습니다. 시집 온 후 이런 일을 처음 겪은 제 집사람이 깜짝 놀라며 당장 큰 병원에 가지고 해 집 근처의 분당서울대 병원으로 갔습니다. 병원에서는 당장 입원하라는 말만 해서 응급실을 통해 입원하고 치료를 기다렸지만, 병원 측으로부터 이제 몇 달 남지 않았다는 통보만 받았을 뿐이었습니다. 저는 집사람 손에 이끌려 병원 지하층에 있는 성당에 갔습니다. 그때까지도 전 정말 아무렇지도 않았고, '이제 이렇게 인생이 끝이구나' 하고 생각했었습니다. 육십 평생 큰 고생 없이 남들에게 대접받고 잘 살았다고 생각하니 정말 괜찮았고 마음도 편안했습니다. 제가 하도 담담해 하니까 집사람이 "아직 우리 재원이 어리잖아요? 그 애 공부나 시켜놓고 가야지요?" 하더라고요.

저와 40년 나이 차이나는 아들은 이제 갓 스무 살로 군에 가 있는데…. "그럼 아들 졸업할 때까지 좀 더 살아야겠네, 좀 더 살지 뭐!"라고 농담 비슷하게 화답했습니다. 일주일 후 주치의가 조직검사결과 제 병이 소세포폐암이 아니라 폐에 발생한 혈액암으로 증상은 같으나 예후가 나쁘지 않은 병이라고 환하게 웃으며 이야기 하더라고요. 그래서 동일 병종에 대한 임상 경험이 풍부한 삼성의료원으로 즉시 옮겨 운 좋게 살아나서 이제 대망의 정년을 맞았습니다. 여러분 축하해 주십시오! 치료를 위해 휴직할 때까지만 해도 '제발 정년까지만 채우게 해 주세요'라고 빌었는데 말입니다. 오늘의 정년으로 저의 작은 소망이 이루어진 셈입니다. 사실 오늘까지 생명이 연장된 비결은 따로 있습니다. 우리 아들 재원이가 휴학을 해서 아직 졸업을 못했습니다. 아직도 졸업이 1년은 더 남았으니, 저의 생명은 최소한 1년은 보장받은 셈입니다. 우리 아들 참 효자지요?

투병 생활을 하면서 인생 공부를 참 많이 했습니다. 처음에는 횡단보도를 걸음이 느려서 파란불에 맞춰서 못 건넜습니다. 그러다 차차 호전되어 분당 뒷산 기슭까지 가 앉아서 쉬다가 점차 조금씩 올라가기 시작했습니다. 그 뒷산에 고은 시인의 짧고 아름다운 시가 적혀 있었습니다.

"올라갈 때 보지 못한 그 꽃 내려 올 때 보았네."

이 시를 보면서 크게 깨달았습니다. 그동안 열심히 바쁘게 살았지만 이 모두 내 자신과 가족을 위해서만 살았던 것이기에 결국 내 삶은 이기심의 범주를 벗어나지 못했던 것입니다. 나 아닌 남을 위해 한 일은 과연 무엇인가? 반성하지 않을 수 없었습니다. 부모에게 받고 또 사회로부터 받은 혜택을 자신과 자식에게만 준다면 결국 이기적으로만 살다 가는 것이 아닌가 싶었습니다. 그런 한편, 미완의 자신도 발견했습니다. 그래서 먼저 학생들에게 추천한 교양도서 30권 중 내가 읽어보지 못한 책을 모두 빌려 먼저 읽었습니다. 내 스스로 읽어 보지 않으면서 학생들에게 읽으라고 했으니 이게 바로 위선이 아닌가하고 생각했습니다.

 투병기간 중 매년 백 권 이상의 책을 읽으면서 부족했던 독서량을 다소 보충했으며 그간 하고 싶었던 서예를 시작했습니다. 서예 선생님이 저보고 이제는 한 2단 정도의 실력은 된다고 하니 이번에 용기를 내 쓴 글 '閑古錐'는 예쁘게 봐 주세요. 사실 이 한고추의 경지가 제가 앞으로 추구해야 할 인생의 목표입니다. 투병 기간 동안 접한 법정스님의 『맑고 향기롭게』[3] 에서 찾은 말인데, 고승들의 달관한 수행경지를 일컫습니다. 서슬이 푸른 날카로운 송곳으로 자기 과시에 열을 올리는 것이 아니라, 뭉툭해진 송곳과 같이 서슬이 밖으로 드러나지 않는 원숙함을 뜻합니다. 묵묵히 제 할 일을 하면서 지혜롭고 자비스런 생각과 행동을 실천하는 것을 강조한 말이 아닐까 싶습니다. 아마도 법정스님도 이 경지에 도달하시려다가 열반하신 것 같습니다.

---

3 법정, 『맑고 향기롭게』, 조화로운삶, 2006.

투병기간 중 가장하고 싶었던 것이 놀랍게도 검도였습니다. 가장 불편했던 것은 가슴에 주사용 호스가 박혀 있어 목욕탕에 들어갈 수가 없었던 것이었고요. 그래서 호스를 떼자마자 한 6개월 만에 검도장으로 직행했습니다. 감염예방을 위해 손에는 얇은 장갑 끼고 내의 입고 검도 신발 신고 아주 조심스럽게 시작했습니다. 근육이 다 풀려 체중이 10킬로 이상 빠졌는데도, 검도하는데 큰 불편이 없었습니다. 같이 운동 한 박준 사범 등은 그 전과 별 차이를 못 느끼겠다고 했고요. 검도에는 확실히 운동 플러스 알파가 있습니다. 과학적으로 설명하기 어려운 그 무엇 말입니다. 참 제 주치의도 그런 비슷한 말을 했습니다. 제 경우 보통 사람과 다른 엄청난 회복력을 보여 주었는데, 그것이 아마도 오래 운동한 결과 쌓인 내공이 아닐까 하고요. 아무튼 검도 덕분에 고위험군의 암을 남들보다 어렵지 않게 극복할 수 있었던 같습니다.

18세기 계몽사상가 퐁트넬이 85세에 말하기를 "일생에서 가장 행복했던 시기가 55세부터 75세까지 20년이었다."고 합니다. 늙으면 더 이상 성공할 일도 없어 안도하며, 사회와 가족이 지웠던 책임과 의무가 가벼워지며 이타적이 된다고 합니다. 프로이트적 용어를 빌리면 id(본능적 충동의 근원)와 ego(자아)는 옅어지고 super-ego(도덕적 자아)는 강해진다고 하니 제가 갈 방향은 명백한 것 같습니다. 즉, 남을 도우면서 또 베풀면서 살도록 노력하는 것이겠지요.

 마지막으로는 노년기로 저의 미래입니다. 과거에는 만 60세 환갑이면 노인으로 간주되었지만 서양에서는 이미 70세를 노인 기준으로 본지 오래됐고, 최근 모 국제기관에서 발표된 것을 보면 75세가 노인의 기준으로 적합한 것 같습니다. 마지막 기준에 의하면 전 아직 10년의 중년기를 더 보낼 수 있어 행복합니다. 노인이 되면 젊어서 할 수 없는 일을 해야 될텐데, 그것이 무엇일까요? 잘 생각해 보면 아마도 종교를 가지는 일이 아닐까 생각합니다. 독일의 대문호 괴테는 파우스트에서 자신의 이야기를 하는 듯, "수많은 책을 읽고 학문도 했지만 아무 것도 허깨비에 지나지 않는다."는 것을 깨닫고 자살을 하려고 합니다. 그때 악마가 등장해 그의 노예가 되면, 파우스트에게 자신이 경험하지 못한 쾌락의 세계를 맛보게 해 주겠다고 제의합니다. 그는 그곳에서 세속의 온갖 쾌락을 맛보지만 지고한 삶의 목적을 발견하지 못합니다. 결국 파우스트는 악마에게 빼앗길 뻔한 영혼을 사랑과 은총의 힘에 의해서 되찾아 구제됩니다. 또 다른 이야기는 구운몽에서도 나오는

데요. 성진은 팔선녀를 다 부인으로 거느리고 화려하게 살아봤지만, 노년에 비취궁에 앉아 문무기예(文武技藝)가 다 헛된 것임을 깨닫고 본래의 불교수행으로 되돌아갔다고 합니다.

검도는 할수록 어렵고 아직 배울 것이 많고, 책을 볼수록 또 경험을 할수록 점점 더 모르는 것이 많이 나올 뿐만 아니라 저보다 더 공부 많이 한 분들이나 더 성취한 분들을 봅니다만, 그분에게서도 역시 지성의 한계를 느끼고 있습니다. 그러므로, 지성의 다음 단계는 '영성'[4] 이 아닐까 생각합니다. 그래서 아마도 노년에 제가 꼭 해야 할 일은 종교를 가지는 일이라고 생각합니다만, 그게 결코 간단하거나 쉬운 일은 아닐듯 싶습니다.

끝으로 논어 6장의 한 구절을 인용합니다.

子曰 志於道하며 據於德하며 依於仁하며 游於藝니라.
공자께서 말씀하시기를 "도에 뜻을 두고, 덕에 의거하며, 인에 따르고, 육예(六藝)에서 놀 것이니라."
향후 제 나름대로 공자님 말씀을 실천하기 위해 劍道에 뜻을 두

---

[4] 이어령, 『지성에서 영성으로』, 열림원, 2010.

고, 學德에 의거하며, 仁義를 따르고, 육예 중 하나인 書藝에서 놀겠습니다.

18년만의
오사카 무자수업(武者修業)[5]

　68세의 퇴직한 대학교수가 18년 만에 오사카를 방문해 일본 최강 대학 및 최강 경찰 팀과 1주일 수련하고 돌아왔다. 돌이켜 보면 1999년 어느 날 8단 심사를 한 해 앞두고, 8단 승단 준비 3개년 계획의 마지막 단계로 일본 무자수업 행선지를 오사카로 정했었다. 한국에 주재 근무했던 도우데(東出) 선생의 주선과 일어에 능통한 권회봉 사범의 동행으로 큰 어려움 없이 다녀와 3년 만에 승단하였다. 그때는 일본에 가서 고바야시(小林), 코사카(小阪) 선생 등의 격려를 받고 검도에 대한 자신감을 얻어 왔다면, 이번에는 한국의 8단 범사로서 일본에 가서도 인정받을 수 있는지를 시험해 보기 위한 목적이 컸다. 물론 근본적으로는 검도를 공부

5　대한검도회보 2017년 가을호 발행 통권 제113호.

하기 위한 지속적인 학습동기(자기완성)가 늘 내재하고 있었기 때문일 것이다. 현직에 있을 때는 복수전공자인 필자가 이렇게 따로 검도에 시간을 낸다는 것이 사실 쉽지 않았기 때문에 벼르다가 퇴직한 후 몸을 만들어 도전해 보았다.

이번 여행은 2017년 4월 7일부터 13일까지 1주일간이었으며 연세대 문성빈 교수(7단, 교수검사회 회장)와 함께 하였다. 문교수는 이호암 선생의 수제자로 대학시절 상비군까지 지낸 검도매니아이며 연대에 훌륭한 도장을 건립하는 데에 크게 기여하였다. 특히, 이 선생님의 말씀을 잘 따라 일본어 공부를 꾸준히 하여 이세 능통한 수준에까지 이르렀다. 필자는 일어를 배우다 쉬고 해서 늘 서바이벌 저패니스 수준으로 겨우 길 묻고 밥 먹으러 다닌다. 그러나 지금도 일본어 공부는 계속하고 있다. 내년부터 8단 심사에 응시할 문 교수가 동행을 청하기에 기꺼이 수락하였다. 결과적인 이야기이지만 문교수가 없었다면 일본 사범들과 깊은 대화를 나누지도 못하는 등 많은 어려움에 처했을 뻔 했다. 필자는 영어 소통에는 불편이 없지만, 영어에 능통한 일본 검도선생을 만나기는 어려운 실정이기 때문이다. 영어 잘 하는 와세다 대 구리하라(栗原)선생은 늘 오라고는 하지만, 숙소가 문제였는데 오사카체대는 게스트하우스를 제공하겠다고 제안하였으며, 무엇보다 그 곳 외래교수인 하나자와(花澤)선생이 필자와 동갑 친구로 인품이 아주 훌륭한 분이었다. 또한 오사카에는 친한파 도우데(東出)선생이 사업을 하고 있지 않은가.

그래서 2016년 일본 대학선수권대회(일본은 연 1회 개최) 우승 팀인 오사카체대를 주 방문지로 정하고, 2015년/2016년 일본 경찰대회 2연승 팀인 오사카부경을 부 방문지로 그리고 도우데 선생이 추천하는 야마가타 회사 도장 한 곳과 경찰서 도장을 빌려 유명한 코사카 선생이 지도하는 소네자키게이코회(曾根崎稽古會)도 방문하였다. 이번 여행을 통해 많이 배우고 느끼기도 했지만, 대접 또한 참 잘 받았다. 한국검도가 강해질수록 일본검도계가 한국 선생을 대하는 태도가 달라지는 것 같다. 그 사이 우리 검도 발전에 공헌한 모든 분들에게 다시 한 번 마음속 깊이 고마움을 느낀다.

여행일정
4월7일 금요일 도착 오후 운동(오사카체대)

4월8일 토요일 아침운동(오사카체대) 오후 검도본 논의(하나자와 선생 자택)

4월9일 휴무: 오사카 한인교회 방문(정연원 목사)

4월10일 오사카부경 오후 운동

4월11일 오전 오후 관광 야마가타 회사 도장 저녁운동

4월12일 오전 오후 관광 소네자키 경찰서 도장 저녁운동

4월13일 아침운동(오사카체대) 후 오전 검도본 (이론 및 실연)

  오사카 체대 3회 운동 오사카부경/야마가타/소네자키 각 1회 총 6회 운동, 검도본 2회 논의 및 시연

오사카체대

  2016년 전일본 대학 우승팀인 오사카 체대에는 60여명의 남녀 선수들이 있으며, 지도교수로는 8단 교사 간자키(神崎)(츠쿠바대 출신)와 5단인 28세로 젊은 무라카미(村上)(국가대표 예비멤버, 츠쿠바대 출신)이 있으며 외래교수로는 이 대학 동문인 8단 교사 하나자와 선생(간사이학생검도연맹 부회장)이 있으며 남녀 팀에는 각각 5단급의 젊은 코치가 있다. 기타 사범 급 선배들이 다수

수시로 와서 운동지도를 돕고 있었다.

관동지역에 비해 교수나 학생의 수가 적은데도 오사카체대가 어떻게 기라성 같은 관동 팀들을 제치고 우승했을까하는 의문을 갖고 연습과 지도방법을 주의 깊게 관찰하였다. 우선 운동은 주 6회를 하는데, 방과 후 오후 운동은 주 3회 두 시간씩 하고 주중 수업 전 아침운동 2회 합해서 주 5회 운동하며 토요일은 아침운동을 두 시간 정도 하므로 학생들의 훈련시간은 주 10시간이며, 기타 개설된 검도강좌에서 검도의 역사나 문화 등에 관해 강의를 듣지만 오사카체대에는 스포츠교육학과 외에 검도관련 학과는 따로 없다.

이를 한국 대학검도부와 비교해 보면 연습량은 턱없이 부족하지만, 이곳 검도부 선수들에게는 공부가 검도보다 우선순위가 높다. 그리고 자기의 선택으로 자기가 좋아서 하는 검도부 생활이므로 정말이지 처음부터 끝까지 전심전력을 다해 최선을 다해 연습을 하는 모습을 보았다. 그리고 경쟁이 치열하다 보니 많은 선수들 중에서 베스트 5나 10에 들어가기란 쉽지 않으니 시합을 한번 뛰어 보려면 열심히 하는 수밖에 달리 무슨 수가 있겠는가. 우리나라에서는 용인대나 초당대 정도나 선수가 넘치지 대부분 대학들은 선수 채우기도 쉽지 않은 실정인데도 일본에는 이런 대학들이 많으며, 국사관대는 선수만 120명이라고 들었다.

 두 시간 연습을 대체로 3분의 1씩 나누어 보면 첫 부분은 연격이다. 천천히 하기도 하고 빨리 하기도 하면서 연속해서 넓은 도장을 뛰어다니며 큰 소리를 지르며 쉴 새 없이 연격을 시키는 것이 인상적이었다. 다음 3분의 1은 기본기와 기술연습인데, 그것도 큰 동작 중심이다. 큰 도장을 종으로 횡으로 한 10번씩 머리나 손목머리 치고 왔다갔다 교대로 오고 또 가고 연습량이 엄청나고 체력소모도 장난이 아닌 것 같다. 마치 선생이 화가 나서 학생들을 기합 주는 것 같이 그렇게 강하게 시키는 데도 건성으로 하는 학생을 찾기 어렵다. 정말 열심이다. 외부손님이 있어서 그런가 의심이 들 정도이다. 그리고 잠깐 쉬었다가 지도자와 학생 전원이 40분 정도 합동연무를 한다. 우리도 이때 학생들과 대련을 하였다. 좋은 자세로 서 있다가 기회가 있을 때마다 팍팍 치고 들어온다. 그럼에도 불구하고 우리나라 학생들 보다 받기가 쉽다. 왜냐하면 그들은 선생에게 들어와 안 맞으려 하지 않기 때문이다. 대부분은 배우러 들어온 사람답게 기본에 충실하게 들어오기 때문에 선생은 이미 그 수를 알고 있지 않은가. 바르게 잘 하는 학생들에게 칭찬을 아끼지 않았다. 옆자리의 문교수를 곁눈질 해 보니 잘 받고 있었다. 다행이었다. 간자키 선생은 젊은 학생들과 칼 나가는 횟수가 비슷하고 무라카미는 더 뛰고 하나자와 선생도 보니 필자보다 칼이 더 나가는 것 같았다. 필자도 앞으로는 더 적극적으로 연습해야겠다는 교훈을 얻었다. 끝나고는 연속공격 연습을 마무리 한 5-10분 하는 것 같았다. 간자키 선생이 학생에게 연속공격연습 하는 모습을 보고 끝나고 어떻게 되냐고 했더니, 상호교대로 했던 거라고 대수롭지 않게 애기 해 또 느낀 바가 있었다. 우리나라의 이순신 장군도 로마의 율리우스 시저도 사병들과 같이 밥 먹고 평등하게 지내면서 병사의 사기를 진작시켰던 무인들의 이야기가 생각났다. 야마구치 코치도 기본기 연습할 때 학생들과 똑같이 연습하는 것이 인상적이었다. 훈련을 할 때 어느 누구도 큰 소리를 내지 않고 북치며 조용조용 간단하게 지도하는 절제된 지도법을 보였지만, 일단 합동연무에에 임해서는 큰 기합과 세련된 기술로 학생들을 압도하는 솔선수범의 지도력과 선수들의 능동적인 훈련참여가 우승의 원동력이 되지 않았나 생각한다.

검도 외적 큰 소득 : 40년 만의 해후

 군대시절 의동생으로 일본에서 37년째 목회활동을 하고 있는 정연원 목사(재일 기독교 총연합회 회장)를 오사카교회로 방문하고 신자인 문교수와 함께 예배 본 후 식사하면서 장시간 정담을 나누었다.

오사카부경

 동경 경시청이나 오사카부경 검도부에 다녀온 한국 사람들은 매우 드물다. 일본검도의 두 지존이기도 하지만 폐쇄적인 일본문화 때문이기도 하다. 그래서 사실 도우데 선생에게 가능하다면 방문하고 싶다고, 다른 말로 바꾸면 안 가도 된다고, 완곡하게 표현해 그를 곤란하게 만들지 않으려고 노력했었다. 그런데도 그는 열심히 약속을 잡아 주어 덕분에 생애 한번 하기 힘든 좋은 경험을 하게 되었다. 원래 오사카 명문 세이후(淸風) 고교 출신인 도우데는 동해대(東海大)를 졸업하고 오사카 부경에서 주전 선수로 뛴 적이 있기 때문에 거기 있는 사람들이 전부 선후배 사이로 절친하였다. 그런데도 그는 약속 시간 늦으면 안 된다고 30분 전에

도착했고 한참을 기다리며 상대에 대한 존경심을 보여주었다. 오후 운동이 두 시부터라 선수 대부분은 점심을 먹고 오수를 즐기는 등 쉬고 있었는데 사범들이 회의를 마치고 나오다가 도우데 선생을 보더니 서로 반갑게 인사하며 우리들에게도 인사를 시켰다. 감독은 야마모토(山本) 8단 교사 코치는 히라노(平野) 7단 교사 여자감독은 이시다(石田) 7단 교사이었다. 그 외에도 사범들이 여럿 있었다. 사범 중 한명은 야마모토 수석사범보다 한 해 선배인데도 밑에 있다. 수석사범은 연공서열제가 아닌 능력제(meritocracy)임을 알 수 있었다.

  이들의 연습 또한 두 시간 정도인데 한 시간 반 동안 연격과 기초훈련 기술연습을 하고 난 후 합동연습은 3-40분 정도 짧게 하고 또 연속공격연습으로 훈련을 마무리 한다. 기본적으로는 오사카체대와 거의 같다. 그러나 이곳이 더 강하다는 느낌을 받았고 연격을 아주 빨리하기도 하고 횡으로 마주서서 길게 뛰어갔다 오는 연습, 준거자세로 앉아서도 연습하는 등 체력소모가 아주 많다는 느낌을 받았다. 대학보다는 한 30% 더 강도가 있어 보였다. 여자 선수 중 신참 둘은 탈진하여 도중 탈락하고 밖으로 나와 쉬고 있다가 합동연습 때 돌아갔다. 그들에게 격려하는 여자 감독과 다른 선수들의 모습이 인상적이었다. 아무도 나무라지 않는 모습을 보니 그들은 최선을 다 했지만 아직 체력이 미치지 못했다고 생각하는 것 같았다.

우리는 합동 연습 시간에 상석으로 안내 받아 나와 서니까, 체격 좋은 신참 몇 명이 줄을 선다. 엄청 빠르고 강하다. 역시 대학 선수들과는 차원이 다르지만 이들 또한 선생에게 들어가서 해야 할 예의를 아니까 상대하기가 편하다. 속이거나 힘으로 하지 않고 중단을 겨루다가 기회다 싶으면 과감하게 치고 들어온다. 그러나 이들이 어디를 치겠는가? 머리 아니면 손목이지... 50년 이상을 수련한 필자는 직관으로 그들의 길을 알고 있다. 그러니까 검도는 나이 먹은 사람들도 이 젊고 강한 선수들과 연습할 수 있지 않겠는가. 오사카 체대에서도 그랬지만 단 한명의 선수도 필자에게 힘으로 밀거나 찌름을 시도한 사람이 없었다. 깨끗하게 기본에 충실하고 성실하게 그리고 최선을 다해 연습하는 그들이 존경스러웠고 또 고마웠다. 필자도 간혹 맞으면 깨끗하게 인정하면서 끝내고 하야이(빠르다) 또는 쯔요이(강하다) 등 칭찬을 아끼지 않았다. 옆에서 문교수도 더러 치고 나가며 한판을 내는 모습을 보았다. 다른 일본 사범들은 어떻게 하나 슬쩍슬쩍 봤더니 선수들보다 더 큰 소리를 내며 선수들을 오히려 혼내고 있었다. 자세도 좋고 실력도 뛰어나 보였다. 역시 맹장 밑에 약졸 없다더니... 야마모토 감독은 호구를 안 쓰고 도우데 선생과 함께 내가 그쪽 선수들을 받아주는 모습을 처음부터 끝까지 관찰하고 있었다. 필자도 한국 범사 체면 지키려 최선을 다해 밀리지 않고 보통 스피드의 머리에는 손목으로, 빠른 머리에는 허리로 받아치고, 기회가 되는 대로 머리 또는 손목머리를 치고 들어가 득점을 했다. 한마디로 할 만 했다. 우리 실업 선수 평균 보다 좀 더 강한 정도로 생각됐다. 그러나 일본 선수들이 자세가 좋아 더 잘 맞고 우리들에게 들어와 안 맞으려 하지 않기 때문에 받아주기는 한국 선수보다 오히려 편한 면도 있었다. 이들 중 일본국가 대표 30인 예비 멤버 중 3인이 있다는데 다 젊은 사람들이라 누가누구인줄 잘 몰랐다. 끝나고 나니까 고바야시 선생이 와서 인사를 한다. 그는 유명한 고바야시 선생의 자제로 대를 이은 오사카부경 감독으로 4월호 검도시대 잡지에 오사카부 경찰 선수 특집을 찍을 당시까지는 감독이었던 모양이다. 부친 고바야시 선생이 이제 더 이상 죽도를 잡지 못하신다는 이야기를 듣고 격세지감(隔世之感)을 느끼면서 한편 섭섭하기도 했다.

야마가타 회사 도장

　오사체대 교수들이 우리가 어제 오사카 경찰들과 운동했으므로 오늘 새벽 운동은 무리라고 해서 푹 자고 일어나 오사카에서 벚꽃이 가장 먼저 핀다는 키미이데라에 다녀왔다. 높지 않은 양지바른 산 기슭에 핀 화사한 벚꽃과 당나라 시대의 고찰, 맑은 하늘 그리고 멀리 보이는 바다와 조화가 아름다운 곳이었다. 관광 후, 도우데 선생이 5시까지 우리 숙소로 와서 아주 편안하게 이동하였으며 시간이 남아 커피 한잔 하고 도장으로 갔다. 이곳은 야마가타라는 종이 만드는 회사인데, 회사 건물 2층에 도장을 만들어 사내 검도동호인들이 퇴근 후 운동을 편하게 할 수 있게 도와주고 있었다. 사장이 검도인이고 사범으로 모리(森), 테라모토(寺本) 선생 등 오사카 경찰사범 출신들을 모시고 있었으며, 이들과 선후배 사이인 도우데 선생도 사범 명패에 올라가 있었다. 우리가 회사 밑 주차장에서 기다리는데, 모리선생이 도쿠오카(德岡) 감독과 함께 차에서 내렸다. 감독은 6단이며 국제무도대 출신이며 회사 부장이라고 한다. 야마가타 팀은 일본실업대회에서 상위권이며 입상한 적도 있었다고 한다. 이곳 선수들은 과거 대학이나 고교에서 선수활동을 하다가 이제 직장을 다니면서 주 3회 정도 검도를 수련하는 검도를 사랑하는 동호인들이었다.

우리들이 먼저 옷 갈아입고 기다리고 있는데, 선수들이 하나, 둘 모이기 시작했다. 오사카 내 다른 곳에서 근무하는 사람들이 업무 끝내고 모이니까 늘 좀 늦는 모양이다. 이곳에서는 인사하고 몸 풀고 간단한 기본을 한 후 자기들끼리 호구 쓰고 연격 등 간단한 기본훈련을 먼저 하였다. 합해서 한 2-30분 정도 하더니 사범들도 호면을 쓰고 합동연무를 시작했다. 모리선생이 상좌에 필자가 두 번째 그 옆에 문교수와 도우데 선생이 섰다. 키 크고 빠른 젊은 사람이 처음 들어와 막 공격하기에 정신을 차려 좋은 중단자세로 선의 선 머리를 치려고 노력했다. 경찰선수 보다는 느리기 때문에 마음의 여유가 있었다. 키가 작은 감독은 너무 느려 중심을 좀 비워주었다. 오사카체대 출신 여자 선수가 가장 자세가 좋고 잘 하기에 칭찬해 줬더니, 모리 선생은 딴 소리를 한다. 시합에 나가면 도움이 안 되는 선수란다. 역시 자세가 좋으면 잘 맞나 보다. 한참 하는데 보니까 도우데 선생이 줄을 서 있다. 얼른 마치고 둘이 오랜만에 즐겁게 연습했다. 그전 같지는 않지만 역시 한 칼이 있다. 좀 전 이곳 선수들과 하는 식으로 머리를 치니까 아차 하는 순간 손목이 날카롭게 들어온다. 멋진 손목으로 마무리 하니까 모리선생이 들어온다. 그와는 한일을 오가며 몇 번 칼을 나눈 적이 있는데, 난 그를 '다다시 겐도노(바른 검도의) 심벌' 이라고 부른다. 필자보다 몇 살 아래인 그는 동해대 출신으로 오사카 경찰사범을 거쳐 8단을 세 번 만에 합격한 사람이다. 그는 오로지 머리만(men only) 친다. 손목도 허리도 찌름도 안 한다. 공격부위는 오직 머리뿐이다. 18년 전 그가 경찰사범으로 있을 때 오사카에서 처음 해 봤는데, 머리만 치기에 허리를 받아 치니까 잘 맞긴 하지만, 이건 아니다 싶어 같이 머리를 치기 시작하니까 어림도 없다. 계속 내가 머리를 맞는다. 이번에는 내가 범사이고 당신은 아직 교사이니 내가 멋진 머리를 한번 보여주리라 생각했다. 한번은 멋진 기회를 포착했는데 아뿔싸 짧다. 아깝다! 두 번 더 무리하게 시도하다 스쳐머리 두 번 다 당했지만, 한 판은 부족하다고 모리 본인이 사양한다. 다들 끝내고 우리를 쳐다보는데, 모범을 보여야 하겠는데... 서로 정중앙에서 중심을 지키며 기합을 지르고 기회를 보는데 모리가 뜬다. 순간 나도 모르게 스쳐허리를 쳤다. 소리도 크게 나며 잘 맞았다. 난 '스미마셍' 모리는 '도 아리' 하고 소리쳤다. 허리가 들어가긴 했지만 머리만 치는 사람을 기다려 후의 선으로 허릴 쳤으니 만족스럽지 못했다. 선의 선이나 대의 선 머리를 치고 싶었는데... 머리치기연습을 더 해야 될 것 같다. 끝나고 한잔 하면서 선생은 손목이나 허리 칠 줄 아시기는 합니까? 웃으면서 물어봤더니, 가르칠 때만 친단다. 아무튼 그에게는 나쁜 자세가 전혀 없다. 술을 너무 많이 마시는 나쁜 버릇은 있지만.... 정말 멋진 괴짜이다. 그는 도우데가 제일 좋아하는 검도 선배이기도 하다. 내년에 인천세계대회에 꼭 오겠다며 만나자고 약속했다.

소네자키게이꼬회

 오늘도 오전 오후 일정이 없어 종일 관광하고 저녁 운동만 하기로 했다. 하나자와 선생도 모처럼 한가한 날이라 우리를 오사카의 유명한 먹자골목의 꼬치구이 식당으로 안내해서 맥주 한 잔 곁들여 맛있게 점심을 먹고 츠텐카쿠 전망대로 올라갔다가 오사카성으로 향했다. 벚꽃이 만개한 아름다운 성 주변에서 사진도 찍으며 올라가다 보니 수도관이 보였다. 하나자와 선생이 이곳에 강사로 봉사하고 있어 그 안에 들어갈 수 있었다. 18년 전 이곳에서 운동했었는데, 그때 자그마하고 연세드신 9단 선생님의 환상적인 중단세의 부드러움이 아직 눈에 선하다. 연로하신 분이라 치고 들어가지는 못하셨지만, 그런 중단세는 다시 보기 쉽지 않을 것 같다. 이제 그분도 오꾸조노 선생도 돌아가시고 한 시대를 풍미하던 고바야시(小林)와 아리마(有馬) 선생도 죽도를 놓으셨다니 참 허무하다. 필자는 이분들처럼 이름을 날리지는 못했지만 건강을 잘 관리하여 오랫동안 부드러운 검도를 하며 검도친구들과 교검지애를 나누어야지 하고 다짐해 본다. 수도관을 뒤로하고 오사카성으로 들어가 누각 끝까지 올라갔다. 오사카 태생의 하나자와 선생이 엉뚱한 소리를 한다. 여기까지는 처음 올라왔단다. 참! 서울사람이 남산타워 안 간다더니… 우리 덕분에 구경 잘했단다. 하하하!

하루 종일 돌아다니느라고 지쳤지만 곧 검도할 생각을 하니 힘이 났다. 이곳은 오사카부경 수석사범을 지낸 유명한 코사카 선생이 소네자키 경찰서 체육관을 빌려 검도를 지도하는 클럽이다. 사례금으로 교통비 정도 받으니 시회봉사 차원이라고 보는 게 맞는 것 같다. 이들은 volunteer라고 이야기 하고 있었다. 이들은 매주 오전에 두 번 오후에 세 번 모여 운동하고 있었다. 18년 전 이곳에 왔을 때 코사카 선생과 처음으로 교검하여 많이 배우고 또 자신감을 얻어 간 곳이기도 했다. 그때에도 모리, 도우데 선생이 같이 있었다. 이번에는 마침 코사카 선생은 동경 출장 가 없고 8단 대회 출전하는 젊은 8단도 빠지고 해서, 모리, 사토(佐藤) 8단 선생과 현역 경찰로 소네자키 경찰서 지도사범인 토리고에(鳥越) 선생과 필자 그리고 문 선생 5명이 상석에 서서 받아주고 나머지는 줄을 서는 식으로 운동이 시작됐다.

첫 번째로 56세의 8단 준비 중인 키 큰 분이 들어왔다. 자세도 좋고 빠르고 타격도 좋았다. 연습량을 좀 더 늘려 강함을 보충하면 통과할 것 같다고 격려해 줬더니 그는 기뻐하였다. 이후 여러 명과 했는데 대체로 연세가 있고 자세가 좋으나 좀 느리다. 받기는 아주 편하고 좋았다. 연세드신 분은 좀 배려하면서 주로 선의 기술로 머리를 여러 번 그림같이 쳤다. 하다 보니 이도류가 한명 들어왔다. 왼손에 소도를 든 키가 크지 않은 젊은 사람인데, 어쩔 도리가 없어 계속 손목을 맞았다. 심기일전하여 한번 겨우 찔렀을 뿐 정말 속수무책으로 당했다. 선수출신이라지만 이렇게 잘하는 이도류와는 정말 처음이다. 오른손으로 소도를 잡는 이도와는 그래도 좀 해 봤는데…. 그는 반대다. 최강 오사카 경찰에게도 버티고 살아왔는데 이곳에서 죽는구나(?) 하는 심정이었다. 7단 시절 상단 전문 젊은 선수에게 다섯 번 내리 머리며 손목을 얻어 맞고 겨우 한번 쳤던 악몽이 떠 오른다. 그리고 모델출신의 미모로 친한파인 이와나가 유코(岩永優子)가 들어와 아주 부드러운 검도를 하였고, 사람이 워낙 많아 짧게 여러 명과 연습하는 방식을 택했다. 마침 또 다른 동갑친구 시타(至田) 관서학생연맹 부회장이 들어와 반갑게 교검했다. 이 친구 심장수술을 해서 운동을 오래 쉬다 다시 하는 바람에 연한이 모자라 8단 심사를 못 봤는데 이제 곧 응시한다고 나보러 한번 봐달란다. 작년에 이어 해보니 역시 칼이 만만치 않다. 끝날 무렵에 겨우 한 대 쳐 체면유지는 했다. 건강이 좋았더라면 벌써 승단했을 것 같았다. 필자가 평가할 수준이 아니라고 생각하고 잘한다고 시험 잘 보라고만 했다. 손목에 자꾸 칼이 나오는 대신 과감하게 머리를 쳤으면 좋겠지만, 그 말은 못했다.

  한참을 더 받다보니 시간이 됐다고 그만 하란다. 이곳 사람들은 전부 예의바른 양반들인 것 같다. 검도가 강하지는 않지만 정말로 검도를 사랑하고 또 바른 검도를 추구한다. 고약한 사람은 한명도 없었다. 운동 후 오늘도 역시 아담한 전통 일식당으로 안내되어 시원한 맥주와 사케를 마시면서 뒷풀이를 하였다. 내가 농담으로 유꼬가 2단인 줄 알았는데 4단이라고 해서 놀랐다고 했더니, 자기들끼리 모리선생을 가르키며 저 양반이 심사위원이었다고 소리 내 웃는다. 내가 미모와 한국어 실력을 감안할 때 4단 자격은 있는 것 같다고 얼버무렸다. 일본에서도 사람이 하는 일이다 보니까 '뭐 그런 게 좀 있나' 보다라고 생각했다. 이들 모두 내년 인천 세계대회에 오겠단다. 관심이 엄청 많다.

마무리와 얻은 교훈

　평소 필자는 "달러는 미국에서 가장 가치가 나가고 경찰은 영국이 최고이며 역시 성악가는 이탈리아에서 인정받을 수 있어야 된다."는 지론을 가지고 있는데, 검도의 경우 같은 원리로 일본에서도 통할 수 있어야 된다고 생각한다. 일본은 검도인구가 우리의 열 배가 넘고 8단의 수 또한 열 배 이상이며 7단의 경우는 약 100배도 넘는 것 같다. 그러다 보니 팀 수도 10배가 훨씬 넘으며 검도를 잘하는 사람도 평생 검도만 해온 사람도 수없이 많다. 앞에서 언급한 대로 이번 방문이 8단 범사로서 일본에서도 통할 수 있는지를 시험해 보는 동기와 평생학습의 연장선에서 나이 들어서도 여전히 배움을 찾아 나선 것이다. 그 결과 향후 지도와 수련을 위한 여러 가지의 자극과 교훈을 얻어 왔다. 우선 그들은 시합 위주의 연습을 하지 않고 체력과 기본기 위주의 연습을 지도자들의 입회 하에 강하게 실시한다는 것이 우리와 좀 다르다. 연격과 큰 기술 위주의 기본에 대부분의 시간을 할애하며 지게이코(地稽古)는 3분의 1밖에 시간을 사용하지 않는다. 그리고 무엇보다 선수들의 자발적인 참여 분위기는 참 인상적이었다. 마지못해 훈련에 참여하는 듯한 사람은 전혀 발견할 수 없었다. 다수의 지도자들과 선수들이 서로 경쟁하듯 열심히 하는 모습이 부럽기만 하다. 학생을 인격적으로 대하는 선생과 선생을 진심으로 존경하는 분위기가 일반적이었으며, 평생 경찰에서 주로 검도에 전념해도 경부 또는 그 이상 총경까지 진급할 수 있는 일본의 제도에 비하면 우리의 검도환경은 너무 열악한 실정이다. 그러한 악조건 하에서도 열심히 노력하는 우리 검도인들이 고마울 따름이다.

　개인적인 검도수련에 관해서는, 이미 다 알고 있는 사실이지만 역시 검도는 한판을 추구하는 운동이라는 것을 확인했다. 대련을 할 때는 항상 先을 추구하는 것이 중요하며, 기세가 강해야 하며 상대를 확실히 제압할 수 있는 삼살법(三殺法)을 제대로 알아야 고급검도를 할 수 있는 것 같다. 타격부위의 선택에 있어서는 모두 다 격자할 수 있지만 가장 멀고 높은 그리고 치고 난 다음 자세가 바른 머리공격이 으뜸이라고 생각한다. 8단 승단심사 준비과정에서 머리치기를 많이 연습했지만, 이번 여행을 계기로 다시 머리치기 노력을 해야 하겠다고 느꼈다. 60년 동안 글씨를 쓴 노 서예가가 '아직도 선을 내려 긋는 것이 어렵다'라고 하는 것을 보니 우리도 칼을 바로 내려 머리를 치는 것이 어려울 수밖에 없는 것 같다.

검도본의 경우 이제 한일 간의 차이는 별로 없는 것 같다. 여러 해 전 경시청 출신의 세끼야마(碩山)선생과의 시연에서도 느꼈지만 서로 간에 별 불편이 없었다. 이번 하나자와 선생과도 사소한 한 두 가지를 빼고는 문제될 것이 없었다. 우리나라에서나 일본 내에서나 고단자들 끼리 본에 대한 이견이 적지 않음을 볼 때 이는 유파나 개인적인 문제이지 국가 간의 문제는 아닌 것 같다. 다만 누가 더 연구하고 수련하는지가 관건인 것 같다. 필자도 이번에 이들과 같이 본을 해 보고 특히, 소도본의 경우 연습부족임을 인식하고 반성했다. 우리나라에서는 소도의 경우에는 아직 대체로 수련이 부족한 것 같다. 대도의 경우 늘 운동을 하니까 잘 할 수 있겠지만, 그 원리를 제대로 이해하고 정말로 칼을 쓰듯이 그리고 상대와 호흡을 맞추어 한 박자로 기백있게 잘 하기는 쉽지 않다. 죽도검도의 한계를 극복하는데에는 진검으로 하는 본 수련이 크게 도움이 되지 않을까 생각한다. 우리나라에서는 각종 대회에 검도본 시범이 사라진 지 오래인데 이의 부활을 또한 강력히 추천한다.

끝으로 일본 대학생들을 보고 부러웠던 점은 이들은 자기 공부를 다 하고 난 다음 여가 시간에 검도를 한다는 것이다. 그렇기 때문에 졸업 후 검도가 아니더라도 다양한 진로로 사회에 진출하며 오사카체대의 경우 거의 100%에 가까운 취업률을 보이고 있다. 이는 일본 검도부 대학생들이 문무겸전(文武兼全)을 실천한 결과가 아닌가 생각한다. 우리나라의 경우 검도부만의 문제가 아니라 모든 운동부 전체의 문제이기는 하지만, 여러 스포츠 종목 중 우리 검도가 다행히 이러한 문제해결의 선봉에 서 있으므로 문무겸전의 밝은 미래를 기대해 본다. 한마디로 결론을 내리자면 검도에는 왕도가 없으므로, 초단이나 8단이나 검도를 잘 하려면 큰 칼로 머리를 잘 칠 수 있어야 한다. 또한 검도는 문무겸전이므로 반드시 공부하며 검도해야 되고, 검도에는 연습만한 선생이 없다는 것이다. 검도 인생 50년이 넘은 지금 확실히 느끼는 것이지만, 검도에는 이기고 지고 맞고 때리는 저 너머에 분명히 더 중요한 그 무엇이 있다는 말로 마무리 한다.

베트남(사이공)에 피는 한국검도[6]

"남남쪽 섬의 나라 ………
월남의 달밤 ……..
십자성 ……
어머님 얼굴 ……"

위는 60년대 우리나라의 월남전 참전 이래 대중적 인기를 끌던 가요이다. 가요에 나오는 월남 즉 베트남의 호치민시(구 사이공)에 지난 12월 초 검도심사 차 일행들과 다녀왔다.

전쟁을 치른 나라들이 모두 경제적으로 성공을 거두었듯이 베

---

[6] 대한검도회, 『검도회보』, 2017년 봄호 통권 제111호, 2017.

트남의 경제전망은 매우 역동적인 것으로 보인다. 그러나 아직 1인당 국민소득이 2천 불 조금 넘는 우리의 70년 대 후반 수준이므로 검도를 하기에는 경제적 부담이 큰 나라이지만, 10년 정도만 지나면 검도인구가 폭발적으로 증가할 가능성이 있다.

베트남은 기원전부터 중국 한나라 이래 천년동안 지배를 받은 까닭에 지리경제학자들은 유교문화권으로 분류하고 있는데, 필자가 가보니 그 이유를 알 것 같았다. 한중일과 같이 젓가락을 사용하며 불교가 성행하지만, 다른 종교에도 개방적이며 사회곳곳에 남아있는 한자와 한자식 표기가 한국 방문객을 친숙하게 만든다. 무엇보다 사람들이 부지런하고 학문을 숭상하며 자녀들 교육에 투자를 아끼지 않는 모습이 우리를 닮았다.

검도를 가르쳐 보니 이들은 아주 소질이 있었다. 전쟁을 치른 나라의 사람들이니 담이 크고 키가 크지 않으니 발이 빠르고 손재간도 아주 좋다. 검도를 배우는 사람들이 고학력자들이라서 그런지 말을 빨리 알아듣고 수련생 대부분이 영어를 유창하게 구사한다. 그리고 이들 대부분이 20대 젊은이들이기 때문에 향후 발전 가능성이 많아 보인다. 한국 사범들이 호치민에서 검도를 지도하는 곳이 여러 곳인데, 그 중 인원이 많은 곳은 '중앙'으로 양진한, 임기학 두 사범이 지도한다. 심성보 사범은 한인 타운에서 개인도장을 운영하면서 서클 한 두 군데에도 지도하며 이승구, 임재형(롯데백화점 팀장) 두 사범은 직장에 다니면서 심사범을 도와 함께 지도한다. 나중 세 사람은 모두 서울 '이화관' 출신으로 박소용 사범과 필자에게 지도 받은 사람들이다. 기타 일본인 사범과 베트남 사범들이 운영하는 곳이 몇 군데 더 있어 호치민에 모두 십여 곳이며 모두 합하면 몇 백명은 된다고 들었다. 아무튼 호치민(사이공) 인구가 1,200만 명이 넘는 점을 감안하면 검도도장과 검도인구는 빠른 속도로 증가할 것으로 예상된다.

호치민에 한국검도가 뿌리 내리고 꽃피기 시작하게 된 계기는 한 월남 참전용사의 집념과 베트남 사랑으로 시작되었다. 그 주인공은 원주의 김영기 관장인데, 그는 60년대 청룡부대원으로 다낭에 근무하며 생사의 고비를 여러 번 넘긴 적이 있었다고 한다. 이제 칠순을 넘긴 원로 검도인으로서 김 관장은 그의 제자 양진한(오리온 제과) 부장이 12년 전 호치민에 주재근무를 시작하자 전폭적인 지원을 아끼지 않아, 양 사범이 그곳에 검도를 보급할 수 있게끔 물심양면으로 도와 주었다. 나중에 온 임기학

(KORCHINA 로지스틱스) 부장도 양 사범을 도와 그들은 대회 및 심사개최 등 큰 판을 벌였으며, 나중에 온 심성보 사범 그룹과도 우호적으로 상호 긴밀히 협조하고 있었다. 이제 '중앙'은 호치민 최대 도장이 되었고 '중앙배' 대회에는 모든 베트남 검도인들이 100 명 정도 참가하는 전국적인 축제가 되었다. 이들은 검도보급을 통해 아무 이득도 취하지 않고 검도보급을 위하여 오히려 지속적으로 물적 지원을 계속하고 있다. 이들은 순수한 아마추어 검도동호인으로 기량은 최고가 아닐지 몰라도 검도사랑은 한국 최고임에 틀림없다. 이렇게 훌륭한 국내외의 검도 전도사들은 한국 검도 발전의 보이지 않는 수레의 한 바퀴이다.

80년대 해외에서 검도를 보급한 경험이 있는 필자로서 이들에게 고맙고 또 이들이 자랑스럽다. 현대검도를 정립하고 해외로 검도를 보급한 일본에게 감사하지만, 해외에 나가보면 그들은 한국 검도 보급의 강력한 걸림돌이다. 일본은 해외에서 기득권자로 체제유지적인 정책을 쓰기 때문에 신흥 강자인 한국의 세력 확장을 강력히 그러나 은밀히 견제한다. 필자의 경험에 의하면 그들과는 되는 일이 없다. 일본 검도계에는 훌륭한 선생님들이 많이 계시지만 국가의 이름이 걸리면 그들은 전혀 달라진다. 다행이 아직까지는 베트남에서의 일본세력이 약하기 때문에 한국검도가 활동하기 좋았지만, 양, 임 두 사범들도 언젠가는 귀국해야 되기 때문에, 그 이후에는 시스템적으로 즉, 조직이 스스로 움직이게 만들어야 한다. 심성보 사범의 경우 한인 타운에서 한국 사람 위주의 도장을 운영하니까 오히려 상당기간 지속할 수 있겠지만, 그의 경우 생계 유지가 관건이다. 아직은 총각이라 괜찮지만 결혼을 하면 가정생활을 해야 되니까 걱정이다.

 향후 베트남에서 한국사범들의 선택은 국제검도연맹 산하의 단일 베트남검도협회를 창설하여 한국주도로 운영하든지 아니면 베트남에 대한검도회 지부를 결성하여 말레이시아, 인도네시아 지부와 연합하여 공동심사 및 대회를 운영하는 두 가지 방법 중 하나가 아닐까 생각한다. 그렇지 않으면 제자들을 승단 시킬 수 없으므로 사실상 베트남에서의 검도 보급을 지속하기가 어려워진다. 우리 검도인들은 자랑스러운 그들의 선택을 존중할 것이지만, 한 가지 분명한 사실은 한국검도가 베트남에서 지속적으로 그리고 건전하게 꽃 피울 수 있어야 한다는 것이다.

2016년 한일 대학검도교류를 마치고[7]

　돌이켜 보면 한일 대학검도교류는 1972년 일본 관동선발팀이 한국을 방문하여 서울시 종로 YMCA 체육관에서 시작했으며, 이 듬해인 1973년 8월 필자가 아직 대학 4학년이었던 시절 성균관대, 부산대, 영남내 3개교 연합 팀이 장하식 교수를 단장으로 오사카의 관서대와 동경대(관동선발 및 동경대와 친선시합)를 방문한 이래 실로 40여년이 흘렀다.

　당시 우리 대학검도의 여건은 오늘날과는 많이 달라 검도하는 학교도 선수도 많지 않았으며 해외여행을 지원할 학부모들의 경제형편도 어려웠다. 우리의 검도실력 또한 평균 2단 정도로 평균

---

[7] 한국대학검도연맹, 『대학검도회보』, 통권 32호, 2016 가을호. 필자는 단장으로 참여하였음.

4단(5단도 여럿 있었음)인 일본과 큰 차이가 있었으므로 20명이 시합한다면 12-3명 정도 지고 3-4명 정도 겨우 이기고 나머지는 비겼다. 김영달 선생께서 '단 차이가 있는 시합'이라고 당시 상황을 한 마디로 정의하시던 기억이 생생하다.

40여년이 흐른 2016년 7월 10일 교류전에서는 관동선발 팀에 2전 2승으로 그리고 관서선발 팀과는 2전 1승 1무로 종합 3승 1무로 압도적인 전적을 거두었다. 필자가 보기엔 남자부 4전 4승이 확실하다. 그러나 여자부의 경우 아직 전력이 약함을 인정하며 3패 1무를 겸허히 받아들인다. 그렇지만, 10년 전과 비교하면 상당한 기량향상이 있었음은 고무적인 일이며. 향후 이러한 추세라면 지금으로부터 10년 후에는 대등한 경기가 가능하지 않을까 기대한다.

이번에 우리는 도쿄를 먼저 갔으며 돌아올 때는 교토를 거쳐 오사카에서 인천공항으로 귀국했다. 나리타 공항에 도착하니 관동연맹 OB들이 반갑게 맞아주고 전세버스도 대기 중이라 아주 편안하게 경기장인 츠쿠바 대 근처의 숙소로 와 짐을 풀고 관동연맹에서 초청하는 환영회에 참석하였다. 사또 나리아끼 회장을 위시해 히로나가, 구리하라 부회장 그리고 치바 심판장 등 여러분들이 진심어린 환영을 해 주었다. 이분들이 우리를 접대하는 태도와 방식에서도 높아진 한국검도의 위상을 실감하였다. 전망 좋은 고급식당에서 풀코스로 와인까지 곁들인 최고의 만찬이었다. 서로 인사말과 덕담을 주고 받으며 화기애애하게 식사를 마치면서 생각해 보니까 이분들의 연세가 우리보다 평균 10세 이상 위인 것 같았다. 우리 측은 필자가 최고령이었는데 사또 회장과 12살 차이로 띠동갑이고 부회장 두 분 역시 필자보다 나이가 위이고, 임원들도 대체로 일본 측이 위였다. 일본은 검도인구가 많고 지도자층이 두꺼워 연세 드신 분들이 많다. 반면 우리는 일본보다 10년 젊은 4-50대가 주축이니 아무래도 변화에 빨리 적응하며 박력이 있는 것 같다.

다음 날 아침부터 마음을 단단히 먹고 츠쿠바 대학의 경기장으로 갔다. 관동학생회 간부들의 안내를 받아 경기준비를 마치고 10시부터 여자부, 남자부 순으로 오전 경기를 마치고 점심식사 후 오후 경기에 들어갔다. 과거와 같은 방식으로 진행되었으므로 경기 준비나 운영에 전혀 차질없이 일사 천리로 진행되었다. 대회 전 양 단장과 심판위원장, 위원인 고다 교수, 그리고 양측 심판 각

3인이 참석하여 진지하게 회의를 하였다. 단장과 위원장은 조용하고 고다 교수가 자료를 가지고 회의를 주관했는데, 중요한 의제는 정상적인 코등이 싸움에 관한 것이었다.

일본 측에서는 남녀 국가대표선수 후보들 전원과 남자감독인 이시다, 여자감독인 미야자키 등이 관전하였으며, 사또 회장 등 임원들이 엄숙하게 지켜보는 가운데 여자부 5인조부터 경기가 시작됐는데, 아니 여자부가 대등한 경기를 펼쳐 2-2로 비긴다. 와! '우리 여자부도 이제 할 만 하구나'라고 기뻐했다. 이어 진행된 남자부 경기에서는 3-2로 무난히 승리를 거두었지만 비김이 15명 중 10명으로 엄청났다. 그 원인은 심판들의 호흡이 아직 맞지 않는 상태에서 국제대회이니 만큼 한판의 정의를 엄격히 하다 보니 쉽사리 유효타가 나오지 않은 것으로 보인다. 관동의 경우 최근 몇 년간 심판의 사심 문제는 전혀 없었다. 사람이 하는 일이니 오심이나 실수는 더러 있을 수 있겠지만 그 정도는 무시해도 될 정도이었다. 즐거운 마음으로 맛있게 일본 도시락을 먹고 오후 경기를 했는데, 이게 왠 일인가? 여자부가 0-5로 지고 8포인트나 잃으면서 단 한 포인트도 못 따는 참패를 당했다. 천당에서 지옥으로 수직낙하로 떨어지는 기분이었다. 이어 거행된 남자부 경기에서는 기대한 대로 6-4로 이겼다. 솔직히 우리가 그 정도의 실력우위는 객관적으로 인정된다. 관동팀이 지고 있는 데도 일본심판들이 흔들리지 않고 소신껏 판정을 했다. 작년 용인대에서도 일본 심판들의 훌륭한 모습을 칭찬했었는데, 도쿄에서도 다시 반복하였다. 특별 손님으로 참석한 손경익 재일 대한검도회 전 회장은 단장인 제가 인사말에서 일본 심판들을 그렇게 칭찬했으니 도저히 편파판정을 할 수 없었을 것이라고 이야기 하며 우리가 전략적으로 승리한 것이라고 평했지만, 필자는 한국에서나 일본에서나 심판들이 공명정대한 판정을 했다고 생각할 뿐이었다.

끝나고 관례대로 합동연습을 했다. 일본 학생들을 몇 명 받아주고 있는데, 와세다대 구리하라 감독과 이지마 국제무도대 교수 등 8단 OB들이 여러 명 들어와 아주 즐거운 공방을 주고 받았다. 역시 칼을 주고받는 교검이 최고의 우정교환인 것 같다. 이지마는 처음 필자에게 들어 왔지만 구리하라는 빠짐없이 필자와 교검한다. 연세가 두 살 위라 윗자리를 양보해도 항상 밑으로 가신다. 매번 느끼지만 스쳐치기와 받아치기는 일품이다. 칭찬해 드렸더니 들어가는 머리를 쳐야지 그까짓 것 가지고는 안 된다고 한다.

방일 3일째인 2016년 7월 11일 아침 일찍 전세버스로 출발하여 오면서 도시락 먹고 7시간 만에 교토에 도착했다. 호텔에 짐을 풀자마자, 관서연맹의 환영회로 바로 갔다. 정원이 화려한 고풍스런 전통 일본식당에 큰 방을 잡아 가지가지 일본요리를 맛보며 극진한 대접을 받았다. 매번 느끼는 거지만 관서지방의 요리가 우리 입에 더 맞는 것 같다. 오사무라 회장님, 하나자와 심판장, 이시카와 8단 심판 등의 열렬한 환영을 받았다. 관동과 달리 이곳은 8단이 많지 않고 사람들도 좀 더 순수하고 인정스러워 보였다. 도쿄에서 이시다 대표팀 감독을 만나고 왔는데 이곳에 또 이시다 오사카체대 교수가 심판이라 물어 봤더니 둘이 부부 사이란다. 이곳에 갑남대 이시다 교수가 또 있는데다 그 유명한 남자대표팀 감독 이시다도 원래 이곳 출신이라고 한다.

  다음 날 오전 일찍 경기가 있는 교토 무도센터로 가 여유있게 경기를 준비하였다. 다년간 반복되는 교류전이라 양측이 모두 익숙하게 대응하였으며 서로 안면도 있고 하여 외국에 온 느낌이 별로 나질 않는다. 경기 전 인사말과 소개 등이 끝나고 10시부터 경기에 들어갔다. 여자부로부터 시작했는데 우리 측이 선전하였으나 2:3으로 아깝게 패하였다. 다소 열세임에 틀림없으나 경기란 이기고 지고 하는 것이니까 오후 게임을 기대해 볼 만하다고 생각했다. 이어 남자부 경기가 진행됐는데 그만 5:5로 비기고 말았다. 우리의 전력이 우세함이 분명하지만 관서팀의 필승을 위한 투지는 대단했다. 들어보니 매번 참패를 당하고 나서 이번에는 3박4일 합숙을 하는 등 대단한 노력을 경주했다고 한다. 관서의 경우 심판 중 2명은 7단이었다. 8단 한분은 소신껏 판정했지만, 나머지 두 분은 관서출신으로 같은 팀 선배의 입장으로부터 자유롭지 못한 것 같았다. 반성하는 기분으로 도시락을 먹고 좀 쉬었다가 오후 경기를 맞이했다.

이번엔 여자부가 이상하다. 아까 대등하게 해서 밥 먹고 힘내 한번 이겨보자 했는데... 참으로 이상하다. 1:4로 완패했다. 이렇게까지 실력차이가 나질 않는데 안타깝다. 남자부는 분발하여 6:4 포인트로는 11:7로 여유있게 승리했다. 이 과정에서 이해하기 쉽지 않은 판정이 몇 번 관서쪽 주도로 있었으며, 우리 측의 보복 행위로 보이는 판정도 눈에 띄었다. 이에 흥분한 선수들의 다소 과격한 행위도 뒤따랐다. 특히, 거치른 경기 때문에 제기된 반칙이 문제가 되어 여러 차례 긴 합의를 보기도 했다. 우리 측은 선수들의 실력이나 심판들의 역량이 모두 관서보다는 한 수 위에 있었다. 우리 측 김현준, 강호훈 두 분 8단은 이미 국제심판으로 활약한 경험이 있었고, 새로 들어간 강진형 8단도 아주 소신껏 심판을 잘 보았다. 후자는 서로 감정이 고조된 상황에서 상대편의 득점을 기꺼이 잡아줌으로써 관서 팀의 신뢰를 확보하였다.

경기를 마치고 즐거운 교검의 시간을 맞이했다. 일본 학생들을 여러명 받아 주고 있었는데 이시카와 8단이 기다린다. 빨리 끝내고 간단한 연습 후 한판 승부를 했는데, 아니 이분이 예상치 못한 상황에서 그냥 머리를 치고 들어온다. 맞긴 했는데 좀 짧고 약하다. 그래서 인정 안 하려고 했더니 멘! 멘! 하고 우긴다. 어쩔까 하다 선생은 아직 나보다 젊으니 한 번 더 하자고 해 필자도 머리 한 번 치고 오늘은 당신이 이긴 것 같다고 했더니 좋아한다. 하나자와 심판장은 필자와 동갑인 만 66세로 교장선생 출신이며 정년 후 모교 대체대에 객원교수로 나간다. 인품이 좋고 자세가 반듯하고 머리치기를 잘하지만 체중이 많이 나가고 여기저기 많이 다쳐 스피드가 영 느리다. 몇 차례 공방을 주고 받다가 한판 승부를 청했다. 쓱 머리를 치고 들어온다. 난 무의식적으로 허리를 받아쳤는데 깨끗이 들어가고 상대도 인정한다. 그러나 왠지 미안하다, 몸이 가벼운 내가 머리를 치고 들어가야 하는데 무게 더 나가는 동갑친구가 치고 들어온 것을 편히 받아친 것 같아서 느끼는 감정이다. 새로 할까? 물어봤더니 됐다고 한다. 어제 이 친구가 교토에서 유명한 옛날식 집에서 2차까지 대접했는데 고맙고 미안하다. 내년 꽃 필 때 오사카체대를 방문하겠다고 약속했다. 끝으로 부회장인 시다(至田) 7단이 들어왔다. 관서대 출신으로 백화점 사장을 지낸 역시 동갑 친구인데 검도가 짜고 만만치가 않다. 칭찬해 줬더니 그렇잖아도 내년에 연한이 되어 8단 심사에 응시할 계획이라고 좋아한다. 잘될 거라고 덕담을 했다.

이상에서 본 바와 같이 4박 5일 일정 중 이틀은 종일 시합만 했고 나머지 날은 대부분 이동하느라고 관광은 거의 못했다. 마지막 날인 제 5일째 공항 가기전 오후 두시까지 교토시내를 걸어 다니며 구경도 하고 쇼핑도 하였다. 시내에서 서점 두 군데를 가보았는데, 검도책은 딱 한 권밖에 찾지 못했는데 그것도 중고책이다. 무조건 샀다. 저자는 6단인데 젊은 감각으로 제법 잘 쓴 것 같다. 일본에는 6단도 책을 낼 수 있으며 이렇게 잘 정리할 수 있다니 전반적인 검도수준이 상당히 높은 것 같다. 몇 달 전 남원 국제대회에서 일본 시골 가고시마의 9살짜리 남자애 가토 군과 검도를 했는데, 그는 8단 범사인 필자와 대등한 연습을 했으며 결코 필자만 못하지 않다는 당당한 느낌을 받았다. 너무 이뻐 가토 군을 안고 다니며 칭찬 해준 기억이 난다. 할아버지와 손자가 윈-윈의 지게이코를 한 셈이다. 요즘 일본에서 큰 선수는 지방에서 나오며 검도수준이 전국적으로 평준화 돼 있다고 한다. 1977년 전검연이「유소년검도지도요령」을 발간한 이후 전국적으로 검도를 같은 방법으로 체계화시킨 효과가 아닌가 생각한다.

 마지막으로 이번 대회를 성공적으로 마무리 한 임원 선수 여러분 특히, 김영학 총감독, 전홍철 남자감독, 이민배 여자감독 그리고 약방의 감초 운동식, 박소용 사범의 노고를 치하하면서 이번 교류전을 종합평가 하고자 한다. 검도를 자세 이외, 치기 전 단계와 치는 단계 그리고 치고 난후의 단계로 나누어 보면, 일본 학생들의 기본자세와 치고 난 후의 존심단계는 확실히 배울 만하다. 우리는 신체조건이 우수하며 체력과 연습량에서 우위에 있으며 경기 감각 또한 뛰어나다. 그러나 우리 학생들은 치기까지는 열심히 하는데 치고 나면 끝이다. 유형의 존심이 너무 부족하다. 그래서 놓친 포인트가 여러 개 된다. 필자는 단장으로서 선수들에게 현대검도는 치는 운동이 아니라 치고 몸이 나가는 운동이라고 몇 차례 강조했다. 몸의 중심이 공격 후에도 안정돼 있어야 실패하면 다음 공격을 할 수 있는데, 균형이 안 잡혀 있으니 한번 공격하면 그것으로 끝이다. 이때 상대가 공격하면 나쁜 자세로 몸을 틀면서 막게 된다. 필자와 룸메이트였던 박학진 범사는 '덤비면 죽는다'라고 서두르지 말라는 오더를 내렸는데 선수들에게 크게 도움이 된 것 같다. 역시 명감독이다. 하나자와 심판장은 우리 측의 코등이 싸움에 좀 문제가 있다고 조심스럽게 이야기 하는 것을 보면 우리 학생들의 코등이 싸움이 국제기준에 미치지 못하는 것 같다. 중단 겨루기의 연장선에서 코등이 싸움을 이해해야 하며 앞으로 시정해 나가야 할 것이다. 끝으로 재미있는 현상은 직전 일본 챔피언이고 유명한 야노 선생의 손자인 야노 군이 기대를 한 몸에 받았으나 한국선수를 한 번도 이기지 못했으며, 우리 국내 챔피언 출신인 박상준 군도 일본팀에게는 그 칼이 먹히지 않았다. 둘 다 국내용이었다. 이 하나만 봐도 한일 교류전은 지속되어야 한다고 생각한다. 2017년 내년 교류를 기다리면서……

한국대학선발팀 대 관동대학선발팀 경기관전기_10년만의 패배[8]

한일 대학검도교류의 약사

1972년 일본 관동 선발팀의 방한으로 시작된 한일대학교류 30년을 편의상 3단계로 나누어 10년씩 분석해 보면, 첫 10년은 현저한 단 차이의 시대로 20명(전원 남자)의 선수 중 두세 명 많아야 서너 명 우리가 이기고 한 서너 명 비기면 나머지는 모두 지는 2 : 8정도의 압도적인 수준 차의 시대였다. 우리는 그 당시 20명의 뛸 만한 선수들을 채우기도 쉽지 않은 시절이었다. 그 후 10년은 그 격차가 다소 해소 되었지만 여전히 3:7 잘해야 4;6 정도의 전력 차이가 있었다. 나머지 최근 10년은 한국이 지속적으로 우세하였

---

[8] 한국대학검도연맹, 『대학검도회보』, 통권 33호, 2017 가을 호. 필자는 심판장으로 참여했음.

다. 그러나 여자부가 신설되어 아직 일본에 비해 양적으로나 질적으로나 열세를 면치 못하였지만, 그 차이는 계속 줄어드는 추세였다. 여자부의 경우에도 과거의 남자부와 마찬가지로 팀은 지더라도 기량이 훌륭한 선수가 개인적으로는 승리를 하여 밝은 미래를 기대하게도 하였다.

2017년 관동교류전

 2017년 관동교류전은 일본팀이 한국을 방문하는 형식으로 9월 24일 경기도 용인대학교 검도장에서 오전과 오후 두 차례 개최되었으며, 결론적으로 말해 10년 만에 우리가 전패하였다. 여자부는 아직 전력이 약함을 솔직히 인정하지만, 남자부는 늘 이기다가 크게 지니까 좀 당황스럽고 심란하기까지 하였다. 그러나 따지고 보면 우리나라 남자부는 겨우 20개 대학에서 선발하지만, 일본은 관동지역 130개 대학의 선발팀이니 오히려 지난 10년간 이겨왔다는 것이 예상 밖이었으며, 그 사이 일본팀이 겪었을 마음고생이 이제 다소 이해되기도 한다. 일본은 대학 수만 많은 것이 아니라 대학의 선수층도 두터워 국사관대 같은 경우 선수만 120명이고 검도관련 교수도 7-8(교양학부 포함)명이나 되니 우리와 검도

환경을 비교할 수 없는 세계 최고의 여건을 갖추고 있다. 그런데도 우리가 그간 승리할 수 있었던 것은 우리의 실력향상에 그 1차적인 원인이 있겠지만, 필자의 생각으로는 공정한 심판 시스템의 결과이기도 하다. 2002년 월드컵 축구대회에서 한국이 3,000 여개의 축구팀을 가진 축구강국 이탈리아를 이긴 적이 있지 않은가? 스포츠란 약자가 강자를 이기기도 하는 것이지, 늘 강팀이 약팀을 이긴다면 경기를 할 필요조차 없을 것이다. FIFA 랭킹을 보고 결정하면 될 일이지 경기는 번거롭게 왜 하겠는가?

2017년 심판원 및 심판배정 그리고 심판장 주의사항

우선 한국 측에서는 김현준, 강호훈, 강진형 8단 교사 세 분
그리고 관동 측은 Koda(츠쿠바대 교수), Ijima(국제무도대 교수), Yagisawa(일본스포츠과학대학 교수) 8단 교사 세 분이었다.
6명의 심판이 정확하게 분담하여 한일 양국이 50%씩 되도록 하였다.

오전
여자부 주심 일본 1인 부심 한국 2인
남자부 7명 주심 한국 1인 부심 일본 2인

8명 주심 일본 1인 부심 한국 2인

오후
여자부 주심 한국 1인 부심 일본 2인
남자부 7명 주심 일본 1인 부심 한국 2인
8명 주심 한국 1인 부심 일본 2인

심판장인 필자의 주의사항은 크게 세 가지로 요약 되는데, 첫째 본 친선대회는 국제검도연맹의 경기 및 심판규정에 따른다는 것이며, 둘째는 최근 수년간 심판의 문제는 전혀 없었으며, 한일 양국의 심판들이 아주 훌륭했었다는 것이고, 셋째는 선수 여러분들은 오랜 역사를 가진 국제친선시합이므로 지나치게 승부에 집착하지 말고 부디 훌륭한 심판들을 믿고 정정당당히 경기에 임해달라는 것이었다.

경기결과
오전
여 0(3) : 3(5)
남 4(8) : 6(13)

오후

여 1(3) : 2(4)

남 1(6) : 7(14)

　여자부의 경우 오전승부는 0 : 3 이었지만 득점 면에서 보면 3 : 5로 한일 수준차가 크게 감소한 느낌이었으며, 오후 그 격차를 더 줄이면서 선전하였으니 내년이나 후년에는 과거 남자부가 그랬듯이 한일 간의 역전을 기대해 볼 수도 있을 것 같다.

　남자부의 경우 오전에는 4 : 6 정도의 열세를 보이면서 역전의 계기를 마련하지 못하고 그대로 마쳤지만, 마지막 주장 김도하 군이 국사관대 주장이면서 대표선수 후보인 미야모토 군을 2 : 0로 이겨 겨우 체면을 유지하였다. 점심 먹고 힘내라 힘! 했지만 오후에는 잘해 보려고 하다가 오히려 더 일을 그르쳐 대패하였으며 주장마저도 맥없이 무너져 최근 10여 년 간 사상 최악의 졸전을 기록하고 말았다. 사실 우리 선수들은 몰리거나 도망다니지 않았고 대등한 기량으로 싸웠음에도 불구하고 승부는 엄청난 차이를 기록하고 말았다. 특히 오후에는 거치른(wild) 힘의 경기를 교환하면서 양 팀 다 열정적으로 잘 싸웠다. 암튼 이해하기 힘든 패배이다. 축구로 스코어를 오전 1 : 2이라면 오후에는 1 : 5 정도로 남자부 평가전을 마감한 셈이다. 여기에 대해선 감독이나 선수들이 더 언급할 것이므로 심판장인 필자는 간단한 견해만 피력한다. 이번 관동팀의 특징은 퇴격기술을 많이 쓴다는 것이다. 오전 오후 각각 5-6회씩 주로 퇴격머리로 득점했는데 우리 선수들은 그냥 가만히 서 있다가 허무하게 실점하였으며, 특히 일본 심판들은 적극적으로 퇴격기술을 잡아 주었으므로 그것이 가장 큰 원인이 아니었나 싶다. 기타 기대주인 박인범 군이 작년에는 일본에서 좋은 성적을 거두었지만 올해는 다리 부상으로 대단히 부진했다. 그리고 일본 남녀 부 모두 상단이 몇 명 있었지만 승부에 결정적 영향을 준 것으로 보이지는 않았다.

종합평가

이제 심판장으로 판정에 관해 언급하자면 학점으로 100 만점에 95점이다. 한일 간 다소간의 시각의 차이를 느끼지만, 그런 것은 개인차도 있으므로 큰 문제가 되지 않는다고 생각한다. 필자는 심판들이 최근 여러 해 동안 아주 잘 해 왔다고 칭찬해 왔으며, 특히 작년 츠쿠바 대 방문 시 한국팀 단장으로서 뛰어난 역량으로 사심

없이 공정하게 판정한 일본 심판들을 극찬하였다. 필자도 심판을 해 봤지만, 자기 나라 팀이 지고 있는데 마음이 흔들리지 않고 불편부당하게 판정한다는 것이 쉬운 일이 아니다. 또한 사람인지라 관계자들의 눈치도 보이고… 특히, 관동의 심판들은 최근 지속적으로 경기에 지고 있는데도 한 치의 흔들림도 없었다. 이번 우리 심판들도 우리가 지고 있는 상황에서도 동요없이 훌륭하게 공정한 판정에 임하였다. 심판들이 자랑스럽다. 그래서 생각하기를 세계대회 판정도 더도 말고 덜도 말고 대학교류전 만큼만 되거라! 하고 기대해 본다. 일본 검도가 강함을 인정하지만, 사실 그 사이에 공정하고 투명한 심판 시스템만 확보 됐더라면 우리나라가 한두 번 더 세계대회에서 우승할 수도 있었지 않았을까 생각해 본다.

이러한 대 관동전의 공정한 심판 시스템이 확보된 것은 심판들이 전원 8단으로 교체된 이후였다. 그게 약 10년 전으로 기억된다. 일본이 먼저 8단으로 다 바뀌고 그 다음 점차적으로 한국도 전원 8단으로 충원하였다. 관서선발의 경우 우리는 심판전원 8단이지만, 그들은 아직 8단 1인 7단 2인으로 관동에 비해 아직 그 수준이 미치지 못하는 것으로 사료된다. 대 관서전은 판정의 미해결 과제가 아직 많이 남아있다고 생각한다. 8단이 반드시 7단보다 심판을 잘한다고 단정할 수는 없지만, 8단들은 대체로 검도 8단의 명예를 훼손시키려 하지 않으려고 노력하는 것 같다. 세계에서 가장 어려운 시험 중 하나를 통과한 사람들이라 역시 다른 것 같다.

끝으로 이번 대회 판정의 옥의 티는 일본 선임 심판인 코다 교수가 지나칠 정도로 자주 합의를 불렀다는 것인데, 그 이유는 주로 코등이싸움 등 반칙성 접근전 때문이었다. 한국 심판들은 때로는 그와 의견을 같이 했지만 때로는 달리 하기도 했다. 아마도 그는 이 점에 관해 아주 민감한 것 같았다. 작년 츠꾸바대에서 개최된 교류전에서 그가 심판장을 했을 때도 유사한 문제를 제기하였으며, 이번에도 이 점에 관해서는 여전히 만족하지 않는 표정이었다. 이러한 문제는 세계대회로까지 연결될 수 있으므로 향후 이에 대한 우리 측의 대비가 필요하지 않을까 생각한다. 우리 선수들은 다음 대회를 위하여 보다 적극적인 코등이싸움과 퇴격기술을 연마할 것을 제안한다.

Chapter 3
고사성어[1]

---

1 이동진 편저, 『동서양의 고사성어』, 해누리, 2004,
　JINN HWANG, 『세계의 영어 속담』, 예성출판사, 2007,
　김헌경·김주희, 『四字成語』, 학일출판사, 2002를 참고함.

생활 속의 고사성어

Lecture **01** 가인박명
Lecture **02** 간담상조
Lecture **03** 강태공
Lecture **04** 과유불급
Lecture **05** 군자불기
Lecture **06** 노익장
Lecture **07** 무항산무항심
Lecture **08** 백전백승
Lecture **09** 온고지신
Lecture **10** 타산지석
Lecture **11** 할계언용우도
Lecture **12** 형설지공
Lecture **13** 호연지기
Lecture **14** 화룡점정

수련 속의 고사성어

Lecture **15** 수파리
Lecture **16** 존심과 양기
Lecture **17** 사무사
Lecture **18** 예기
Lecture **19** 공자의 계사전에서
Lecture **20** 하수와 고수
Lecture **21** 장자의 칼과 목계

| **생활 속의** 고사성어 |

가인박명(佳人薄命)
미인은 팔자가 사납다

출처 : 소식의 시 가인박명

미인은 단명하다. Prettiness dies first. Or Prettiness is short lived(서양속담).

　소식(蘇軾 호는 東坡, 1036-1101)은 북송의 정치가이자 유명한 문장가였다. 그는 지방 관리로 근무하던 시절에 어느 절에서 우연히 뛰어난 미모의 비구니를 만났다. 나이가 서른이 넘은 이 비구니는 처녀때부터 기구한 운명에 시달리다가 결국은 여승이 되었다고 한다. 이를 본 동파는 시를 한 수 지었으며, 그 시에 가인박명이라는 구절이 나온다.

　이집트의 여왕인 클레오파트라는 로마의 통치자인 시저에 이어 안토니우스마저 손아귀에 넣었지만 스스로 독사에 물려 자살했다. 당 현종의 총애를 받던 양귀비는 안록산의 반란 때 피난을 가다가 마굿간에서 비참하게 살해 되었다.
　참고로 미인의 등급을 나누어 본다면 마음씨도 머리도 좋은 미인은 1류, 머리만 좋은 미인은 2류, 오로지 얼굴만 미쁜 미인은 3류 그리고 마음씨가 고약한 미인은 4류가 아니겠는가? 일찍이 김구선생이 그의 자서전에서 얼굴이 예쁜 것은 건강한 것만 못하고, 건강한 것은 마음씨 착한 것만 못하다고 했다. 즉, 首好 < 身好 < 心好

이를 검도에 견주어 보면 검도도 인격도 좋으면 1류, 인격은 좋으나 검도가 약하면 2류, 인격이 따라주지 못하고 검도만 잘하면 3류, 그리고 마지막으로 검도도 인격도 다 시원치 않은 검도인은 4류가 되지 않겠는가?

검도를 잘하지는 못해도 열심히 오래 하는 분들도 있지만, 검도를 뛰어나게 잘 했지만 부상으로 학업으로 직업 때문에 그만 두는 사람들이 참 많았다. 몇 십 년에 한 번 나올까 말까 하는 천재 검도인들도 여러 가지 사정으로 검도계를 떠났다. 일찍 돌아가신 분도 꽤 있다. 주로 술로 인한 건강 악화가 그 원인이었다. 일본이나 한국이나 유명한 대선수가 여성 스캔들로 징계를 받고 검도계를 떠나는 일도 있었다. 이런 분들이 검도를 계속할 수 있었더라면 우리 검도계가 더욱 번성하지 않았을까?

간담상조(肝膽相照)

간과 쓸개를 드러내 보인다.
즉, 마음을 서로 터놓고 절친한 사이가 된다.

출처 : 한유의 유종원(호 자후) 묘지명

친구는 제2의 자신이다. 충고를 주고받는 것이 진정한 우정의 특징이다. A friend is a second self. To advise and to be advised is a feature of real friendship(로마의 키케로).

한유(韓愈, 768-824)와 유종원(柳宗元, 773-819)은 당나라를 대표하는 문호들이다. 그들은 평생 절친한 친구로 지냈다. 한유는 먼저 작고한 유종원의 극진한 우정을 칭송하면서 그의 묘비명에 간담상조라고 쓴 것이다. 중국의 관중과 포숙아, 우리나라의 오성과 한음 등은 간담상조의 우정을 보여준 대표적인 사례이다.

간도 쓸게도 없는 자들이 간담상조를 흉내내서 간과 쓸개를 드러내 보이는 척하다가 정작 위기에 처하면 나 몰라라 제일 먼저 뺑소니 치는 것이 오늘날 세태이다. 우리 검도인들은 어떤가? 서로 바른 말로 충고를 주고 받을 친구가 있는가? 실제로 검도를 할 때도 서로 좋고 바른 기술을 주고 받아 상호 성장할 수 있는 것이다. 상대의 약점을 찾아내 쳐 주고 또 나의 약점을 지적할 수 있는 친구가 있어야 상호발전 할 수 있다. 나아가 검도 단체에도 올바른 방향을 제시해 조직이 잘 되도록 직언하는 충성심을 가진 구성원이 있어야 그 조직이 지속가능(sustainable)한 발전을 할 수 있다. 이것은 개인 간의 우정 못지않게 중요한 것이다.

 배신당해서 홀로 외로운 처지에 빠진 사람이 자기를 버린 친구들을 원망할 것이 아니라, 참된 친구가 누구인지 제대로 알아보지 못한 자신의 어리석음을 먼저 탓해야 할 것이다. 조직이 망한 뒤 측근들을 원망해 무엇하겠는가? 쓴소리는 뱉어내고 단소리만 삼킬 자신의 작은 그릇을 깨달아야 할 것이다. 우리 검도인들도 자신이 속한 검도 단체나 조직이 잘못된 방향으로 갈 때는 과감히 충언하는 것이 바람직한 검도인의 자세가 아닐까 생각한다. 그러나 일단 결정된 후에는 그 결정에 순응하는 겸손한 자세 또한 중요하다. 아무튼 몸보신을 위해 또는 자신의 이익을 위해 입 닫고 있는 사이 그 단체는 점차 몰락의 길로 나가게 될 것이 명약관화(明若觀火)하다.

강태공(姜太公)

제나라의 제후로 본명은 강여상이다.
낚시꾼을 지칭하는 말이기도 하다.

출처 : 사기(史記) 제태공 세가(濟太公 世家)

너의 때를 알라. 기다리는 자에게 모든 것이 온다. Know your time(로마속담). 또는 Everything comes to those who wait(서양속담).

강여상(姜呂尙)은 뛰어난 재능이 있으면서도 늙을 때까지 시골에서 가난하게 살았다. 그러던 어느 날 그는 위수(渭水)에서 평소와 다름없이 낚시질을 하고 있었다. 그때 사냥을 나온 주나라 문왕이 그를 만나자 자기 부친이 오랫동안 기다리던 사람을 만났다고 군사전략가로 모시고 주나라를 일으켜 천하를 다스렸다. 태공이 기다리던 사람이라는 뜻에서 그를 태공망 즉 강태공이라고 불렀으며, 그는 후에 제나라 제후가 된다.

이 고사는 아무리 뛰어나도 자신을 알아주는 지도자를 만나지 못하면 아무 일도 할 수 없으니 인내심을 가지고 조용히 때를 기다리라는 교훈을 우리에게 주고 있다. 물론 공부를 많이 하여 실력을 갖춘 후의 말이다. 특히 정치판에서 보면 출세를 하지 못해 안달을 하면서 여기저기 찾아다니며 줄을 대고 청탁을 한다. 우리 검도인들은 어떤가? 실력도 안되면서 승단청탁을 하거나 인품도 모자라면서 요직을 탐내는 사람들은 없는가? 단이나 칭호를 비정상적인 방법으로 따서 주변의 웃음거리가 되는 사람은 없는가? 이렇게 허세를 부리는 사람은 우리나라 단의 권위를 국내외적으로 실추시키는 경우도 있지만, 심지어 더 이상 검도를 하지 못하게 되는 경우도 발생할 수 있다. 지난 친 자리 욕심으로 수단과 방법을 가리지 않고 일단 자리에 앉아다가 결국 능력부족으로 유송의 미를 거두지 못하는 경우가 비일비재 하지 않은가? 우리 검도인은 인격과 능력을 갖춘 후 때를 기다려야 한다는 교훈을 잊지 말자.

과유불급(過猶不及)
지나친 것은 도달하지 못한 것과 같다.

출처 : 진서 본전(晉書 本傳)

무엇이든지 지나치면 안된다. 그 지나친 것은 곧 악이다.
Nothing too much, no excess(그리스 속담). All excess turns into vice(로마속담).

공자의 제자 자공(子貢, 기원전 520-456)이 자장과 자하를 비교하면 누가 더 나은지 물었을 때, 공자는 이렇게 답했다. "자장(師)은 매사에 지나치고 자하(商)는 못 미친다." "그러면 자장이 더 낫겠군요." "아니다. 지나친 것은 못 미치는 것과 마찬가지이다." 중용(中庸)의 덕이 지나치거나 미흡한 것을 뜻함. 논어의 선진 편에서

옷은 몸에 맞아야 하고 음식은 알맞게 먹어야 한다. 지나치게 먹으면 배탈이 나거나 비만하게 되고, 모자라게 먹으면 몸이 상한다. 돈도 너무 많으면 항상 남을 경계하고 되고 사람들을 잘 만날 수도 없다. 빌딩 두 채 가진 필자의 부자 친구는 헬쓰장에 숨다시

피하며 전화도 잘 받지 못한다. 돈 빌려달라 기부해라 등 무리한 요구에 시달리고 있다. 과거 미국에서 큰 복권 당첨자 30인을 추적 조사해 봤더니 두 명 빼고 나머지는 다 그전보다 못한 삶을 살고 있었다. 심지어 죽거나 수감된 사람도 있었다. 술도 도박도 운동도 지나치면 모자라기만도 못하다.

 2022년 9월 어느 날 필자가 지도사범으로 되어 있는 용산고 OB모임에 8단 3인 7단 십 여 명 해서 약 서른 명이 모여 성황을 이룬 적이 있었다. 그런데 일흔 전후 된 7-8단 선생들의 절반이 정좌나 호구 착용시 무릎에 문제가 있어 불편해 했다. 필자 또한 작년 연골반월판 수술 이후 정좌를 못한다. 왜들 이럴까? 너무 과하게 운동해서 일까? 운동방법이 잘못 돼 그럴까? 바닥이 너무 딱딱해서 인가 아니면 워밍업이 부족해서 인가? 필자의 경우 뒤 두 가지는 분명히 해당되는 것 같다. 고단자가 된 후 충분한 준비운동을 하지 않은 점 반성하고 있다. 바닥의 경우 다행히 고교나 대학 시절에는 좋았지만, 이탈리아 지도자 시절에는 거의 딱딱한 바닥에서 운동했으며 심지어 대리석 위에서도 일본 사범들과 함께 운동한 적도 있었다. 검도를 할 것인가 말 것인가라는 상황에서 선택의 여지가 없었다.

현재의 용고 검도도장은 바닥이 매우 훌륭하지만 사설도장의 반 정도의 바닥은 딱딱한 편이다. 수원대학교 농구장이나 코오롱 체육관도 딱딱하다. 제자 중 Valenti 7단은 탁월한 운동신경으로 이탈리아선수권 13회 우승했지만, 역시 무릎이 아파 고생하는 것을 보면 선생인 필자의 책임도 있는 것 같아 가슴 아프다. 국가대표나 감독을 지낸 분들에 비하면 연습량이 많지 않은 필자가 무릎에 탈이 난 것은 아마도 도장 환경 탓이 큰 것 같다.

그 다음 원인으로 필자의 대학시절 한일 교류가 시작되면서 과감한 발 구르기와 몸받음이 유행하였다. 체중 10배의 힘으로 구름을 하면 강력한 힘으로 치고 나갈 수 있다는 과학적인 연구결과에 따른 것이다. 최근 들어 일본에서는 이러한 신체 부작용을 감안한 의학적 조언으로 발사에(반동)가 있을 정도로 경쾌하게 하라고 가르치고 있으며, 특히 나이가 든 검도인들의 상당수가 연골영양제를 복용하고 있다. 필자의 연골수술 소식에 일본친구가 깜짝 놀라며 아직도 영양제를 복용하지 않느냐고 물어보는 것을 보고 한 일간 인식차를 느꼈다. 한국이나 일본에서 공통으로 터득한 경험적 지혜는 절주인 듯하다.

무릎보다 검도인을 더 상하게 만든 것은 술이 아닌가 생각한다. 과거 술의 강함은 남자다움으로 인식되면서 술로 끝장을 보는 것이 검도계에도 성행했었다. 그 결과 필자가 아는 우리나라 8단 선생님들은 반 이상이 명보다 빨리 돌아가셨다. 최근 필자 동갑, 3년 위 아래 선후배 세명의 8단이 유명을 달리했다. 비슷한 그 결과로 일본에서는 검도인들 사이에 술 많이 먹지 말고 발 강하게 구르지 마라!라는 교훈을 얻어 실천하고 있는 것 같다. 뻔한 사실을 그 비싼 공납금을 내고서야 배웠다니 우리는 얼마나 어리석은가?

동양에서는 공자가 중용지덕(中庸之德)을 강조했지만, 비슷한 시기에 옛날 그리스에서도 Meden agan(중용)이라고 Andreia(용기)와 함께 아폴로 신전에 새겨 놓았다. 이후 소크라테스, 플라톤, 아리스토텔레스를 거치면서 중용이 강조되었다.

우리나라에 고령자 검도인이 일본보다 특히 많지 않은 이유가 과한 운동과 열악한 시설 때문이 아닌가 생각한다. 운동시간도 우리는 한번 시작하면 끝장을 보는 편이지만, 노인 많은 일본에서는 한 시간, 40분, 30분, 20분으로 체력에 맞게 시간을 조절하며 절제하고 있다. 우리도 평생검도를 하기 위해서는 중용과 절제를 지키며, 검도하고자 하는 지나친 욕망을 억제해야 할 것 같다. 필자는 검도를 위한 마지막 봉사하는 마음으로 2025년 경에 우리나라 노인(시니어)검도회 창설을 목표하고 있는데, 무릎이 성한 老검도인들이 많이 없을까 걱정이다.

군자불기(君子不器)
군자는 크기가 정해진 그릇이 아니다.
즉, 군자란 편협하지 않다.

출처 : 논어 위정편(論語 爲政篇)

자신을 다스릴 줄 모르는 사람은 다른 사람을 다스릴 자격이 없다. It is absurd that he who does not know how to govern himself should govern others(서양속담).

"군자는 그릇이 아니다."라고 공자가 말했다. 군자란 그 크기만큼 물건을 담는 데 불과한 그릇이 아니라는 말이다. 지식이 좀 있다고 해서 누구나 군자는 아니다. 지식과 아울러서 인격도 동시에 갖추고 덕을 실천하는 참된 인물이 군자이다. 오기와 아집, 편견과 독선을 부리는 그런 편협한 사람은 결코 군자가 아니다. 융통성이 풍부하고 포용력이 많은 인물인 것이다. 성인군자라 할 때 성인이나 군자나 모두 참된 인물을 말한다.

 필자가 졸업한 고교의 교육목표가 '큰그릇'이며 동창회보 명칭 또한 큰그릇이다. 아마도 편협하지 말고 지식과 인격, 그리고 덕을 함께 겸비한 그런 사람이 되라는 의미가 아니겠는가.

 검도의 궁극적 목표가 대회 우승을 위한 기술연마인가? 건강한 몸을 단련하는 것인가? 정신을 수양하는 것인가? 국제적으로 검도의 이념을 '인간형성'으로 정했으며, 여러 해 전에 필자가 설문조사 방식으로 연구한 결과에 의하면 검도수련의 목표는 '수양인'이 되기 위함이다.

 이러한 준 종교적인 거창한 논의보다 학생들도 쉽게 이해할 수 있는 '문무겸전' 즉 공부와 검도를 병행함이 더 실용적인 것 같다. 검도를 배울 때 검도와 학업을 병행함으로 심신이 고루 발달할 수 있으며, 지덕체를 갖춘 인격체를 지향할 수 있을 것 같다. 위에서 언급한 성인이나 군자는 너무 엄청난 용어들이므로 검도와 학업을 병행한 큰그릇 즉 대인이 되기를 추구하는 것이 검도수련의 목표가 아닐까 생각한다.

　우리 검도인들은 문과 무를 병진(竝進)하며 나와 다른 남을 포용하고 인정함으로써 내가 최고라는 아집으로 벗어나 큰그릇 즉 참된 인물이 될 수 있을 것이다. 끝으로 "군자는 다른 사람이 나를 알아주지 않아도 나는 화를 내지 않는다."라는 공자의 말을 첨언한다.

노익장(老益壯)
늙을수록 더욱 건장하다.

출처 : 후한서 마원전(馬援傳)

늙은 황소는 밭고랑을 곧게 간다. 늙은 황소는 뿔이 단단하다.
An old ox makes a straight furro(서양속담). Old oxen have stiff horns(서양속담).

한나라 말기 천하장사인 명장 마원(기원전 14-기원후 49)은 대기만성 형의 인물인데 젊은 시절 죄수를 이송하다가 그들의 괴로운 울부짖음에 동정심을 못이겨 그들을 모두 풀어준 뒤 북쪽으로 도망치고 말았다. 그후 후한 광무제 때 대장군이 되어 큰 공을 세웠다. 그의 평소 지론인 "사나이란 어려운 형편에 처할수록 더욱 굳세게 버티어야 하고 늙을수록 더욱 건장해야 한다."에서 노익장이 유래 되었다.

나이가 60이 넘어서도 30-40대 젊은이 못지않게 몸이 튼튼하고 기억력도 좋다면 그것은 다른 사람들의 부러움을 살만한 '노익장' 이다. 검도는 평생(life-long) 할 수 있는 운동으로 60이 넘어서도 젊은 30-40대 사범들과 겨루며 또 지도할 수 있다. 유명한 히딩크는 지도는 잘 하지만 선수들과 겨룰 수는 없지 않은가. 이것이 축구와 검도 지도자의 차이이기도 하다. 검도 특성상 선수들과 겨룰 수 없으면 지도자의 자격 또한 없는 것이다.

일흔이 넘은 필자는 요즘 가끔 지인들에게 "아직도 대련을 하십니까?"라는 질문을 받는다. 검도를 잘 모르는 그들은 필자의 '네, 물론이지요.' 라는 대답을 듣고는 놀란다. 검도 국가대표의 연령은 20대 중후반부터 30대 초반으로 다른 운동보다 높은 편이다. 이강호 선수는 마흔이 넘어서도 6번째 국가대표를 역임해 검도 사상 최초의 연금수혜자가 되었다. 검도가 올림픽에 들어가기 전에는 다시 나오기 힘든 기록이다. 참 장하다! 이들 우수 선수들은 마흔 전에 7단 따고, 50세 전후에 8단을 응시하게 된다. 주지하는바 영국의 National Geographic이 세계에서 가장 어려운 시험이 검도 8단이라고 명명하여 특집을 실었다. 요즘 일본의 8단 합격률이 0.5-0.6%이고 우리나라는 약 10%이다. 우리나라에서도 다수의 70대 응시자들이 젊은이들과 똑같이 호구쓰고 대련하며 날없는 진검을 들고 검도형을 한다. 일본 역시 많은 고령자들이 수십년째 8단에 응시하고 있는데, 여러 해 전에 80세에 합격한 분이 나와 화제가 된 적이 있었다.

검도는 거리가 있으며 예의가 바른 운동이기 때문에 노소동락(老少同樂)이 가능하다. 그렇더라도 일흔 넘어 격투기인 검도를 할 수 있다면 노익장이라고 할 수 있지 않을까? 우리 친구들을 보면 이제 축구하는 사람은 거의 없고, 테니스, 탁구, 골프, 당구 순으로 즐기고 있는 것 같다. 격투기 중에서는 검도가 가장 수명이 긴 것 같다. 검도의 자랑거리이기도 하다. 국내에서는 102세 노인의 검도하는 모습이 TV에 방영되었고, 노인 검도천국인 일본에서는 90대 3인조 시합까지 한다고 들었다.

 그러나 일흔이 넘어서도 아직 권력욕을 버리지 못하거나, 아직도 명예와 금전을 추구한다면 노익장이라기 보다 추한 늙은이로 비칠 것이다. 노인이면 노인답게 인생의 마지막을 멋지게 장식하는 것이 아름다울 것이다. 우리 검도인들은 말년에 조용히 검도수련 하면서 좋은 자리는 후배들에게 양보하고 순수한 검도인의 초심(初心)으로 돌아가 인격수양과 후진양성에 힘씁시다. 후배들은 이런 훌륭한 선배들이 불편하지 않도록 물심양면으로 배려해 드리면 더욱 아름다운 검도세계가 되지 않겠는가.

無恒産 無恒心(무항산 무항심)
일정한 생산(소득)이 없으면 일정한 마음도 없다.

출처 : 맹자 양혜왕 상(孟子 梁惠王 上)

하루 벌어 하루 먹는 자는 훌륭한 인물이 되지 못한다. From

hands to mouth will never makes a worthy man(서양속담).

맹자는 나이 예순이 넘어 등(騰)나라 문공의 고문이 되었는데, 백성들의 기본생활을 위해 생업 즉, 항산을 보장해 주는 것이 왕도정치의 출발점이라고 말했다. 생업이 불안정하면 백성들은 마음도 불안해져서 나쁜 짓을 하게 된다는 것이다. 그는 "일정한 생산(소득)이 없어도 항상 변함없는 마음을 지키는 것은 지조있는 선비만 할 수 있다. 백성들이란 일정한 생산이 없으며 떳떳한 마음도 없고, 그렇게 되면 각종 범죄를 저지르게 된다. 그러한 그들을 법으로 처벌하는 것은 백성을 그물로 잡는 것과 같다."

우리 검도계는 어떠한가? 검도자체가 직업이 되는 일본과 다르고 순수한 아마추어리즘의 유럽과도 또 다르다. 초창기 우리나라 검도계는 검도로 생활할 수 없는 형편이라 본인이나 가족들의 고생이 참 많았으며 어쩔 수 없이 검도계를 떠나는 분들도 참 많았다. 그러나 경찰관으로 교사로 취업문이 확대되고 지방자치단체의 팀 선수로 활동하면서 좋아하는 검도를 계속하며 변함없는 마음을 가지고 검도에 매진할 수 있게 되었다. 그렇지만, 모든 검도인들이 노후에 연금 받는 일본에 비해 아직도 우리나라는 생활환경이 열악하다. 국민연금의 경우 아직 그 액수가 최저 생활비에 상당히 모자란다.

한편, 도장운영은 일종의 개인 사업이므로 위험부담이 높다. 몇 해 전 COVID 직전 뉴저지와 뉴욕 지역 도장 여섯 군데를 이문건 선생의 안내로 순회방문하며 검도를 지도한 적이 있다. 그때 놀란 사실은 우리나라 검도지도자 대부분이 전업 검도인인데 반해 일본 검도사범들은 전원 직업을 가진 사람들이다. 심지어 8단 두명도 생업이 있었다. 그러므로 그들은 수강생들에게 경비부담을 최소화 한다는 것이다. 일본 사범 에비하라는 큰 부자이므로 자비로 일본에서 유명한 사범들을 초청해 관원들에게 수준높은 검도보급에 앞장서고 있다고 한다.

그 결과 미국 동부 지역에서 우리나라 도장은 줄고 관원 또한 감소하는 현상이 나타나고 있지만 뾰족한 대책이 없다. LA 최대 도장 관장인 시카이(四海) 선생은 친구인 필자에게 묻기를 왜 자기 도장에 한국 사람들이 많이 오냐고? 80%가 한국 사람인 이유는 양질의 교육과 저렴한 비용이 아니겠는가?

국내에서도 마찬가지로 경제환경이 어려우니 관원이 줄고 도장 수 줄어들고 있으니, 관장들이 평상심을 유지할 수 있겠는가? 검도행정을 담당하는 분들도 직업이 없는 분들은 생활이 불안하니 금전문제에 유혹되거나 나쁜 마음을 먹을 수 있게 되는 경우가 더러 있다. 맹자가 말한 것과 마찬가지로 검도인들의 항산(恒産)을 보장해 주는 것이 최선이겠지만, 일본과 같이 안정된 일자리를 만드는 일은 한일 검도환경이 다른 점을 고려할 때 녹록치 않을 것이다. 항산이 보장되는 날까지 검도인 각자도생(各自圖生) 하는 수밖에 달리 방도가 없다. 코로나 시대의 도장 활성화 방안에 관한 강의를 연수원에서 맡아 설문조사를 해본 결과 대부분의 도장 관장들은 이 어려운 상황에서도 검도 도장을 닫지 않겠다는 각오를 다지고 있었다. 참으로 고맙고 또 장하다!

백전백승(百戰百勝)
백번 싸워서 백번 이긴다.

출처 : 손자 모공편(孫子 謨功篇)

피를 흘리지 않고 얻는 승리가 위대한 승리다. It is a great victory that comes without blood(서양 속담).

전쟁을 시작하기는 쉽지만 끝내기는 어렵다. Starting a war is easy. Ending it is not(이집트 속담).

춘추시대(기원전 770-403) 손무(孫武)는 오왕 합려(闔閭, 재위 기간 기원전 514-496)의 전략가로 손자병법으로 세계적으로 유명하다. 그의 저서에서 "싸우지 않고 얻는 승리가 최상책이고 싸워서 이기는 것은 차선책이다. 백전백승한다고 해도 그건은 최상의 승리가 아니다. 적을 알고 나를 알면 백번 싸워도 위태롭지 않다. 즉, 백전백승한다. 적을 모르고 나를 알면 승패는 반반이다. 그러나 적을 모르고 나를 모르면 백전백패이다."라고 했다.

또 그는 9번 싸워 이긴 장수와의 싸움은 식은 죽 먹기라고 했다. 그 이유는 장수는 교만하며 병사들은 나태해졌기 때문이다. 경영학에서도 '승자의 함정(Winner's trap)'이라는 용어가 있다. 성공한 기업가는 자신이 성공한 방식을 고수하게 되며 결국 언젠가는 변화에 적응하지 못하고 그가 성공한 방식의 함정에 빠져 실패하게 된다는 것이다.

그런데 병법의 대가인 손무는 백번 싸워 백번 이기라고 가르치는 것이 아니고 싸우지 말고 이기라는 것이다. 즉, 칼집에서 칼을 뽑지 않고 즉, 전쟁을 하지 않고 평화를 얻을 수만 있다면 이것이 최고라는 것이다.

흔히들 중국의 무신(武神) 관운장과 일본의 검성(劍聖) 미야모토 무사시가 싸우면 누가 이길까?라고 이야기하는데 우선 시대가 엄청 차이가 나니 만날 수가 없겠고 말 타고 갑옷 입고 크고 무거운 청룡언월도를 쓰는 관우와 작은 일본도를 쓰는 무사시가 상대가 되겠는가? 현대 스포츠검도를 백전백승하는 사람이 있는가? 아마도 6번 전일본선수권대회를 석권한 형 미야자키가 가장 시합을 잘했거나 또는 상단의 지바가 가장 승률이 좋은 선수들일 것이다. 그러나 그들도 진 적이 없지 않다. 국내 바둑의 최강자인 이세돌도 다 이긴 것이 아니라 평균 승률이 70%대이다. 검도는 야구 등과 달리 이러한 통계를 내지 않으니 정확히 모르겠지만 80%에 이르는 선수가 있다면 최고 기록일 것이라고 생각한다. 열 번 싸우면 두 번은 진다는 말이다. 진검승부에서 지면 목숨을 잃으니 더 이상 싸울 수가 없을 것이다. 기록에 의하면 무사시는 62년 평생 60번 싸워 전승했다고 했다. 그러나 그는 서른이 넘어서는 싸우지 않았다고 한다. 29세 때 사사키 고지로와의 결투가 마지막 기록이니 백전에는 미달된다.

온고지신(溫故知新)
옛날 것을 다시 배워서 새 것을 안다.

출처 : 논어 위정편(論語 爲政扁)

오늘은 어제의 제자이다. Today is the pupil of yesterday(서양속담).

공자는 논어 위정편에서 "옛날 것을 다시 배워서 새 것을 안다면 그는 다른 사람들의 스승이 될 수 있다."라고 말했다. 고전을 연구한 뒤 현재와 미래에 적용할 수 있는 새로운 원리를 발견하고 난 후에야 비로소 남을 가르칠 수 있다. 그래서 예기 학기(禮記 學記)에는 "깊이가 없는 학문으로는 남들의 스승이 될 수 없다."라는 구절이 있다.

시대에 따라 사회의 제도 등 겉모습은 변하지만, 사람의 본성은 그때나 지금이나 변함이 없다. 따라서 과거의 역사, 학문과 문화 등을 연구해서 얻은 결과를 오늘의 삶을 위해 유익한 자료로 삼아야 한다는 것이 온고지신의 교훈이다.

검도에서 사용하는 계고(稽古, keiko)란 원래 무예(무도)나 예술(예도)에서의 연습(practice)이나 훈련(training)을 의미했다. 역사적으로는 몸을 단련하며 마음의 수양도 포함한다. 그러므로 검도에 있어서 계고란 기술향상과 신체단련 뿐만 아니라 올바른 인간이 되기 위한 수양 즉, 정신적 측면 또한 내포된다. 말하자면 계고란 옛법을 정확하게 선택하여 바르게 익히는 것이다. 즉, 바른 전통을 찾아 정확하게 지켜(守) 배우고 더욱 발전시켜 나가는 것이 계고다. 이렇게 정의해 보면 온고지신과 계고는 같은 것이다. 옛날 것을 배워 옛날로 돌아가지는 것이 아니라, 옛것을 배워 새것을 앎으로 더욱 발전시켜 미래로 나가자는 뜻이다. 우리나라에서는 계고 대신 대련이나 연습이란 말을 쓰는데, 이들은 계고와는 그 뜻이 같지 않다. 사전을 보면 대련(對鍊)은 기본형을 익힌 뒤 두 사람이 상대하여 공격과 방어의 기술을 연습함이라고 정의되어 있다. 한편 연습(鍊習)은 학문이나 기예 따위를 익숙하도록 되풀이 하여 익힘이다.

우리나라 국어사전에도 계고(稽古)가 나오는데, 그 뜻은 옛일을 공부하여 익힘이다. 온고지신은 옛것을 연구해 새 지식이나 견해를 찾아냄이다. 같은 뜻으로 법고창신(法古創新)은 옛법을 바탕으로 새로운 것을 창안해 낸다는 것이므로 온고지신과는 매우 유사하다.

우리가 사용하는 대련이나 연습도 좋은 뜻이지만 겨루기에만 치중하거나 잘못되었더라도 반복만 하는 어리석음을 범하고 있다. 즉, 공부하거나 연구하여 더욱 발전시키려는 의지가 부족하다. 또한 정신적인 수양 측면도 간과되고 있음이 안타깝다. 끝으로 언급할 말은 "우리가 사용하는 검도 용어인 대련이나 연습이 옛것을 배우고 익혀 더욱 발전시켜 나가려는 온고지신이나 계고의 정신이 빠져있어 아쉽다. 그러므로 더 나은 용어의 개발이 필요하지 않을까?"하는 것이다.

타산지석(他山之石)
다른 산의 돌, 다른 사람의 하잖은 말이나 행동도 도움이 될 수 있다.

출처 : 시경 소아편(詩經 小雅扁)

지혜로운 사람은 남의 잘못에서 배우고 어리석은 자는 자기 잘못에서 배운다. Wise men learn by other men's mistakes; fool, by their own(서양속담).

이것은 시경 소아편의 학이 운다(鶴鳴)는 시에 나온다.

"아름다운 저 동산에는 박달나무가 서 있고 그 밑에는 닥나무도 있다. 다른 산의 돌도 옥을 가는 데는 쓸모가 있는 것이다."

이 시는 숨은 인재들을 불러 모아서 군주의 덕을 더욱 빛내야 한다는 뜻을 담고 있다.

세 사람이 길을 가는데, 한 사람은 나보다 낫고 또 한 사람은 못하며 나머지는 나랑 같다. 그런데 이 세 사람이 모두 다 나의 스승이 될 수 있다는 뜻이다. 생각을 바꾸면 모든 사물과 사람이 다 나에게 도움이 될 수 있다.

검도는 다른 사람과 겨루며 배우는 운동이므로 특히, 자기와 상대하는 사람에게 감사해야 한다. 웃사람 즉 스승이나 선배에게 배우는 것은 분명하다. 많은 사람들이 아랫 사람을 가르치려고만 하지만, 그들에게 배울 수 없는 것이 아니다. 물론 그들의 잘못을 보고 배울 수도 있지만, 웃사람으로서 아랫사람 앞에서 솔선수범(率先垂範) 하다 보면 저절로 바른 검도를 하게 된다. 필자는 이탈리아 로마에서 처음으로 검도를 심으면서 딱딱한 바닥에서 소수의 인원을 지도하면서 교학상장(敎學相長)의 정신으로 가르치면서 배운 결과 검력이 오히려 향상되었으며 자세 또한 더 좋아졌다. 초보 제자들을 타산지석으로 삼으며 그들의 잘못에서 배운 결과가 아닌가 생각한다.

할계언용우도(割鷄焉用牛刀)
닭을 잡는데 어찌 소 잡는 칼을 쓰겠는가?

출처 : 논어 양화편(論語 陽貨扁)

달걀을 깨려고 도끼를 가져오게 하시 마라. Send not for a hatchet to break open an egg. 나비를 잡으려고 총을 쏘지 마라. Take not a musket to kill a butterfly(서양속담).

 공자의 제자 자유(子游)가 무성이라는 마을을 다스리고 있었을 때 공자가 제자들과 그곳을 방문했다. 비파와 거문고에 맞추어 부르는 노래소리가 들렸다. 자유가 예절과 음악으로 고을을 다스리고 있었기 때문이다. 그때 공자가 자유에게 농담을 던진다. "닭을 잡는데 어찌 소잡은 칼을 쓰겠는가?" 큰 나라를 다스릴 때 음악과 예절인데 어찌 작은 고을을 이같이 하는가? 자유는 스승의 지론대로 작은 마을 통치에도 음악과 예절이 필요하다고 답했다.

 필자의 애독서인 삼국지와 수호지를 읽다 보면 이 말이 자주 등장한다. 전쟁터에서 선봉장을 자처하면서 상대편 장수를 닭으로 낮추며 이쪽 큰 장수 대신에 닭 잡는 칼을 쓰는 자기를 선봉에 서게 해 달라고 할 때 꼭 등장하는 말이다.

 서양의 무사들도 다양한 크기의 무기를 사용하지만 접근전 때 사용할 무기를 몸에 늘 휴대하였다. 이순신 장군도 작은 칼을 휴대한 기록이 있으며, 일본 무사들도 그렇게 하였다. 검도에서도 대도와 소도가 있으며 검도본에서 보면 대도와 소도의 기술이 다르다. 소도는 작으므로 가까이 붙어야 유리하다. 대도에서도 고수가 되려면 큰 기술 작은 기술을 적절히 잘 섞어서 사용해야 된다. 처음 배울 때부터 초단 2단까지는 큰 기술을 숙달해야 발전 가능성이 있고, 2-3단 과정에서는 작고 빠른 즉, 경쾌한 기술을 배워 민첩하게 상황에 대응하는 것을 배워야 승리 할 수 있다. 그러나 4, 5단 사범이 되면 필요에 따라 큰 칼 작은 칼을 구사하는 훈련을 해야한다. 검도본에서는 대부분 큰 기술이나 작은 기술을 사용할 때도 있으므로 이를 구별해야 한다.

　우리들이 검도할 때나 일상생활에서 닭잡는 데 소잡는 칼을 쓰는 우(愚)를 범하지 않나 돌아 보야야 하겠다.

형설지공(螢雪之功)
반딧불과 눈 빛으로 공부한 보람.
가난한 가운데에서도 어렵게 공부한 보람

출처 : 이한(李瀚)의 몽구(蒙求)와 진서 차윤전(晉書 車胤傳)

쓴맛을 보지 않으려는 자는 단맛을 볼 자격이 없다. He deserves not the sweet that will not taste of the sour(서양속담).
고생은 뿌리가 쓰지만 단맛을 낸다. Labour has a bitter root but a sweet taste(덴마크 속담).

　동진의 효무제(재위 372-396) 때 손강(孫康)과 차윤(車胤)은 집안이 너무 가난해서 밤에 책을 읽고 싶어도 등잔에 넣을 기름이 없었다. 그래서 손강은 흰 눈에서 반사되는 빛을 의지해 글을 읽었고, 차윤은 비단주머니에 반딧불을 넣어서 그 빛으로 책을 보았다. 그러한 보람이 있어서 그들은 각료의 지위에 올랐다. 그래서 어렵게 공부한 것을 "형설의 공을 쌓는다."라고 하고 형창설안(螢窓雪案, 반딧불 창과 눈빛 책상)은 서재를 가르키는 말이 되었다.

  과거에는 어려운 환경을 극복하고 큰 인물이 된 사람들이 많았다. 외국에도 링컨 에디슨 나폴레옹 등이 그렇고 우리나라 역대 대통령들도 대부분 어려운 환경을 극복한 사람들이었다. "그래서 개천에서 용난다."라는 말이 나왔다. 필자 또한 중학 시절까지 책상이 없었으며 참고서 한 권 없었다. 고교시절에도 학원은 엄두도 못냈으며 형제가 많다 보니 대학 대신 돈 안드는 사관학교를 생각했으나 눈이 나빠 응시도 못했다. 그래도 검도는 열심히 했는데 그 환경은 열악하였다. 개인장비는 없었으며 일정 때부터 내려오던 낡은 호구를 수리해 사용했으며 겨울철에는 난방시설이 전혀 없었으며 찬물 또는 눈으로 몸을 닦았다. 필자는 그래도 운이 좋아 도장에서 운동했지만, 연세대의 경우 운동장에서 검도를 시작했다. 아직도 많은 대학검도부가 잘하면 체육관을 빌려 쓰지만, 안되면 운동장에서라도 검도해야 된다. 로마에서 검도 가르칠 때도 여러 차례 딱딱한 바닥에서 운동을 할 수밖에 없었다. 그나마 검도할 수 있는 기회에 감사하면서… 요즘은 경제수준이 높아지면서 공부나 검도할 환경이 좋아졌지만 사람들은 오히려 더 약해지지 않았나 생각된다. 우리 부모님 때보다 우리가 약하고 우리 때보다 자식 때가 환경은 좋아졌는데 오히려 약해졌다? 아마도 정신적 문제가 아니겠나 싶다. 식민시절 대동아 전쟁 해방후 혼란기와 6.25전쟁을 겪은 세대가 부모세대라면 우린 6.25에 태어나 4.19, 5.16을 겪으며 국민소득 100불 시대를 살며, 필리핀이 지어준 장충체육관에서 검도시합을 한 세대이다. 자식세대는 소득 만불 시대에 태어나 원어민에게 영어를 배우고 해외여행이나 유학을 자유롭게 하며 풍요의 시대에 살고 있다. 필자세대는 궁핍의 시대에 태어났지만 풍요의 시대에 생을 마감하는 셈이다.

  그럼에도 불구하고 필자는 대학교수시절 젊은이들을 비판하는 동료들에게 언제나 '나이든 사람보다는 젊은 사람이 더 낫다.'고 주장했었다. 반론도 많았지만 자식세대는 여유있게 자라 약하기는 하지만 남을 배려하고 질서를 지키며 돈계산에서도 기성세대보다 더 투명하다. 젠더문제에서도 평등하다. 필자가 유학 가서 한 고교에서 특강을 하면서 '남자는 하늘 여자는 땅'이라고 말했던 생각이 난다. 귀국 후 둘이 살면서 집에 전화해 '저녁먹고 가요'라고 알려준다고 놀림 받은 기억도 생생하다. 집사람 친구들에게 필자는 최고의 신랑이라고 칭찬 받았지만, 사실 이탈리아에 가면 '넘버 원'이 아니라 '넘버 텐(꼴찌)'이라고 말한 적도 있다. 세월이 갈수록 나아져야지 인류가 진화하고 사회가 진보하게 되지 않을까? 우리 선대가 자립기반을 세웠다면 우리는 국제화시대를 열었고 자식세대는 우리나라와 국민의 우수성을 세계에 널리 알리고 있지 않은가? K-POP, 손흥민, 박세리, 김연아, 기타 한류 등등 검도도 마찬가지이다. 선대에서 일본으로부터 자립해 대한검도회를 만들고 KENDO와 다른 명칭의 KUMDO를 세계에서 유일하게 사용하였고, 검도 2위 국가의 자리를 확고히 하였다. 자식세대인 현재에는 세계로 진출하는 한편, 일본으로부터 실력으로도 인정받고 있다. 검도 인구나 대학, 고등, 중학, 일반팀수 모두에 있어 또 8단의 수도 한국은 일본의 10분의 1에도 훨씬 미치지 못하고 있는데 비하면 한국검도에 대한 세계의 평가는 사뭇 높은 편이다.

형설지공의 사례로는 궁핍과 부족의 시대를 산 분들이 더 적합할 것이다. 무에서 유를 창조한 정주영, 신격호 등 경제인과 정치인 박정희 같은 분들이 지독한 가난을 딛고 강인한 정신력으로 이를 극복하여 국부(國富)를 창출하는데 크게 기여하였다. 마지막

분은 동향으로 어른들에게 이야기를 들으니 초등학교 시절 점심을 먹어본 적이 없었다고 한다. 그래서 키가 자라지 못했다는 이야기도 있다. 검도도 마찬가지로 어려운 여건에서 우리나라에 검도가 정착될 수 있도록 노력하신 선대들의 헌신적인 노력의 공이 크다고 생각하고 그분들에게 깊이 감사드린다.

호연지기(浩然之氣)
넓고 큰 기운, 도의에 바탕을 둔 도덕적 용기, 공명정대하여 조금도 부끄럼없는 용기

출처 : 맹자 공손추 상(孟子 公孫丑 上)

정신은 정복되지 않는다. The mind remains unconquered. (로마속담) 위대한 정신은 고요하고 흔들리지 않으며 모욕과 불행도 경멸한다. It is the nature of a great mind to be calm and undisturbed, and ever to despise injuries and misfortune(세네카).

맹자는 자기의 장점이 남의 말을 알아듣고 호연지기를 기르는 것이라고 제자 공손추에게 말했다. 그리고 호연지기를 다음과 같이 설명했다.

"이 기운은 지극히 크고 지극히 강하기 때문에 바르게 길러서 방해하지만 않으면 천지를 가득 채운다. 이것은 또한 올바름과 도를 떠나지 못한다. 올바름과 도를 떠나면 시들고 만다. 이것은 올바름을 쌓고 쌓아서 생기는 것인데 하루 아침에 이루어지는 것이 아니다. 행동이 올바르지 못하면 이 기운 또한 시들고 만다."

맹자 자신도 "말로는 표현하기 어려운 것이다."라고 했다. 고려대 검도부에 이종구 선생님이 쓰신 호연지기가 벽에 붙어있다. 또한 내 친구 이정균 사범이 제일 좋아하는 말이기도 하다. 이 '호연지기(浩然之氣)'는 검도인이 추구하고 또 가져야 할 최고의 덕목(德目)이 아닐까? 작금 검도계를 돌아보면 고소고발과 편 갈라 싸우는 일이 다반사이고, 승부지상주의를 추구하며 검도계의 내일과 어린 제자들의 장래를 생각하지 않는 것 같다.

검도는 왜 배웠는가? 어떻게 가르쳤는가? 과연 검도 배운 사람이 검도 안 한 사람보다 나은가?

화룡점정(畵龍點睛)
용을 그린 뒤에 눈동자를 마지막으로 그려 넣는다. 가장 중요한 부분을 끝내서 일을 마무리 한다.

출처 : 수형기(水衡記), 역대명화기(歷代名畫記)

만들어지는 것과 완성되는 것이 동시에 일어나지 않는다.
Nothing is invented and perfected at the same time(로마 속담).

 양(梁)나라의 장승요(張僧繇)는 장군이자 지방장관이었는데 실물과 똑같은 그림을 잘 그리는 화가로 더 유명했다. 그는 금릉(金陵, 南京)의 안락사(安樂寺) 주지로부터 용을 그려달라는 부탁을 받고 절의 벽에 두 마리의 용을 그렸다. 너무나도 힘찬 용들을 보고 누구나 감탄했다. 그러나 용들은 눈동자가 없었다. 그는 눈동자를 그려 넣으면 용들이 곧 하늘로 올라갈 것이라고 그 이유를 설명하였다. 사람들이 믿지 않고 그려 넣으라고 독촉하자, 한 마리의 용에 눈을 그려 넣으니 그 용은 즉시 하늘로 날아가 버렸다. 눈동자가 찍히지 않은 다른 용은 벽에 그대로 남아 있었다.
 마무리 손질을 한다는 의미이므로 검도에서는 무엇에 해당될까? 검도에서는 격자가 중요하므로 격자에서 필요한 여러 가지 요소들이 다 채워지면 사에가 있는 격자가 완성된다. 그렇다면 칠 때의 그 산뜻한 느낌이 화룡점정일까? 다 그리고 마지막에 눈동자를 그려 넣는다는 의미로 보면 공격 후 표시하는 유형의 존심(즉, 잔심)이 이에 해당되지 않을까 생각한다. 그러나 잔심이 방심의 반대말로 공격 후 상대의 반격에 대비하는 행위이므로 이 또한 정확하게 같은 의미는 아닌 것 같다. 검도본에서 보면 이 잔심이 후도 공격을 마무리 하는 것이다. 모치다 선생 같은 분은 향기로운 잔심을 강조하신다. 공격의 마무리를 아름답게 멋있게 하라는 가르침인 듯 하다.

그러나 한편 생각해 보면 검도의 수련목적이 기술의 완성이 아니라 수양이라고 한다면 검도수련을 통해 훌륭한 인격을 형성하여 완성된 사람 즉, 전인(全人)이 되는 것이 아닌가 생각한다. 이러한 관점에서 보면 검도에서의 화룡점정은 사에나 잔심(유형의 존심)보다 바른 검도수련을 통해 형성되는 훌륭한 인격이 아니겠는가?

| **수련 속의** 고사성어 |

수파리(守破離)

　수파리는 불교에서 유래된 말로 종교나 무술을 수행할 때 거치는 3단계 학습법인데; 守는 스승의 방식이나 가르침을 배우고 그 기본을 지켜 자신의 것으로 만드는 과정이다. 破는 몸에 익힌 가르침의 의미를 새기는 한편, 수행자가 주체적 사유와 경험을 바탕으로 새로운 깨달음으로 나아가는 단계로 볼 수 있다. 離는 스승의 틀에서 벗어나 독자적인 모델을 추구하는 과정으로 자신이 집대성한 연구가 세상에서 인정 받는다면 소위 새로운 '유파(流派)'가 탄생하게 되는 것이다.

　헤겔의 변증법 역시 正(these) 反(antithese) 合(synthese)의 3단계를 거치면서 철학적 난제를 해결해 나가며 철학적 사상을 발전시켜 나가는 방법으로 이와 유사하다. 수많은 연구논문들도 기승전결(起承轉結) 과정을 거쳐 완성되어 가는데 轉이 破에 해당되며, 離와 結에서는 연구결과로 발견된 새로운 사실(new findings)이 학계에 발표되며, 그것이 세상에서 인정받게 되면 새로운 이론이 탄생하게 되는 것이다.

　그렇다면 우리들의 검도는 어느 단계에 와 있는가? 필자의 생각으로 검도의 수행은 다른 학문이나 종교와는 달라 새로운 이론을 개발하거나 또는 道를 깨치기가 쉽지 않다. 60년 가까이 검도를 수련해 온 필자는 이제 기본을 좀 알 것 같다. 그러므로 아직 수 단계의 끝자락에 머무는 것이 아닌가 싶다. 한국 검도의 최고봉으로 인정 받던 도호문 선생님께서도 8단 범사 시절 '난 아직 守단계에 있다.'고 하셨던 말씀을 기억하고 있다.

모두 守단계에 있으며 배우는 학생이라고 한다며 겸양하는 자세는 좋으나, 그 기준이 너무 엄격하며 사실이 아닐 수도 있다는 생각이 든다. 필자의 소견으로는 세계에서 가장 어려운 시험인 8단 심사에 합격하면 일단 기본을 완성했으므로 守단계를 통과하는 것으로 보면 어떨까 한다. 그렇더라도 대상이 되는 사람들은 한국에서 7-80명 일본에서 약 800명뿐이다. 8단을 파단계라고 보면 리 단계는 누구인가? 아마 드물 것이다. 상대적인 개념으로 보면 9단이 대상이 될 수 있겠는데, 이제는 없지 않은가? 아마 이러한 유사한 고민 끝에 리 단계에 오른 사람이 없다고 생각하고 일본에서도 9단 제도를 폐지한 것 아닌가 하는 생각도 든다. 그런데 왠지 아쉬운 생각이 드니까 혹 돌아가신 후 검성(劍聖)으로 존경 받는 분들이나 제자들이 추모대회를 열어 존경하는 분들이 혹

이에 해당할 수도 있지 않을까? 아니면 현실적 기준으로 8단 제자들을 많이 배출한 분은 이미 9단의 자격이 있으므로, 이런 분들을 리단계에 도달했다고 생각할 수는 없을까? 아무래도 아전인수(我田引水) 격의 해석이 아닐까 싶다.

존심(存心)과 양기(養氣)

검도를 하다보면 心자와 氣자가 들어가는 말을 가장 많이 접하게 되며 그 글자들을 사용하는 글귀들을 흔히 발견하게 된다. 여러 해 전에 일본 친구가 준 평성시대의 검도 챔피언들이 쓴 검도 좌우명 면수건을 선물 받았는데, 그 평성의 패자 6인의 글귀 중 4개에 心자가 들어 있었다. 岩佐의 直心, 宮崎 형의 初心, 西川의 靜心, 石田의 一心不亂, 기타 宮崎 동생의 一生懸命, 榮花의 淸新 이상 여섯 개였다. 그냥 心자만 쓰거나 劍心 또는 劍心一如, 기타 평상심, 평정심 등 심자가 들어가는 좋은 말들이 참 많다. 필자 또한 8단 승단 기념으로 만든 면수건에 기산심해(氣山心海)가 쓰여 있다. 공교롭게 기자도 있고 심자도 있다. 맹자의 진심장(盡心章)

상편에 *存心*이란 사람의 욕망 따위에 의해서 사람의 본심을 해치는 일이 없이 항상 그 본연의 상태를 지키는 것을 의미한다. 스포츠 검도에서는 *殘心*을 대체하여 존심(격자 후 즉시 다음에 일어날 일에 대비해 정상자세로 되돌아 오는 것)을 사용하고 있지만, 정확한 동의어는 아니다. 그래서 필자는 검도본 저서에 '유형의 존심'을 사용해 잔심을 대신해 사용하고 있다.

검은 마음에서 오는 것이니, 마음이 거칠면 검도 거칠고, 마음이 세밀하면 그 검도 세밀하고, 그 마음이 답답하면 칼도 막힌다. 그 마음이 천박하면 그 칼도 날리고, 속이는 마음이면 그 칼도 허세이다. 마음이 방탕하면 그 검인들 온전하겠는가? 따라서 검도를 수련할 때 항상 마음을 바르게 하여 검도수련이 곧 존심양성(*存心養性*)의 길이 되도록 해야 한다.

일찍이 도호문 선생님께서 젊어서 검도는 발로 하고 그 다음에는 손으로 그리고 나이가 들어서는 마음으로 한다고 하셨다. 나이들어 생각할수록 맞는 말이다. 일본의 유명한 모치다 범사는 50세까지 검도기본을 공부하여 자기 것으로 만들고 50세 이후 마음으로 하는 검도를 시작했다고 한다. 그리고 60이 넘어 하체가 약해진 약점을 마음으로 보완했으며, 70이 넘어 몸 전체가 약해지자, 이번엔 마음이 동요하지 않는 수행을 했다. 80이 넘자 이제 마음이 동요하지 않게 되었지만, 때때로 생기는 잡념이 마음속에 들지 않도록 수행하였다는 유명한 일화가 전해지고 있다. 이런 모치다 선생이 말년에 제자들에게 "치지마라, 맞아라. 상대와 사이 좋게, 자세는 아름답게, 향기와 같은 잔심을 그리고 자연스럽게 자연스럽게 하라." 라고 가르쳤다고 한다. 마음 수행을 하면 검도를 이렇게 할 수 있을까?

心자 못지않게 검도에서 많이 나오는 글자가 氣자 인 것 같다. 검도본을 공부하다 보니 氣자로 시작되는 용어가 여러 개 나온다 氣位, 氣爭, 氣勢, 氣魄, 氣當, 氣持, 氣合 등이 나오고 기타 검도용어에 기검체일치, 심기력일치, 연수원에는 김종필씨가 쓴 기검일체, 기공세, 기가마에 등도 있다. 氣란 만물 또는 우주를 구성하는 기본요소로 물질의 근원 및 본질이다. 검도에서의 기(氣)는 자기와 상대 사이를 연결하는 기본적인 에너지로서 자신의 몸과 마음을 충실하게 또 조화롭게 만드는 것이다. 그러므로 검도를 수련하기 위해서는 먼저 氣를 길러야 할 것이다(養氣). 기가 화평하면 검도 평상심을 갖게 되고, 기가 충만하면 그 검에 통달하게 되고, 기가 굳세면 그 검도 웅장하게 되므로 무릇 검을 수련하려면 먼저 양기해야 할 것이다. 옛날 화랑들이나 선비들도 호흡과 명상, 풍류를 통해 호연지기(浩然之氣)를 길렀음과 같은 이치로 우리 검도인들도 수련을 통해 기를 양성해야지 소진되는 일이 있어서는 안 될 것이다.

검도본을 수련하고 또 지도하다 보면 현대검도인들이 기술은 아주 능하지만 기가 약한 것을 느낀다.[1] 우리들 부모뻘 선생님이신 김영달 서정학 도호문 선생님들만 해도 우리들이 흉내낼 수 없는 기상과 기백이 담긴 칼을 쓰신다. 그 옛날 생사의 문턱을 넘나들며 검도를 익힌 분들이 만든 검도본이나 조선세법을 스포츠검도를 하는 우리들이 해보면 흉내는 내는데 그 깊은 맛을 내지는 못한다. 필자는 그 극복할 수 없는 차이를 감히 氣라고 생각해 본다. 대도 1본에서 선도는 칼자루까지 내려 베는 강인한 정신력과 강력한 힘을 현대인들이 낼 수 있겠는가? 대도 7본에서 중단이 바로 선 후도를 향해 왼발부터의 변칙 공격을 목숨을 걸고 치고

---

[1] 여러 해 전 일본에서 검성 미야모토 무사시의 검도를 컴퓨터로 시뮬레이션 해보니 의외의 놀라운 결과가 나왔다고 한다. 그의 기술은 현대검도로 치면 3강4약(3단은 강하고 4단은 약함) 정도란다. 오늘날 우리들은 죽도와 호구를 가지고 다양한 기술을 체계적으로 배우고 익힌 결과 다양한 테크니크를 구사할 줄 안다. 여기에서 묻는다. 과연 그가 현세에 칼 들고 내려와 한번 붙자고 한다면, 누가 대적할 수 있을까? 얼마나 버틸 수 있을까? 담력 정쾌에서 왜 담이 다른 요소들 보다 먼저 나와 있을까? 결국은 기 차이로 승부가 나지 않을까 생각한다.

들어갈 수 있겠는가? 1910년대 검도본 시범에서는 볼 수 있었지만 70년대 이후에는 그런 시범을 본적이 없다. 왜일까? 현대인들의 기가 옛 사람들에 비해 기가 부족하기 때문이 아닐까?

　대한검도회의 경기및심판규칙 12조를 유효격자란 "충실한 기세와 적정한 자세로써, 죽도의 격자부로 격자부위를 칼날을 바르게 하여 격자하고, 존심(잔심)이 있어야 한다."라고 규정되어 있다. 스포츠검도의 승부를 결정하는 한판에도 기(기세)와 심(존심)이 들어간다. 즉, 엉덩이 빼고 도망 다니다가 어쩌다 한번 쳤다고 한판이 되는 것이 아니라는 것이 규정집에 명문화 되어있다. 검도본 1본을 예로 보면 선도와 후도는 선의 기위로 나아가 후도가 선선의 선으로 승리한다. 기위란 검도수련을 통해 체득한 위풍당당함으로 기세나 기백의 또 다른 말이다. 이제 일흔이 넘고 60년 가까이 검도를 수련하고 있는 필자의 검도화두가 마음의 검도이지만 아직 수파리의 수단계를 다지고 있을 뿐 그리고 손발의 검도에서 마음의 검도 단계로 넘어 가려고 준비하고 있을 뿐이다. 검도나 본을 할 때 필자가 늘 느끼는 일이지만 기(氣)가 부족하다. 이 기란 눈에 힘을 주고 상대를 노려본다고 생기는 것도 아니고 근육을 키운다고 되는 것도 아니고, 정신적 강함이니 기술연마나 신체

단련 외에도 정신수양에 더욱 힘써야 득할 수 있는 것 같다.

사무사(思無邪)

  사무사는 선친께서 자주 말씀하시던 좋은 말이라 필자의 카톡 사진에도 넣어 두었으나, 사실 그 깊은 뜻은 잘 몰랐다. 이제 와 찾아보니 논어의 위정(爲政)편에 나오는 말로 "말과 행동에 그릇됨이 없으려면 생각에서부터 그릇됨이 없어야 한다."라는 뜻이다. 시경(詩經)에는 3백 여 편의 시가 있는데 이들 시를 한 마디로 다 말할 수 있다면 "생각함에 있어 사념이 없이 순수하다."라고 말할 수 있다. 시경은 자연을 노래하고, 연정을 서술하고, 인간세상의 고뇌를 읊은 것으로 거짓없는 민중의 소리이다.

  위과 같은 의미의 사무사를 좀 더 상세하게 풀어낸 것이 자한(子罕)편에 나오는 사무(四毋)이다. 이는 공자 자신이 하지 않았던 네 가지를 말한다. "스승님께서는 네 가지를 끊어버리셨다. 억측을 하지 않으셨고 반드시, 결단코, 절대로 등을 말씀하지 않으셨고, 자기만 옳다고 고집하지 않으셨고, 사사로운 자기를 내세우지 않으셨다." 이렇게 하는 것이 바로 사무사이다.

  우리 검도인들은 어떤가? 근거없는 말을 함부로 하지는 않는가? 반드시 근거있는 지식의 기반위에서 검도를 가르치고 또 하고 있는가? 검도본은 무슨 근거로 그렇게 자신하는가? 자기류는 아닌지? 둘째로 직접 보고 들은 것이 아니면 '아마도'라는 말을 사용한 공자에게 배울 것은 없는가? 해보지도 않은 것을 실제로 경험한 것과 같이 거짓을 말하지는 않는가? 마치 사람을 베어 본 것 같이 말하는 사람은 없는가? 셋째 기필(期必)이란 말을 자기 말에 넣어 절대성을 부여하지는 않는가? 어떻게 '반드시'라고 자신하는가? 좀 더 낮추고 겸손할 수는 없는가? 산을 올라 가는 길이 여럿이라는 사실을 우리는 망각했는가? 넷째, 왜 이렇게도 자기만 옳다고 고집하는가? '아마도'라는 공적 담론보다는 사사로운 자기 이익에 눈멀어 나 아니면 안된다고 주장하지는 않는가? 자기만 옳다고 고집하고 억측을 부리는 검도인은 없는가? 사사로은 자기를 내세우지는 않는가? 사념(邪念)이 없는 순수한 생각이 검도정신과 부합하지는 않을까?

예기(禮記)

　유학 5경 중 하나인 예기에서는 '예'란 가깝고 먼 것을 정하는 것이며, '예'란 미심쩍고 의심스러운 것을 결단하는 것이며, '예'란 같은 것과 다른 것을 구별하는 것이며, 그리고 '예'란 옳고 그런 것을 밝히는 것이라고 설명한다.

　'예'란 스스로 낮추고 남을 존대하는 것이다. 무불경(無不敬) 즉 존경하지 않을 것이 없다. 비록 등짐을 짊어진 천한 사람이더라도 반드시 존경할 만한 점이 있다. 부유하고 귀하면서도 '예'를 좋아할 줄 알면 교만하지 않고 도리를 어지럽히지 않는다.

　검도를 하는 우리들은 흔히 검도는 '예로 시작해서 예로 끝난다.'라고 하고 있다. 특히 우리나라는 옛날부터 '동방예의지국(東方禮儀之國)'이라고 불리우던 나라이다. 그러므로 우리 검도인은 세계 어떤 다른 나라보다 예의가 더 발라야 하지 않을까 생각된다. 고교시절 도장 벽에 써 붙인 도장 3례는 국기에 대한 예, 사범에 대한 예, 교우(상호)에 대한 예였다. 그것이 너무 낡아 부친에게 새로 써 달라도 했었다. 아마 제 기억으로는 상호의 예를 학생들끼리니까 교우에 대한 예로 부친께서 바꾸어 써 주신 것 같다.

 '예'에는 행례(行禮)와 가례(家禮)가 있는데; 전자는 예법 즉, 에티켓, 매너을 가르키며, 후자는 넓은 의미에서 일의 이치를 안다는 뜻으로 쓰인다. '예'란 원래 넓은 뜻으로 정치나 사회의 문물제도를 전체적으로 가르키며, 법률, 제도, 규범, 도덕, 의례 등 사회질서를 말하였다. 공자는 언제나 예를 역설했는데, 인간이 동물과 다르기 위해서는 예를 알고 실천해야 된다는 것이다. 그는 다른 지방에 가면 그 곳의 예를 묻고, 시대에 따라 예가 변천됨을 인정했다. 그러나 예의 대강(大綱)은 변함이 없다.

 검도하는 사람들은 도장에 들어가고 나갈 때 인사하고 운동 시작할 때 끝날 때 인사하며 대련 시에도 시작과 끝에 아랫사람이 웃사람에게 먼저 인사하면 웃사람은 받고(상호간의 예) 하루 도장에서 최소 수십 번의 인사를 한다. 검도본 할 때도 본부석에 또 상호 간에 수차례 인사를 한다. 절에는 좌례와 입례가 있다. 절을 할 때는 허리와 고개를 숙이므로 자신을 낮추고 상대를 존중하게 되므로 겸손해지는 기분이 들어 참 좋다. 그러나 품위와 절도가 있어야지 굽실거린다고 예의 바른 것은 아닌 것 같다. 과공은 비례(過恭非禮)이니 무엇이든 지나침은 모자람만 못하다.

검도에 있어 또 다른 '예'의 사례는 운동을 할 때의 행례인데, 이것은 서양의 에티켓과 유사하다. 원래 유럽에서 테니스장 출입 시 지켜야 할 예의에서 시작되었다고 하는데, 요즘으로 치면 골프장 매너와 유사하지 않을까 생각한다. 귀족들의 테니스장 출입이나 부자들의 골프에서 아무래도 지킬 덕목이 많았을 것이다. 지도 연습에서 사범이 아랫사람을 난폭하게 찌르거나 폭력적으로 미는 것은 예에 어긋난 것이며, 아랫사람이 배운 기본을 지키지 않으며 안 맞으려 도망 다니면서 막는 것 또는 연로한 선생을 힘으로 밀치는 행위 등 또한 예의가 아니다. 상대를 아프게 치는 것이나 다치게 하는 것도 비례한 행동이다.

검도본에서도 선도는 후도가 잘 할 수 있도록 도와주는 것이 또 후도는 선도의 지도에 따라 최선을 다 하는 것이 서로 예를 지키는 것이며, 이와 마찬가지로 수련 시에도 지도자는 수련자가 방심하지 않도록 격려하며 그들이 최선을 다하도록 하는 것이 '예'이다. 지도자는 수련자보다 더 열정적이고 인내심을 가지고 그들이 지칠 때까지 온 힘을 다하도록 해야 한다. 이렇게 하는 것이 상호 간의 예가 아닌가 생각한다. 지도자가 건성건성 하며 수련자가 뺀질뺀질하면 둘다 비례이다. 공자가 예의 적용을 시대와 지방에 맞추듯이 지도자는 학생의 수준이나 성격, 연령 등에 맞도록 그들이 잘 받아들일 수 있도록 지도해야 한다. 비이성적인 칼을 쓰는 수련자는 무례하지만, 지도자는 그런 술수가 통하지 않는다는 것을 가르쳐 주어야 한다. 한편, 바른 자세에서 좋은 기술이 들어오면 맞아주어 그런 기술을 장려하는 것이 바람직하다. 필자가 아랫사람들을 받아주다 보면 예의에 어긋난 사람들이 많지만, 대부분 그냥 참고 넘어 간다. 그러면 다음에도 똑같다. 지적해 주는 것이 예가 아닐까? 서로 기분 나쁠까봐 그냥 넘어가며 어떤 사람들은 이런 사람들을 만나면 바로 '꽂아 칼'을 하기도 한다. 동경의 명문 노마도장(野間道場)에도 칼을 섞지 말아야 할 5인방이 있다고 하니 예의 바른 검도를 하기가 참 어려운 가보다. 그렇지만, 어떤 것이 좋은 예인지 애매모호할 경우도 많다. 이러 때는 상호존중이 최고일 것 같다. 아무튼 이런 불상사를 막으려면 기본에 충실한 검도를 하면 된다. 첫째, 거리를 지키며 둘째, 기검체 있는 타격으로 한판을 추구한다. 셋째 속이지 말고 막지 말고 물러서지 않으면 된다. 이상의 예는 주로 수련자가 지켜야 할 것들이지만, 지도자도 거칠고 난폭한 검도가 아닌 예의 바른 상호존중의 검도를 해야 더 존경받을 수 있을 것이다. 다시 한번 교학상장과 상호존중의 정신을 강조하고 싶다.

공자(孔子)의 계사전[2] 에서

(繫辭傳)에서 : 기(機)를 보다

지기(知機)란 기미나 조짐을 안다는 뜻이다. 기미나 조짐이란 일을 하기 위한 움직임에 있어서의 은미(隱微)함이나 길함 또는 흉함이 먼저 나타나는 것이다. 군자는 기미를 보고서 일어나지, 일이 다 끝날 때까지 기다리지 않는다.

검도본을 하다보면 3선(先)이라는 말이 나오는데 다카노 사사보로우(高野 佐三郎)는 선선의 선의 개념을 개발하고 이것은 대적시 상대가 일어나려는 기미를 조속히 알아차려 즉시 공격하여 상대의 기선(機先)을 제압하는 것이라고 한다.

결국 주역이나 검도나 '기(機)'를 알아야 신묘(神妙)하다고 할 수 있다. 지기(知機)해야 군자이고, 지기(知機)해야 고수이다. 검도에 있어 동작을 보고 대응하면 하수이고, 그 기미를 예측하여 움직여야 고수가 되는 것이다. 그러므로 단이 올라갈수록 상대의

---

2 계사전은 공자가 주역(周易)을 풀이한 글임

움직임을 예측할 수 있는 능력을 키워야 한다. 검도본에서 '기를 보다'를 우리는 '기회를 보다'로 번역해서 쓰고 있지만 두 의미는 비슷하지만 같지 않다. 물론 영어책에서도 기회인 opportunity 로 번역사용하기도 한다.

일본검도용어 사전에서도 '기(機)'란 격자할 수 있는 찬스이므로 스포츠검도에서는 기와 기회가 같은 뜻이다. 그러나 검도본에서 선도는 후도를 지도하는 입장이므로 후도의 약점을 찾아 이기기 위해 공격하는 것이 아니라, 후도의 약점 즉, 위험이 사라질 때를 기다려 후도가 준비가 되어있을 때 공격하는 것이다. 그러므로 선도는 후도의 허 즉, 빈곳이 아니라 후도의 실(實) 상태를 보고 공격하여 후도가 선선의 선으로 이기게 하는 것이다. 불교에서는 '기(機)' 눈, 귀, 코, 혀, 몸의 여러 감각기능이 외부에 발동되는 순간이라고 정의 한다. 검도본에서의 '기(機)'란 상대의 마음이나 몸 그리고 기술이 변화하는 순간의 징조를 말한다. 즉, 어떠한 시간과 공간 사이에서 발생하는 급소(약점, 위험 등)를 '기(機)'라 한다. 그러므로 만일 검도본에서 기회를 보아 친다고 하면 그 기회란 후도가 선도를 이길 수 있는 기회가 되므로 스포츠검도에서 말하는 기회와는 반대가 된다. 따라서 검도본에서의 '기를 보아

친다' 함은 선도가 선생으로서 후도가 이길 수 있는 방법을 가르쳐야 하므로, 3보 나가서 멈추는 순간 후도에게 급소가 발생하므로 이 약점이 없어진 후 공격하여 후도가 선도를 이기게 하는 것이다. 후도는 이러한 선도의 기미를 알아차려 선선의 선으로 이기는 것이다.

하수와 고수

 복잡한 일을 간단하게 설명할 수 있으면 고수이고, 간단한 일을 어렵게 설명하면 하수이다.

 아인슈타인은 '간단하게 설명할 수 없다면 충분히 아는 것이 아니다'라고 했다. 돌이켜 보면 젊은 교수 시절 복잡한 것을 복잡하게 강의했으며, 강의경험이 쌓일수록 싶게 이해할 수 있도록 간단명료하게 설명하려고 노력했다. 어려운 것은 싶게 설명하기란 대단히 어려운 일이며, 자칫 간단하게 설명하려다가는 엉뚱한 말을 하게 되므로 주의해야 한다. 대학가에서는 젊은 교수는 아는 것을 다 가르치려고 하고, 늙은 교수는 생각나는 것만 가르친다는 우스개 소리가 있다. 둘 다 맞지 않다. 학생들이 알아들을 수 있도록 필요한 내용을 간단하게 설명하는 것이 최선이다.

하수와 고수 개념을 검도에 도입해 본다. 손자병법에 선승구전(先勝求戰)이라는 말이 있다. 즉, 승리하는 군대는 승리를 확인한 뒤 전쟁을 벌이지만, 지는 군대는 전쟁부터 일으킨 다음에 승리의 요행을 바란다. 이를 쉽게 말하면 하수는 싸운 다음에 이기려고 하고, 고수는 이긴 다음에 싸운다.

검도대련에서도 승타법(勝打法)과 타승법(打勝法)이 있는데; 전자는 이기고 치는 고수이고 후자는 쳐서 이기려는 하수들이 주로 사용한다. 스포츠 검도에서 젊은 선수들이 힘과 스피드에 의존하여 더 빨리, 더 멀리, 더 높게 공격하여 승리하는 경우가 많다. 특히 고등부까지는 주로 타승법에 의존하게 된다. 그들이 대학부에서 일반부로 올라가는 과정에서 이기고 치는 승타법을 배운다면 사범의 칼을 쓸 수 있게 되며 자연히 고수의 문턱을 넘게 될 것이다. 반대의 경우, 시합에서는 이길 수 있을 지 몰라도 검도의 진면목을 보지 못하게 될 것이다. 즉, 하수로 남게 된다.

그러나 진짜 고수는 싸우지 않고 이기는 사람이 아닐까? 손자도 장자도 이를 최상으로 병법으로 여겼으며, 싸움의 고수 미야모토 무사시까지도 '싸우지 않고 이기는 것이 좋다.'라고 했다. 그렇다면 우리는 하수인가 고수인가?

장자의 칼과 목계

장자는 맹자와 같은 시대인 기원전 4세기에 활동한 도가(道家) 초기의 중요한 사상가[3]였다. 그는 주로 노자의 가르침을 인용하지만(맹자가 공자를 인용하듯이), 노자보다 훨씬 더 광범위한 주제를 다루었으며 검술 또한 달인이었다고 전해진다. 유명한 후발선지(後發先至)도 그의 말이다. 여기에서는 김원일 옮김 장자(북마당)에서 달생(達生)편과 설검(說劍)편에 나오는 이야기를 소개하고자 한다.

---

[3] 이들에게 배울 검도정신은 물의 흐름처럼 자연스러운 완급 조절과 기다림 그리고 낮은 데로 흐르는 겸손함이 아닐까?

달생(木鷄, 목계)

기성자(紀渻子)는 투계를 기르는 유명한 사람이었다. 왕이 그에게 투계 한 마리를 훈련시키라고 명했다.

열흘이 지나 왕이 물었다. "어떤가? 어느 정도 쓸만하게 되었겠지?" 기성자는 답한다. "아직 멀었습니다. 지금은 덮어 놓고 살기를 띠면서 줄곧 적을 찾기만 합니다."

또 열흘이 지나 왕이 다시 물었다. "아직 멀었습니다. 다른 닭의 울음소리를 듣거나 근처에 닭이 있는 인기척만 느껴도 곧 싸울 태세를 갖춥니다."

다시 열흘이 지나 왕이 물으니, "아직 멀었습니다. 다른 닭의 모습을 보면 노려보고 성을 냅니다."

또 다시 열흘이 지나 왕이 불으니, 기성자는 "이제 됐습니다. 옆에 다른 닭이 아무리 울며 싸움을 걸어와도 전혀 움직이는 기색조차 없이 마치 나무로 만든 닭처럼 보입니다. 이야말로 덕이 차 있다는 증거입니다. 이렇게 되면 더할 것이 없습니다. 그 어떤 닭도 이제 당해 내지 못할 것입니다. 그 모습만 보아도 달아나고 말 것입니다."

장자는 목계를 통해 단계적으로 수양을 쌓아 완전한 덕을 지녀야 한다는 교훈을 우리들에게 주는 이야기입니다.

설검편 장자삼검
(莊子三劍 ; 천자의 칼, 제후의 칼, 서민의 칼)

장자 시절의 조문왕(趙文王)은 이상하리만큼 검술을 좋아해 늘 3천 명의 검객들을 거느리고 밤낮으로 검술시합을 시켜, 죽거나 다치는 검객들이 해마다 백여 명씩 나왔다. 해를 거듭함에 따라 조나라의 전력은 약해져 이웃 나라들이 침략의 기회를 보고 있었다. 이에 나라를 걱정한 태자는 장자에 부탁하여 왕의 마음을 바꾸게 해 달라고 천금을 주었다. 장자는 그 돈을 받지 않고 그 일을 흔쾌히 수락했다.

장자는 다음의 말로 우선 왕의 마음을 사로 잡았다.

"신은 열 걸음에 한 사람씩 쓰러뜨리며, 천 리를 가도 가로막을 사람이 없습니다."

"검술의 극치는 먼저 틈을 보여 상대를 움직이도록 유인한 다음, 그 움직임에 맞추어 거꾸로 선수(先手)를 잡아 치고 들어가는 데 있습니다. 부디 이 극치를 실제로 보여 드리고 싶습니다."

이에 흡족한 왕은 정예 60여 명을 뽑아 선발전을 치른 뒤 그 중 고수 5-6명을 뽑았다. 시합 당일 장자는 꼭 드릴 말씀이 있다고 하며 세 가지 칼에 대해 왕에게 이야기한다.

(1) 천자의 칼은 북쪽의 연계와 석성을 칼끝으로 하고, 제나라 대산이 칼날, 진과 위가 칼등, 손막이는 남쪽의 주와 송, 칼자루는 서쪽의 한과 위입니다. 그 세력과 위엄은 멀리는 발해와 상산까지 미치고, 동서남북의 오랑캐들을 포섭하여 춘하추동 사철을 두르고, 오행을 관장하여 자연계를 운행시키고, 상벌을 분명히 하여 인간세계를 질서있게 합니다. 다시 음양 두 기운을 움직여 우주의 대생명을 작용시켜 봄과 여름에는 이를 약동하게 하고, 가을과 겨울에는 이를 숨어 들어앉게 합니다. 이 칼의 위력은 위로는 뜬 구름을 찢고, 아래로는 지축을 끊어 상하사방까지 미치지 않는 곳이 없습니다. 이를 한번 쓰면 제후들은 숙연히 몸을 바로 하고 온 천하가 일시에 굴복하게 됩니다.

(2) 제후의 칼은 지혜와 용맹을 겸비한 선비를 칼끝으로 하고, 청렴한 선비를 칼날, 그리고 착한 선비를 칼등, 충성스런 선비를 손막이, 호걸스런 선비를 칼자루로 하고 있습니다. 이 칼을 한 번 쓰

면 천둥 번개와 같은 위력을 가지고, 온 사해(四海)가 다 임금의 명령에 복종하게 됩니다.

(3) 서민의 칼은 머리는 더벅머리, 의관은 뒤에 붙고, 옷은 전투복, 말을 주고받는 것까지 살기에 차 있는 사람들이 갖는 칼입니다. 한번 올려치면 상대방의 목을 자르고, 한번 내려치면 상대방의 창자를 가릅니다. 마치 투계가 싸우는 것 같습니다. 이 칼을 쓰는 사람은 한번 목숨이 끊어지면 그것으로 끝장일 뿐, 벌써 나라를 위해서는 아무런 소용이 없습니다.

이상을 경청하고 있는 왕에게 장자는 "대왕께서는 천자의 높은 지위에 계시면서 이런 비천한 사람들의 칼에 매혹되어 있다니 참으로 안타깝습니다." 이에 왕은 부끄러움을 금치 못한 채 몸소 장자의 손을 이끌어 전상으로 맞아 올렸다. 이후 자신의 잘못을 깨달은 왕은 석 달 동안 한 발짝도 궁전 밖으로 나오는 일이 없이 근신(勤愼)하고 있었다. 한편, 왕의 버림을 받은 칼잡이들은 분을 참지 못해 스스로 제 목을 쳐 자살하고 말았다.

장자의 말을 들어보면 그는 무술의 고수임에 틀림이 없지만 실제로 칼을 쓴 기록은 없다. 그는 현인(wiseman)이므로 실제로 칼을 쓰지 않아도 이러한 깨달음을 얻을 수 있었을 것이다. 이제 장자의 가르침이 우리 현대 검도인들에게는 어떤 교훈을 주는가를 생각해 보고자 한다. 우선 조문왕도 잘못은 했지만 귀에 거슬리는 말을 경청하고 자신의 과오를 뉘우치며, 바른 길을 선택함은 참으로 훌륭하다. 군자불기의 그릇을 가졌다. 그렇다면 과연 우리는 어떤 칼을 쓰는가? 승리지상주의에 빠져 안맞고 때리는 저급한 검도를 하고 있지는 않는가? 기본에 충실한가? 상대가 인정하는 칼을 쓰는가? 옆에서 보는 사람이 객관적으로 인정하는가? 검도를 왜 수련하는가? 이익을 추구하기 위해서인가, 인간이 되기 위해서인가? 검도를 하니 신체가 단련되었는가, 정신수양이 되었는가? 검도를 하며 남을 다치게 했는가, 자신은 다치지 않았는가?

흔히 검도를 겨루기로 인식하는 사람들은 인간의 투쟁본능(fighting instinct)에 충실하여 안 맞고 때리는 시합 칼을 쓴다. 어떻게 보면 정상이지만, 장자의 분류 중 서민의 칼에 해당한다. 막고 치고, 치고 막고 하루 종일 해도 회심의 일타는 없다. 한 달을 해도 일 년을 해도 한판이 아닌 절반밖에 못친다. 한 판를 내려면 충실한 기세, 적법한 자세, 적당한 거리에서 적절한 수내작용으로 강도있는 격자가 몸을 던져(捨身) 이뤄진 후 방심하지 말아야 한다. 1단계인 이런 부류의 대부분 사람들은 기회를 보지 않고 쳐서 이기는 타승법(打勝法)에 의존한다. 한 3단까지는 겪어야 한 과정이기도 한다. 이 단계를 벗어나려면 막지 말고 속이지 말고 물러나지 말아야 한다. 이렇게 열심히 얻어 맞으며 배우며 뛰어 다니다 보면 어느 듯 상대의 움직임이 보이기 시작한다. 또한 발동작과 손작용에 요령이 생긴다. 큰 기술에 이어 작고 빠른 기술이 가능하게 된다. 이렇게 약 15년 정도 수련하면 4-5단에 이르고 사범의 자격을 따게 된다. 이때부터는 사범의 칼을 써야 한다. 큰 기술과 작은 기술을 적절히 섞어 사용하며 상대에 따라 다르게 대응하며 두 사람이 다 이기는 승승(win win)의 대련을 할 줄 알아야 한다. 대강속경(大强速輕)의 경지이다. 강한 상대를 만나면 엉덩이 뒤로 빼고 약한 상대 만나면 쥐잡듯이 하는 사람은 2단계인 사범의 칼을 사용하지 못하는 사람이다. 시합에 나가서도 기백있게 싸워 자신과 도장의 명예를 지키는 그런 칼을 써야 한다. 이렇게 한 10년, 15년 열심히 수련하다 보면 6단이 되고 또 7단이 된다. 이 단계에 이르면 자연히 지도자가 되게 된다. 상대의 기가 약하면 부양하고 기가 너무 강하면 꺽어줄 줄 아는 억강부약(抑强扶

弱)의 검도를 할 줄 알아야 한다. 필자는 후배들에게 5단은 고등부 칼을 다룰 줄 알아야 되고, 6단은 대학부 칼을, 7단은 일반부 선수 칼을 받을 줄 알아야 된다고 지도한다. 8단은 당연히 국가대표급 선수칼을 받아 내야 한다. 8단 심사는 한국이나 일본에서 기본에 하자가 없는 사람을 뽑는 것이므로, 8단부터는 사범의 칼로부터 한 단계 더 높이 올라간 품격있는 칼을 써야 하며 향기나는 검도와 고매한 인격을 갖추어야 한다. 이렇게 10, 20년 수련하다 보면 칠순의 나이에 도달하게 된다. 이순의 나이와 지천명의 나이에도 건강하여 후진들을 지도하다 보면 어느 덧 군자의 칼에 도달하게 될 것이다. 이 경지에 이르면 맞는데 신경 안 쓰고 맞아주는 검도를 히게 된다. 이분들 중 제자들이 많은 분들은 검성으로 추앙받고 돌아가신 후에도 추모대회가 열리게 된다.

이상에서 보면 서민의 칼에 해당하는 것은 마구잡이 칼로부터 쳐서 이기는 칼까지 다양한 형태가 다양하며 초보에서 3단까지의 수준인 것으로 생각된다. 대부분의 검도인들이 이 과정을 극복하지 못하고 검도를 중단한다. 이 과정에서 선수칼이라 하면 좋은 뜻으로 이해될 수 있으나 시합칼이라 하면 안 맞고 때리는 따먹기식의 칼을 의미하기도 한다. 그 다음 단계로 사범칼이라고 하면 기본이 어느 정도 완성되고 크고 작은 기술과 반듯한 자세를 대련 중 유지할 수 있는 사람이다. 사범칼을 쓴다고 평가되면 상당히 좋은 것이다. 검도선생으로 인정받는 것이기 때문이다. 이 단계를 거치면서 이기고 지는 저 너머에 검도정신이 깃든 그 무엇이 있다고 깨달으면 그 다음 단계인 군자의 칼이나 향기나는 검도의 경지에 이르게 된다. 노력하더라도 깨닫지 않으면 도달할 수 없는 단계라고 생각된다.

끝으로 여담 한 마디 곁들인다. 제자인 Claudio Crabas는 키가 195cm 몸무게가 140kg인데 손목이나 따먹는 검도를 하기에 "너는 생긴 것은 장군인데 왜 졸병의 칼을 쓰냐?"라고 지도 했더니 그는 깨닫고 노력하여 한국에 와서 5단 및 6단 심사에 통과한 적이 있다. 즉, 몸이 나가는 큰 칼(장군의 칼)을 써 품위있게 보였다. 이상에서 본 바와 같이 수련기간의 경과와 함께 단이 올라가고 단이 오를수록 거기에 걸맞는 기술과 인성을 갖추게 된다. 자연적 연령 또한 점점 높아진다. 나이가 들고 단이 높아질수록 이에 따른 사회적 책임이 커지므로 검도 또한 이에 상응하는 좋고 바른 칼을 써야 한다고 생각한다. 자식들이나 손자가 보고 있다면 보기 흉한 검도를 하겠는가. 필자는 교수검도회나 의사검도회에 초청받아 가면 꼭 이런 말을 한다. 교수나 의사는 사회에서 존경받는 직업이므로 검도 또한 꼭 그렇게 해야 된다고…

Chapter 4
짧은 교훈과 검도

01	플라톤의 5가지 행복	
02	간디가 손자에 남긴 7가지 악덕	
03	라틴어 3마디	
04	검도 사범의 3박자	
05	천국에서 쓰는 말 7개	
06	이어령의 6C	
07	톨스토이의 인생 의문 3가지	
08	석가의 2가지 인생 문제	
09	김형석 교수의 오래 사는 비결 4가지	
10	다산의 인생교훈 5가지	
11	브롭리의 늙지 않는 법	
12	주신중의 인생 5계론	
13	상대를 움직이는 공세 5가지 요소	
14	펠레의 마지막 한마디	
15	탈무드의 첫 번째 가르침	
16	친한 사람에게도 하지 말 것 3가지	
17	미야모도 무시시의 나쁜 발 3가지	
18	여동빈의 칼 3자루	
19	괴테에게 인생달인이란?	
20	하버드대 70년 연구결과 '행복 7요소'	

플라톤(BC 427-347)의 다섯 가지 행복

1. 먹고 입고 살고 싶은 수준에서 조금 부족한 재산
2. 모든 사람에게 칭찬받기에 약간 부족한 용모
3. 자신의 자부(自負)보다 낮은 절반 정도의 (남들이 인정하는) 명예
4. 한 사람은 이기나 두 사람에게는 지는 정도의 체력
5. 관중의 절반만 박수치는 부족한 정도의 말솜씨

결국 플라톤은 다 갖춘 완벽한 것이 행복이 아니라 약간 부족하고 모자란 상태가 행복이라고 보았다. 결국 공자의 과유불급(過猶不及)과 같은 맥락이다.

간디가 손자에게 남긴 사회를 병들게 하는 7가지 악덕

7 Blunders of the World of Mohandas Karamchand Gandhi

1. Politics without Principle 철학 없는 정치

2. Commerce without Morality 도덕 없는 경제

3. Wealth without Work 노동 없는 부(富)

4. Knowledge without Character 인격 없는 지식

5. Science without Humanity 인간성 없는 과학

6. Pleasure without Conscience 윤리 없는 쾌락

7. Worship without Sacrifice 헌신 없는 종교

8. Rights without Responsibilities 책임 없는 권리

위 7가지는 간디가 손자에게 남긴 것이며, 마지막 8번째는 나중에 손자가 추가한 것이다.

천국에서 쓰는 말 7가지

1. I am sorry.

2. That's okay.

3. Good!

4. Well done.

5. Great!

6. Thank you.

7. I love you.

라틴어 3마디

1. Memento Mori 죽음을 기억하라. 운명을 사랑하라. 현재에 충실하라.
2. Carpe Diem 현재를 잡아라. 눈앞의 기회를 잡아라. 현재를 즐겨라.
3. Amor Fati 운명을 사랑하라. 인간이 지녀야 할 기본적인 삶의 태도를 지켜라.

검도사범의 3박자

1. 검도 실기 기능
2. 심판능력
3. 검도 지도력

이어령의 6C

Curiosity(호기심),

Courage(용기),

Challenge(도전),

Confidence(자신감),

Concentration(집중),

Continue(지속 또는 계속)

톨스토이의 인생에서 가장 중요한 의문 3가지

언제 일을 시작할 것인가? 누구와 함께 할 것인가? 어떻게 할 것인가?

작가 톨스토이는 지금(now), 같이 있는(here) 사람과 선한 마음(善意志)으로 행하라고 제안한다.

공자도 가까운 사람을 즐겁게 하면 먼 데서 사람들이 온다고 하였다.

Now, Here, 즉 당장 가까운 사람들에게 베풀어 주는 것이 인생에서 최선이다.

석가의 두 가지 인생 문제

사람은 누구나 태어나서 죽는다. 그 사이가 인생(삶)인데, 사람들이 시작은 하는데 끝을 맺지 않는 것이 첫 번째 문제이고, 그 다음은 일을 시작조차 하지 않는 것이 그 다음 문제이다. 참고로 경제학에서는 Birth(탄생)과 Death(사망) 사이 즉, B와 D사이의 C 즉 Choice(선택)가 문제라고 본다. 태어나서 성장하면서 좋은 일을 선택하여 생을 보람있게 마침으로써 이 두 가지 인생 문제를 해결할 수 있을 것이다.

102세 김형석 교수의 오래 사는 비결 4가지

1. 욕심을 버려라. 그래야 스트레스를 안 받는다.
2. 남을 욕하지 마라. 그리고 사람들과 좋은 관계를 가져라.
3. 가족이나 국가와 사회를 사랑하라: 남에게 사랑으로 베풀어라. 주는 즐거움이 받는 것보다 더 크다.
4. 좋아하는 일을 계속하라. 왜냐하면 일하지 않는 사람들은 90까지 살기 어렵기 때문이다.

기타 적당한 운동이나 섭생도 큰 도움이 된다. 원래 건강하던 사람들은 오래 살지 못한다. 왜냐하면 건강에 너무 자신하여 무리하기 때문이다. 따라서 조심하면서 살아야 오래 산다. 어느 정도를 조심해야 하는지? 그 한계를 알기 어렵다. 참고로 필자가 한마디 하면 연전 일본 노인 걷기대회에서 우승한 걷기 달인이 인터뷰에서, "나는 도랑도 돌아서 간다."라는 말이 생각나 필자는 무리할 때 절제하려고 노력하지만 쉽지 않다. 무릎을 수술하고 나서야 비로소 조심한다. 사후약처방(事後藥處方)이다. 어리석다!

다산 정약용 선생의 인생 교훈 5가지와 자식들에게 남긴 딱 두 글자

1. 그들이 했다면, 나도 할 수 있다.
2. 오늘 고치지 않으면 내일은 없다.
3. 속도보다 방향이 더 중요하다.
4. 세월의 비바람을 견디면 얻은 성공은 영원하다.
5) 즐거움은 괴로움에서 나오고, 괴로움은 즐거움에서 비롯된다.

다산이 자식에게 재산 대신 남긴 생계 대책 두 글자는 근(勤)과 검(儉)이다. 필자의 선친이 우리에게 남긴 네 글자는 근면절약(勤勉節約)이다. 결국 같은 뜻이다. 검도정신과도 부합하다.

이상은 내가 존경하는 다산이 주로 자식들과 제자들에게 준 인생교훈이지만 검도에서도 그대로 적용된다. 남들이 검도를 잘하는 데 나는 왜 못하겠는가? 자신감(self-confidence)를 가지고 지속하면 다 할 수 있다. 잘못된 자세와 기술을 고치지 않고 편한 대로 지속하면 그냥 고착돼 더 이상 고칠 수 없다. 매너리즘에 빠지기 쉽다. 고치려면 상당한 노력이 필요하다. 동(東)으로 가야 되는데, 서(西)로 가는 사람들이 많다. 정반대로 가는 것이다. 운동을 하지 않기만도 못하다. 위 4번이나 5번도 검도와 똑같지 않은가? 비가오나 눈이 오나(雨下雪下), 밥먹듯이 하루 세 번씩 10년을 지속하면 행복이 찾아올 것이다. 바른 방향으로 부지런히 연습하면 못할 일이 있겠는가?

노인심리학자 브롬리의 늙지 않는 법 5가지

사람들은 인생의 4분의 1은 성장하지만, 나머지 4분의 3은 육체적으로 늙어가면서 보낸다. 늙는다는 것은(老化) 생존을 위한 변화일 따름이다. 잘 늙기 위한 well-ageing 5가지를 소개한다.

1. 움직여라.
2. 생각하라.
3. 느껴라.
4. 정확하라.
5. 적응하라.

 필자도 평소 소식다동(小食多動) 즉, '적게 먹고 많이 움직여라.'를 실천하려고 노력하고 있다.

송나라 주신중(朱新中)의 인생 5계론

1. 생계(生計)- 직업선택
2. 신계(身計)- 몸과 마음 관리
3. 가계(家計)- 제가(齊家)계획
4. 노계(老計)-노후관리
5. 사계(死計)-죽음을 맞을 계획

검도에서 상대를 움직이게 하는 5가지 요소(우치이에와 하나자와)

흔히 검도에서 '이기고 쳐라' 라든가 '상대를 움직이게 하고 쳐라' 라는 말을 많이 하지만 말처럼 쉽지가 않다. 이는 '기회를 보다' 보다 더 어려운 기회를 만드는 것이기 때문이다. 필자보다 한 살 어리고 여러 번 만난 적이 있는 국사관대학의 우치이에 미치오 범사가 그의 경험을 바탕으로 상대를 움직이는 법을 잘 정리하였다.

1. 상대보다 더 강한 정신력을 보여라.
2. 경기나 연습에서 중앙과 정중선을 차지하라.
3. 상대가 알아 차리지 못하게 먼저 생각하고 공격의 주도권을 잡아라.
4. 온몸으로 공세를 취하라. 손목이나 칼끝으로는 약하다.
5. 압박하여 상대를 먼저 일으켜라. 공격이나 공세 또는 위험한 거리에 들어올 때가 공격의 좋은 기회이다.

필자의 동갑 친구로 인품이 훌륭한 오사카의 하나자와 히로 8

단은 안정되고 자연스런 자세에서 위, 아래, 안과 밖 4 방향으로 상대를 움직이라고 가르치고 있다. 이렇게 함으로써 상대의 자세를 먼저 무너뜨리라는 것이다.

위 두 내용은 Kendo Jidai International 2023년 1월호에서 따온 것이다.

축구황제 펠레의 마지막 한마디

우리들이 어릴 때 우상이었던 운동선수는 펠레와 알리였다. 둘 다 나보다 약 10년 연상이다. 2022년 12월 30일 펠레가 운명했다. 그의 마지막 남긴 말이 더욱 가슴에 와 닿는다. "사랑하라 또 사랑하라. 영원히…" 공을 잘 차라, 이겨라가 아니라 예수나 공자 같은 말을 남기고 저 세상으로 갔다. 그는 인간존중도 이야기 했다. 바나나 킥, 백힐 패스, 노룩 슈팅 등 온몸으로 축구를 하는 그에게서 우리는 무엇을 배울 것인가? 사람을 사랑하고 존중하는 심오한 인생철학을 먼저 배우고, 그다음 온몸으로 검도하는 법을 배워야 하지 않을까.

먼저 작고한 권투영웅 무하마드 알리의 명언도 소개한다. "나비처럼 날아서 벌처럼 쏘아라."라는 말이다. 고교 시절 신준식 선생님께서도 같은 말씀을 해 주셨는데, 같은 말을 전 일본 대표팀 감독 고바야시 선생에게서도 들었다. 원전(原典)이 어디인지는 모르겠지만 멋있는 말이다. 검도를 그렇게 할 수 있으면 얼마나 좋을까!

탈무드의 첫 번째 가르침

사람의 입은 하나이나 귀는 두 개다. 말하기 보다 두배 들어라. 삼성의 설립자 이병철씨가 가장 강조한 사훈(社訓)은 경청(傾聽)이다. 우리 검도인은 남의 말을 잘 듣는가? 검도 사범들은 검도계의 불통을 호소하고 있다. 원래 높이 올라가면 잘 들리지 않는 법이다. 더 들으려는 노력이 필요하다.

아무리 친한 사람에게도 하지 말아야 할 3가지

1. 남의 험담
2. 자기의 어려운 사정
3. 자기 자랑

우리 검도인들은 어떤가? 남의 험담과 자기 자랑을 늘어 놓지 않는가?

마음이 선하면서 정신이 강한 사람 특징 5가지
1. 과거는 과거일 뿐 현재만 생각한다.
2. 진심을 다하지만 상대에게 감정을 낭비하지 않는다.
3. 환경의 변화를 두려워 하지 않는다.
4. 평소 참지만 화를 내지 않는 것은 아니다.
5. 상대를 배려하지만 자신의 주관이 뚜렷하다.

이상은 착하고 멘탈이 강한 검도인들이 가야 할 길이 아닐까?

미야모도 무사시의 나쁜 발 3가지

'무거운 발, 고정된 발, 허공에 뜬 발'
바닥에 붙어 무겁게 움직이거나 높은 발로는 상대에게 당하기 쉽다. 상대를 제압할 수가 없다.
검도에 있어 이상적인 발은 호수에 떠 있는 청둥오리의 발처럼 물속에서 부단히 움직여 상체를 가볍게 물 위에 띄우는 것이다.

이때 상체는 움직이지 않는다. 상체가 고정된 채 언제든지 뛰어 들 수 있는 준비된 발이 가장 좋은 발이다.

당나라 문인이자 검의 신선인 여동빈(呂洞賓)의 칼 3자루

나에게 칼이 세 자루나 있다.

번뇌를 끊는 칼
분노를 끊는 칼
색욕을 끊는 칼

괴테의 인생 달인이란?

잘못을 인정할 줄 아는 사람은 인생의 달인이다.

동양에서도 스스로 실수(잘못)를 인정하는 사람이 큰 그릇이라고 한다. 동서양이 모두 공통이다. 남의 탓만 하고 자신의 잘못을 인정하지 않는 사람은 그릇이 작으며 소인으로 인간관계에서 성공하기 어렵다.

군자는 하루 세 번 반성한다고 하니, 우리 검도인들도 하루 세 번씩 자신을 돌아보면 좋을 것 같다.

하버드대 70년 연구결과 '행복 7요소'

고통(힘든 일)에 대한 성숙한 대응, 좋은 교육, 안정된 결혼생활, 금연, 금주, 적절한 운동, 알맞은 체중

70년 간의 종단연구 결과가 너무나 평범하다. 행복은 멀리 있는 것이 아니라는 의미가 아닐까. 검도인들에게 주는 시사점은?

Chapter 5
검도교훈

Lecture **01** 검도인생 10훈
Lecture **02** 검도 3력
Lecture **03** 검도 3불10법
Lecture **04** 검도 10독10법

劍道에서 배우는 人生 10訓
10 lessons from Kumdo

검객

십년동안 칼 한 자루 갈았지만

서릿발 같은 칼날 아직 쓰지 않았지

오늘에야 그대에게 보여주노니

그 누가 공평치 못한 일 하던가

– 당나라 시인 가도(賈島)

    검도를 하지 않는 많은 사람들이 "검도는 정신수양에 좋다."라는 말을 흔히 하고 있다. 정말 그런지 안 그런지는 아직 잘 모르겠지만, 우리 검도인들은 어릴 적부터 정신수양, 신체단련, 기술연마를 검도수련의 목표로 삼고 수련해 왔음은 주지의 사실이다.

그래서 필자는 이와 관련하여 자성의 의미로 과연 검도를 한 사람이 안 한 사람보다 더 수양이 되었는가?라는 화두를 오랫동안 가지고 있었다. 물론 아직 정확한 답을 찾지 못했지만, 중간결론은 우리 검도인들이 비검도인들보다는 좀 더 나은 사회적 덕목을 가지고 있지 않나 추정하고 있다. 그렇다면 검도의 어떤 요소들이 그러한 영향을 미쳤는지 또 검도에서 무엇을 배웠기에 그런지를 나름대로 정리해 보고자 한다.

첫째, 정정당당(the right and fair path)

검도는 상대를 속여서 이기지 않으며 물러서지도 않으며, 심지어 막지도 않는 것이 좋다.[1] 칼날을 바르게 하고 아랫배에 힘을 넣으며 어깨에 힘을 빼고 양발은 즉시 앞으로 뛰어들 준비를 하고 정중동(靜中動)의 상태에서 상대의 양눈을 중심으로 전체를 보면서 상대의 움직임을 주의 깊게 관찰한다. 그리고 정정당당하게 대응한다. 이때 이기거나 지거나, 맞고 안 맞고에 연연하면 좋은 검도를 하지 못하게 된다. 상대와 대치 중 '기회'다 싶으면 몸을 버리는 捨身의 정신이 필요하다. 인생 또한 이러한 검도 정신으로 바르고 당당하게 사는 것이 正道가 아닐까 생각한다.

---

1 이 세 가지를 필자 나름대로 3不(속이지 말고, 막지 말고, 물러서지 말 것)이라고 이름 지었다.

둘째, 극기(self-control, self-abnegation)

1980대 초 이탈리아 검도 선수단을 인솔하고 부산에 갔을 때, 고 도호문 선생님께서 손님들에게 이 세상에서 무엇이 제일 무서우냐고 물어 보라고 하셨다. 그랬더니 이런 저런 답변이 나왔는데, 선생님께서는 세상에서 제일 무서운 것은 술도 여자도 아니고 자기 자신이라고 하시면서 검도를 잘 하려면 자신을 이기는 법을 먼저 배워야 한다고 말씀하셨다. 발레리나 강수진도 프로골퍼 최나연도 결국 자신과의 싸움에서 이겨 세계적인 명성을 얻게 되었다. 스포츠든 공부든 자신과의 싸움에서 진다면 절대로 성공할 수 없다. 힘들고 어려움을 이기는 인내, 상대를 두려워하지 않고 앞으로 나아갈 수 있는 용기가 있어야 자신을 이길 수 있을 것이다.

유재주 사범이 번역한 「백회 연습」 말미에 '검도의 적은 자기다.'라는 말이 나온다. 결국 자신을 다스리지 못하면 좋은 검도를 할 수 없을 것이다.

셋째, 평생학습(lifetime learning)

얼마 전 한 실업팀에서 운동을 하고 강평시간에 "필자는 8단 승단 후 해마다 1cm씩 검도가 늘어 그 동안 한 10cm 정도 검도가 더 성숙해 진 것 같다."라고 이야기 한 적이 있다. 중장년의 나이에도 계속 검도가 늘어 개인적인 생각으로는 검도를 시작한 이래 지금이 가장 나은 것 같다는 생각이 든다. 그리고 아직도 배울 것이 많으니 이 아니 즐거운 일인가? 일찍이 孔孟께서 하나하나 배워 나가는 재미가 제일이라고 하시더니 말이다. 평생을 배워도 다 못 배우는 것이 검도이니 특히, 젊은 시절 배우고 익히는 것을 게을리 하면 안 될 것 같다.

넷째, 상대에 대한 배려(thoughtful consideration for partner)

검도는 남녀노소와 단 수준의 차이를 불문하고 수련하는 특징이 있다. 이렇게 다양한 상대와 승승(win-win)적인 연습을 하려면 상대에 대한 배려가 있어야 하므로 수련을 통해 이를 배우게 된다. 크고 강한 상대를 만나면 오금을 펴지 못하고 약하고 작은 상대를 난폭하게 다룬다든가, 연로한 어른과 아이들에게는 힘을 과시하는 그런 검도인은 찾기 힘들지 않은가? 어린 아이들과는 3-6 죽도를 쓰면서 키를 낮추고 맞아주는 배려, 여자와 약자에게도 힘으로 승부하지 않음을 통해 양보를 배우며 좋은 매너를 익힐 수 있다.

다섯째, 바른 자세와 호흡(good posture and respiration)

1970년대에 성대 도장을 드나들던 외국인들이 우리들을 보고 'very straight' 하다고 이야기 했었는데, 나이를 들면서 이를 실감하고 있다. 요즘 들어 보면 대체로 선배들과 동료들의 키는 다들 조금씩 줄었는데 필자의 경우 아직 전혀 줄지 않았다. 아마도 허리를 펴고 바르게 서 있는 검도자세를 취하려고 노력한 결과가 아닌가 생각한다. 물론 다른 운동을 한 사람들이나 군인이 직업인 사람들도 이러한 효과가 있으리라 짐작한다. 뿐만 아니라 검도에서는 복식호흡을 강조하고 또 그렇게 하려고 노력하고 있으니 아무래도 입보다는 코로 숨을 쉴 확률이 높아지는 것 같다. 어떤 한의사가 쓴 책을 보니 "입으로 숨을 쉬면 병에 걸린다." 라고 하니 코로 복식호흡하는 검도가 건강에 유리한 것이 사실인 것 같다.

여섯째, 충성과 건전한 국가관(loyalty)

우리 검도인들은 늘 국기를 소중히 걸어 놓고 운동 전후에 경례를 하며, 도장 출입 시에도 꼭 경의를 표한다. 원래 武에서는 자신이 소속된 공동체, 즉 국가를 지키는 것을 지상의 과제로 삼았다. 따라서 무인은 비상시 목숨을 걸고 국가에 충성하는 것을 명예로 여겼다. 이러한 무도의 전통으로부터 전해온 유산인지는 몰라도 우리 검도인들은 국가관이 투철하고 소속단체에 충성하는 경향이 강하다. 물론 국제화시대에 지나친 국수주의는 바람직하지 않지만, 소속된 공동체 즉, 大를 위해 자신 즉, 小를 희생시킬 수 있는 정신은 아름다운 것이 아닐까 생각한다.

일곱째, 우정(friendship)

　이탈리아 검도친구 Babbini에게 어느 날 검도란 무엇인가? 라고 물어 보았더니 그 친구 거침없이 "검도란 우정이다."라고 답하였다. 동료들과 어려운 수련과정을 같이 하고 성공과 실패를 함께 경험하다가 보니 자연히 끈끈한 우정이 생기게 된다. 사실 검도란 상대가 있는 운동이기 때문에 어떤 상대를 만나느냐 그리고 그들과 어떻게 협력하느냐에 따라 운동의 질이 달라질 수밖에 없다. 그래서 그런지 검도인들은 서로 잘 지내며 선후배들 간의 우의도 돈독한 편이다. 뿐만 아니라 호구를 메고 떠나면 국내는 물론 외국 어디에서든지 모든 검도인들은 쉽게 다 친구가 된다. 필자는 늘 호구 들고 국내 뿐만 아니라 미국으로 동남아로 또 일본으로 무자여행(武者旅行)을 떠날 꿈을 꾸고 있다.

여덟째, 膽力精快(spiritual and physical strength)

　검도를 잘 하려면 우선 담이 크고 힘이 좋아야 하며, 그 다음으로 정확하며 빨라야 한다. 그리고 검도를 하면 담도 커지는 등 그 역도 성립하는 것 같다. 담(膽)이란 바르고 씩씩한 마음, 즉, 두려움이 없는 곧은 마음을 말한다. 상대와 팽팽히 맞선 검도대련 상황에서 상대의 틈을 발견하면 즉시 몸을 버리고 과감하게 뛰어들 수 있는 용기야말로 담과 같은 것이다. 검도를 반복연습함으로써 이러한 기상이 발달하는 것은 경험적 사실이다. 력(力)은 수련을 통해 생기는 칼을 쓰는 힘이고, 정(精)과 쾌(快)는 칼을 쓰는 기술에 해당하는 것으로 평소 우리가 늘 강조하는 운검법, 손동작, 발동작, 기검체 일치 등의 검도기본이 이에 해당한다. 따라서 기본에 충실한 검도수련을 통해 우리는 대담해지고 기력이 강해질 수 있다.

아홉째, 자신감(self-confidence)

　투수가 공을 던지면서 자신이 스트라이크라는 확신이 없으면 심판이 이를 인정하겠는가? 이와 마찬가지로 검도경기에서도 자신이 친 손목에 스스로 확신이 없다면 심판이 이를 잡아 주겠는가? 검도는 한 판을 추구하는 운동이다. 따라서 절반도 유효도 없다. 우리가 적당히 살아서는 인생에 실패하듯이 검도에서도 적당히 치면 한판을 얻지 못하여 패배하게 된다. 검도 기본에 충실하게 즉, 놀라거나 두려워하거나 의심하지 말고 과감하게 치고 나갈 수 있는 자신감은 검도를 통해 배울 수 있는 가장 큰 덕목이다. 스스로 자신을 믿어야만 인생도 검도도 성공할 수 있을 것이다.

열 번째, 스트레스 해소와 감량 효과(reduction of weight and stress)

현대병의 모든 원인을 스트레스라고 의사들은 흔히 주장한다. 원인이 불분명한 것을 모두 스트레스라고 간주하기 때문에 더 많아진 것 같다. 이러한 스트레스 해소법으로 전문가들은 큰소리를 지르거나, 타악기를 두드리거나, 동물들과 교감하거나, 땀 흘려 운동하라고 한다. 검도는 맨손 맨발로 도구를 이용하여 상대를 치며, 복식호흡을 하며 또 소리 질러 기합을 넣는다. 여름에는 호면을 쓰기만 해도 땀이 흐르므로 체중 몇 킬로 빼는 것은 일도 아니다. 대나무로 맞고 열심히 뛰니까 검도인 중 살찐 사람은 드물다. 또 땀을 많이 빼니까 피부가 좋아져 미용에도 도움이 되는 것 또한 경험적 사실이다. 운동 끝난 후 검도친구들과의 교감 또한 스트레스 해소에는 도움이 되겠지만, 과도한 우정(맥주)교류는 스트레스해소에는 도움이 될 수 있겠지만, 체중감소에는 역효과가 있을 수 있으니 조심해야 할 것이다.

 70평생을 살면서 60년 가까이 검도에 매진하며 전문 직업에 종사하는 것은 쉬운 일이 아니었다. 비싼 기회비용(opportunity cost)을 치러가며 검도를 하는 필자에게 사람들은 왜 그렇게 열심히 검도를 하냐고 묻는다. 산(山)사람에게 왜 산에 가냐고 물으니 산이 있어 간다고 하더라. 우문현답(愚問賢答)이다. 왜 검도를 하느냐 물어보면 같은 답일 것이다. 아무튼 검도는 참 잘 지속했다고 생각한다. 왜냐하면 검도는 사람을 만드는 운동이기 때문이다. 검도를 하면 정신수양이 되는지 안 되는지는 아직 잘 모르겠지만, 우리 검도인들은 그렇게 하려고 노력하고 있으니 그 과정 또한 중요하다고 생각한다. 특별한 종교를 가지지 않은 필자에게 검도는 늘 인생의 올바른 길을 제시해 주었다. 검도야! 고맙다!

실력(實力) · 담력(膽力) · 매력(魅力)[2]

검도를 잘 하려면 3력이 필요하다

　사람은 누구나 자기가 좋아하는 것을 더 잘 하고 싶다. 검도를 좋아하는 우리 검도인들 역시 남들보나 검도를 더 잘 하고 싶고 또 경기에서도 두각을 나타내고 싶을 것이다. 그러나 우리가 잘 아는 바와 같이 검도를 잘 하기란 참으로 어렵다. 필자도 50년 가까이 검도를 하고 있지만, 아직도 어렵고 부족한 점이 많다. 그래서 어떻게 하면 검도를 더 잘 할 수 있을까 그리고 후배나 제자들에게 좋은 수련방향을 제시할 수 있을까 생각하면서 본고를 작성한다.
　흔히 3력이라고 하면 실력(實力) · 담력(膽力) · 매력(魅力)을 의

---

[2] 대학검도회보(통권 30호), 2014년 11월 기고.

미하는데 이는 일반적으로 지도자가 갖추어야 할 덕목을 지칭하는 말이다. 검도를 포함한 모든 스포츠에서 실력만 가지고는 대형 선수가 될 수 없으며 담력이 커야 박세리, 박지성, 류현진 등과 같은 세계적인 스타가 될 수 있다. 거기에다 매력까지 가지면 조직의 구성원들이 마음을 열고 따르게 되어 존경받는 리더가 될 수 있을 것이다.

검도에서도 이 세 가지를 다 갖추어야 큰 선수로 또 훌륭한 지도자로 성공할 수 있는 것 같다. 우선 선수가 실력이 있어야 함은 당연하다. 그러나 여기에서 짚고 넘어가야할 점은 남들이 인정하는 그런 실력이 있어야 한다는 것이다. 머리는 잘 치는데 손목을 못 치는 선수는 실력있는 선수가 아니다. 상황에 따라 사용할 수 있는 모든 기술을 몸에 익혀 필요할 때 쓸 수 있어야 한다. 즉, 장기가 없어야 한다. 다른 말로 바꾸면 모든 기술이 다 장기가 될 수 있어야 한다는 말이다. 옛날의 무술 교두들은 18반 또는 24기의 무술을 모두 교육시킬 수 있어야 했는데 우린 겨우 검 하나만 쓸 줄 아니까 최소한 검에 관한 모든 기술은 몸에 익혀야 하지 않을까 생각한다. 우리 선생님들 때만 해도 검도 고단자들은 인근 무술을 배웠고 자기를 보호할 수 있는 호신술에 능하셨다고 들었다.

요즘 보면 우리나라 선수들의 실력이 크게 향상되어 세계 최강 일본에도 손색이 없을 정도까지 도달했다. 십 여 년 전인 1999년 국제심판 강습회 강사로 내한했던 사또 히로노부 선생께서 한일 간 선수들의 실력 차이는 크게 좁혀졌지만, 선생들의 실력 차는 아직 상당하다고 지적한 바 있었다. 신진 선수들은 많이 배출되고 있지만 사범층이 엷은 우리나라는 일본과는 그 여건이 사뭇 다르다. 즉, 일본에는 연세 드신 큰 선생님들이 많지만, 한국에는 그 수가 많지 않다. 우리나라에서는 80세 넘어 운동하는 선생님들의 수를 손으로 꼽을 정도이나 일본에서는 80대 시합이 있을 정도이다. 지금 40대 사범들이 60대 지도자가 되면 그 차이가 크게 줄어들 것으로 기대된다.

　우리나라의 젊은 검도지도자들은 다른 경기의 코치와 같이 경기력 향상과 승부에만 신경을 쓰는 경향이 있다. 팀의 승패는 팀의 존폐와도 밀접한 관련이 있으니 승리지상주의가 어쩔 수 없는 측면도 있지만, 필자가 여기에서 하고 싶은 말은 검도에는 이기고 지는 것보다 더 중요한 것이 있다는 것이다. 왜냐하면 검도는 사람을 만드는 운동이기 때문이다. 그런데 한두 번 시합에서 이겼다고 선수들이 자기 실력을 과신한 나머지 더 이상 배우려 하지 않는 경향이 있는데 이는 잘못된 것이다. 자신을 낮추는 하심(屈己下心)을 가지고 웃어른께 지도 받고 동료들 사이에서도 배우려는 겸손한 마음을 가지고 수련하는 것이 검도정신에 부합한 것 같다.

 이렇게 배우고 수련하고 나서 실력이 비슷한 사람끼리 겨루면 필경 담력이 큰 사람이 유리하다. 작은 대회에서는 강해도 큰 대회나 국제경기에 약한 선수나 도장에서 연습은 잘 하는데 경기에서 실력을 발휘하지 못하는 사람들은 대체로 담이 약한 사람들이 아닐까 생각한다. 옛날부터 '시합은 연습같이, 연습은 시합같이' 하라는 가르침이 있었는데, 실제로 시합을 연습같이 편안한 마음으로 할 수 있다면 두각을 나타낼 잠재(또는 숨은) 챔피온들이 많이 있는 것 같다. 시합과 연습간 사이는 정신력 즉 담력이 내재하고 있는 것이다. 큰 선수가 되려면 이를 스스로 극복할 줄 알아야 할 것이다.

 끝으로 매력은 사람의 마음을 끄는 힘 즉, 호감을 말하는데, 검도에서는 관중이나 심판 등 제3자의 시각에서 '멋' 있게 보이는 '기술과 기세 그리고 매너'가 아닌가 생각한다. 필자는 늘 검도를 잘 하려면 상대로부터 인정은 당연할 뿐만 아니라 옆에서 보는 제

3자의 마음을 끌어야 한다고 가르치고 있다. 즉, 자신만 잘한다고 생각해서는 실제로 잘 하는 것이 아니라는 뜻이다. 검도시합을 하더라도 자신의 기술에 본인이 확신하고 상대가 인정 한 후, 객관적인 위치에서 심판이 최종적으로 인정해야 비로소 완전한 한 판이 들어가게 된다. 결국 경기에서는 제3자의 마음을 움직이는 것이 매력이 아닌가 생각한다.

그럼 이제 어떻게 하면 검도 3력을 기를 수 있느냐에 관해 언급해야 하는데, 결론적으로 말하자면 이것은 쉬운 일이 아니다. 그렇지만 우리가 검도를 계속하는 한 어렵다고 실력을 쌓지 않을 수도 없는 노릇이다. 후배들이 계속 배출되어 따라 오는데 자칫하면 추월당하기 십상이다. 장강(長江)의 물은 뒷물에 밀려 흘러흘러 바다에 도달하듯이, 우리도 쉬임없는 노력으로 실력을 쌓아야 할 것이다. 다른 표현을 하자면 우보만리(牛步萬里)의 마음으로 어제도 오늘도 또 내일도 초심을 잊지 않고 묵묵히 걷는 마음이 무엇보다 중요한 것 같다. 이러한 마음가짐(mindset) 다음으로 검도의 바른 자세를 공부하는 것이 중요하다. '자세가 곧 기술이다'라는 말이 있듯이 검도수련의 기본은 자세이다. 파지법, 중단세, 격자법 등등 서있는 자세만 자세가 아니라 바른 격자와 격자 후의 존심 등의 경우에도 광의의 자세개념에 포함되어 있음을 알아야 한다. 결국, 바른 자세는 좋은 공격을 하기 위한 전제조건이므로 바른 격자가 자세보다 더 중요하다고 할 수 있다. 이를 위해서 공격전에는 삼살법(상대를 기, 검, 기술 모두로 제압함)이 중요하고 공격 시에는 기검체일치가 되어야한다. 그리고 공격 후에는 존심의 개념을 명심하고 방심하는 일이 없어야 한다.

  여기에서 필자가 강조하고 싶은 것은 격자만이 공격이 아니라 공격을 하는 순간부터 공격이 끝날 때까지 일련의 전 과정이 공격으로 인식되어야 한다는 것이다. 즉, stock(정지된 시점)개념이 아니라 flow(흐름)개념으로 공격을 이해해야 한다는 것이다. 예컨대, 머리를 친다면 중단에서 공세로 상대를 제압하고 중심을 파고 들어 타격한 후 몸의 균형을 잃지 않고 가능한 빨리 위험한 지역을 벗어나 다시 반격할 수 있는 자세를 취하기까지의 일련의 과정이 있어야 한다는 것이다. 그리고 죽도에 대해서는 반드시 진검개념을 가져야 하므로 칼날 방향이 틀어지거나 옆으로 쳐서는 안 된다. 검도가 아니라 몽둥이도가 되기 싶기 때문이다. 검도는 칼에서 유래된 스포츠이므로 규정에 정해진 죽도의 부위로 정해진 신체의 부위를 쳐야한다. 아무 데나 치거나 찌르는 것은 규정위반 즉, 반칙이다. 그리고 난폭하게 밀거나 찌르거나 죽도를 치는 것 역시 폭력행위이므로 반칙이며 스포츠정신에도 어긋난다. 상대를 존경, 배려하며 예를 지키면서 정정당당하게 검도를 할 때만 상대로부터 내면의 존경(즉, 인정)을 받을 수 있다. 상대를 속이거나 겁주어 또는 힘으로 마구잡이로 패다가 운이 좋아 이겨보았자 아무도 그를 좋은 검도를 한다고 인정하지 않을 것이며, 세월이 흘러 힘 빠지면 검도계에서 저절로 도태될 운명을 맞게 될 것이다. 이와 반대로 실력있는 검도인이 상대를 배려하면서 모든 일에 솔선수범 한다면 동료들은 그에게 인간적인 매력을 느끼게 되고 자연스럽게 그는 그룹의 지도자가 될 것이다.

 검도복장을 단정하게 하는 매력, 머리나 찌름을 잘하는 매력, 시합에서 이기는 매력, 검도자세가 좋은 매력 등등의 매력도 중요하나 이보다는 구성원들이 안심하고 검도 수련할 여건을 만들어 주는 검도인이 더 매력적이며, 이들보다는 구성원들의 믿음과 존경을 받으며 본인은 군림하지 않고 자신의 자리를 남에게 내어주는 그런 검도인이 가장 매력적이 아닐까 생각한다. 끝으로 담력이라고 하면 일종의 정신력인데 위기상황에서도 두려워하지 않고 침착하게 대처하여 자신과 조직을 지켜내는 힘이 아닐까 한다.

배 12척으로 명량에서 수백 척의 왜선을 격파한 충무공과 소수의 군대로 조조의 백만 대군을 적벽에서 무찌른 제갈공명 같은 분들은 분명 관운장이나 장비보다 더 담이 큰 것 같다. 십장이든 만장이든 전투에서는 담이 큰 장수가 공을 세우는데 이들의 공통점은 죽음을 두려워하지 않는 다는 것이다. 여러해 전 일본에서 실시한 컴퓨터시뮬레이션에서 미야모도 무사시의 검도 실력이 3강 4약, 즉 3단은 강하고 4단은 약하다는 것이다. 이는 그가 사용했던 검도기술수준을 중심으로 분석한 결과이다. 그러나 오늘날 기술에 능한 7-8단 검도 고단자 중 누가 담력이 크고 심리전에 능숙한 미야모도 무사시와 진검으로 승부한다면, 과연 몇 합을 버틸 수 있겠는가. 필자를 포함한 우리 현대 검도인들에게 시사하는 점이 많은 것 같다.

劍道 3不과 12法

인격(人格)과 검격(劍格)의 차이는 검도기본(특히 자세)에서 비롯된다.

  아무리 인품이 훌륭한 사람일지라도 검도기본이 받쳐 주지 않으면 검격을 높일 수 없다. 따라서 검도의 품위를 높이기 위해서는 충실한 기본을 몸에 익혀야 한다. 결국 인격과 검격의 차이는 기본의 핵심인 자세로부터 비롯된다고 할 수 있다. 그러므로 품격 있는 검도를 하기 위해서는 우선 하지 말아야 될 것이 있고 또 해야 할 것이 있는데 이를 간단히 정리하면 다음과 같다.

3不
막지 말고,

물러나지 말고,

속이지 마라

12法

1. 距離 – 일족일도의 거리에서 상대와 겨루라
2. 機會 – 선(先)의 마음을 가지고 항상 치고 들어갈 준비를 하라.
3. 발동작 – 점프력과 빠른 발 그리고 천변만변
4. 捨身 – 담력과 용기
5. 氣勢있는 存心 – 마무리도 시작만큼 중요하다.
6. 手內作用 – 코킹과 스냅핑
7. 相打와 反擊 – 동시타격과 action/reaction
8. 調和 – 양발, 양손, 상반신과 하반신 그리고 유연한 허리
9. 中心과 공세(세메) – 중심선과 공격하려는 先의 意志
10. 丹田과 腹式呼吸 – 마음의 검도를 위한 첫걸음
11. 眞劍의 原理와 한판의 개념 – 죽도는 둥글지만 진검은 날이 있다.
12. 상대에 대한 배려와 감사하는 마음

검도는 상대가 없으면 못하는 운동이다. 때리면 반성하고 맞으면 감사하라.

劍道 10毒과 10法[3]

불교에서 3독이라 함은 탐, 진, 치인데 貪이란 탐내어 그칠 줄 모르는 욕심과 瞋(노여움) 그리고 癡(어리석음)를 의미하는데, 이 세 가지는 열반에 이르는데 장애가 되므로 三毒이라고 한다.

머리말

기독교에서는 10계명을 정해 사람들이 꼭 지켜야 할 중요한 사항들을 가르치고 있으며, 불가에서는 수행을 하는데 걸림돌이 되는 것을 3毒 그리고 경계해야 하는 것을 10惡, 장려하는 것을 10善이라고 부르고 있다. 검도수련도 생각하기에 따라서 불교수행과 많은 유사점을 가지고 있다. 따라서 본고에서는 불교와 유사한 방식을 택해, 검도수련에서 하지 말아야 할 것 10가지를 10毒으로 구분하는 한편, 해야 할 올바른 것들을 10法으로 정하여 서술하고자 한다.

---

[3] 대학검도회보(통권 29호), 2014년 봄 기고.

10毒 : 하지 말아야 할 것 10가지

1. 막지 말자

필자는 검도를 배우면서 어떻게 막아야 한다고 배워 본 적이 없다. 물론 검도를 하다 보면 막을 수도 있다. 그럴 때는 즉시 반격에 나서야 한다. 스쳐치기, 제껴치기, 받아치기 등 검도기술이 있지만, 이 기술들은 막기만 하는 것이 아니라 공방일치로 방어와 공격이 연결된 기술이다. 막는 것은 검도를 배우지 않은 사람도 할 수 있다고 막는 것을 폄하하는 시각도 있다. 요즘 젊은 사람들이 검도하는 것을 보면 치고는 뻗지 못하고 맞을까하는 두려움에 즉시 막는다. 이렇게 치고막고 하는 식으로 검도를 해서는 호쾌한 한판 즉, 회심의 일타를 칠 수가 없다.

2. 물러서지 말자

화랑5계 중 임전무퇴(臨戰無退)라는 말이 있다. 전투에 임하는 장수는 도망가지 않으며 정정당당히 싸워 승리를 거두듯이, 상대방이 무서워 엉덩이를 뒤로 빼고 물러서는 것은 검도 정신에 어긋나는 것이다. 따먹기 식의 검도는 승리지상주의에서는 가능할 수도 있겠지만, 지더라도 앞으로 나가다 지는 것이 더 당당하지 않을까 생각한다. 단, 2보 전진을 위한 1보 후퇴는 보다 나은 공격의 기회를 포착하기 위해 허용될 수 있을 것이다.

3. 속이지 말자

펜싱에서는 페인트 모션을 하나의 기술로 사범이 가르치고 있지만, 필자는 검도를 하면서 속여서 치라는 말 역시 들어 본 적이 없다. 검도는 선의 선, 대의 선, 후의 선 모두에 있어 기회를 보아 격자하는 것이지 상대를 속여서 치는 기술은 없다. 그렇지만, 상대가 경구의혹 4계에 걸려 무너지므로 스스로 상대에게 기회를 제공하는 경우는 자주 발생하는 것 같다.

4. 칼날이 틀어지지 말자

검도는 칼에서 유래된 운동이므로 칼날 방향이 잘 맞아야 한다. 따라서 중단에서부터 칼날이 정중앙 아래를 향하도록 해야 한다. 최근에 들어서 보면 많은 유단자들이 칼을 다루어 본적이 없고 둥근 죽도만 사용하다 보니 죽도가 자꾸 돌아간다. 7-8단 심사 응시자들의 죽도도 심심치 않게 돌아가고 있다. 이 경우 합격 확률이 없음을 알아야 한다. 일본대학생들에게도 최근 이런 경향이 두드러지게 나타나고 있다. 아마 그들도 죽도검도만 하다보니 그렇게 되는 것 같다. 우리나라 대학생들은 조선세법과 베기를 배우면 이를 교정하는데 도움이 되지 않을까 생각한다.

5. 오른손으로 치지 말자

검도타격에서 하지 말아야 할 것 중 첫 번째가 피스톤 운동인데, 이것은 바로 오른손으로 밀어치는 데에서 비롯된다. 왼손 소지 끝으로부터 운검을 시작하여 (크든 작든) 원운동의 과정을 거쳐 오른손 엄지와 손목의 스냅핑으로 끝나야 하는 데 왼손의 코킹작용이 없이 오른손으로 밀어치면 빠르긴 하지만 검선이 틀어지고 베어지지가 않는다. 즉, 엉터리 타법이 되기 쉽다.

6. 아무 데나 치지 말자

궁수는 화살이 빗나가면 자신을 돌아본다고 한다. 劍士도 칼이 빗나가면 반성을 해야 하지 않을까 한다. 가끔 운동 끝난 후 보면 어깨와 팔뚝이나 심지어 왼팔뚝에도 빨간 상처가 발견된다. 진검이면 다 죽는다 하고 마구 패는 사람들은 맹인검도(blind Kumdo)를 한다고 평가하고 싶다. 규정에 정해진 부위를 정확하게 격자하고 아니면 상대에게 미안하다고 사과하는 것이 스포츠 정신에 맞지 않을까 생각한다.

7. 아프게 치지 말자

"아프게 치는 것은 가짜야!"라고 하시던 명인의 말씀이 생각난다. 반동을 받게끔 좌우수(특히 손목)를 활용해 치면 산뜻한 타격의 맛이 나는데 도끼로 찍듯이 오른손 힘으로 내려 패니까 맞으면 아프다. 이는 힘의 낭비(abuse of power)이고 상대를 다치게 하는 나쁜 폭력적 행위임을 명심해야 한다.

8. 옆으로 치지 말자

한자로 평타(平打)[4] 라고 하는데 옆으로 치는 것을 말한다. 주로 손목과 허리 칠 때 자주 발생하므로 왼손목과 칼날 방향에 주의하면 이를 예방할 수 있다. 필자가 보기에 대체로 경기에서 손목의 약 30%, 허리의 약 20%는 옆으로 치는 것 같다. 심판이 이를 한 판으로 인정해 주지 않으면 고칠 수 있지 않을까 생각한다. 심사에서는 이렇게 하면 거의 불합격한다고 보면 된다. 부엌칼을 들고 옆으로 두부를 잘라보라! 절대로 베어지지 않는다. 엉터리 검도다.

9. 모든 끈이 풀리거나 꼬이도록 하지 말자

---

[4] 平打(히라우치) : 죽도 옆면으로 치는 것.

"끈이 풀리면 마음이 풀리고 끈이 꼬이면 마음이 꼬인다."라는 말이 있다. 필자도 최근 어깨에 50견이 와 아프니까 꽉 묶지 못해 자주 끈이 풀린다. 창피하고 부끄럽다. 끈을 새로 사고 꽉 묶으려고 노력하고 있다. 그리고 운동도중 다른 사람의 끈에 문제가 있으면 알려줘 단정하게 검도를 하도록 도와주자. 88년 서울 세계 검도대회 때 모범시합에 나왔던 일본 측 고단자가 시범도중 면끈이 풀렸다는 이유만으로 돌이킬 수 없는 혹평을 받았다고 들었다. 검도를 잘 하기는 매우 어렵지만 복장을 단정히 하는 것은 좀 쉽지 않을까 생각한다.

10. 짧거나 약하게 치지 말자

검도의 가장 중요한 개념 중 하나가 한판의 개념이다. 짧거나 약한 것은 원칙적으로 한판의 요건에 부합하지 않는다. 물론 예외적으로 경기에서 한판을 주기도 하지만, 그것은 어디까지나 예외일 뿐이다. 갖다 댄다, 건드린다라는 것은 벤다는 것과 전혀 다른 뜻이다. 짧은 것도 이와 유사하다. 이런 기술로는 한판이 나오지 않는다. 검도는 유도와 달라 한판만 있지 절반도 유효도 없지 않은가? 한판을 내지 못하면 심사나 시합에서 성공하기 어렵다. 호익룡 선생님께서 필자 젊은 시절에 "가죽을 주고 살을 취하고 살을 주고 뼈를 벤다."라는 무시무시한 말씀을 한 기억이 난다. 오늘날 보면 교육적인 말은 아니지만, 그 의미는 대단히 중요하다고 생각한다.

10法 : 해야 할 것 10가지

1. 거리(距離)

9보 거리에서 상대와 인사하고 3보씩 앞으로 나와 일족일도의 거리(약 3보의 거리)에서 상대와 겨누어야 하는데, 많은 사람들이 자기가 치기에 편리하다는 이유로 자꾸 가까이 가는 경향이 있다. 이는 히나만 알고 둘은 모르는 처사가 아닌가 생각한다. 가까우면 자기가 공격당할 확률도 높아지지 않겠는가? 물론 가장 좋은 거리는 상대에게는 멀고 자기에게는 가까운 거리이다. 필자도 젊은 시절 일본의 고단자들에게 거리가 가깝다는 지적을 여러 번 받은 적이 있다. 60대인 요즘은 많이 치는 것보다 적절한 거리를 유지하며 바른 중단으로 상대와 겨루는 것에 더 비중을 두고 있다.

2. 기회(機會)와 선(先)의 마음

검도를 잘 하는 사람과 못하는 사람의 차이는 무엇일까? 즉, 고수와 하수의 차이는 무엇일까?라고 생각해 보면 결국 기회를 볼 줄 아느냐 모르느냐의 차이로 귀착된다. 물론 튼튼한 기본의 바탕위에서 말이다. 이러한 기회를 포착하려면 항상 선의 마음을 가지고 격자할 준비를 하고 있어야 한다. 바둑을 둘 때 흑이 먼저 두는 대신 과거 4집 반을 공제하다가 요즈음은 6집 반 또는 그 이상을 공제한다. 이것이 선의 프레미엄인데 검도에서도 선을 잡으면 이점이 상당한데 우리는 이를 간과하는 것이 아닐까.

3. 발 동작(動作)

"젊어서는 검도를 발로 한다.."라는 도호문 선생님의 말씀이 생각난다. 발은 공간을 이동시켜 거리를 맞춰 주므로 자동차의 타이어와 같다고 생각한다. 더 멀리 더 빨리 더 정확하게 자신을 이동시켜 공격이 가능하게 만든다. 공을 갖지 않은 박지성의 발 움직임을 주시하라라는 스포츠기사를 읽은 적이 있는데, 항상 움직이며 기회를 포착하는 박 선수의 능력을 높이 평가하는 내용이었다. 서예에서도 한 획을 쓰기 위해서는 최소한 세 번 이상의 붓 움직임이 있어야 한다. 서예고수의 글씨를 뒤집어 보면 앞에서 보이지 않던 붓의 숨은 움직임이 나타난다. 겉으로 들어나지 않는 천변만변의 발의 움직임이 우아한 고수의 검도를 만든다.

4. 사신(捨身, 스테미)[5]

나라를 구한 무인 이충무공은 "살고자 하는 이는 죽고, 죽고자 하는 이는 산다."라고 했는데, 검도에서도 몸을 던지는 사신의 마음으로 공격하지 않으면 멋진 한판을 내기 힘들다. 월남전에 참전했던 서병윤 선배로부터 "뛰어나가는 사람에게는 총알이 비켜가고 숨는 사람에게는 총알이 찾아 가더라."라는 말을 대학생시절 들었는데 검도에도 적용될 수 있는 말인 것 같다. 100% 안전한 공격이 세상 어디 있겠는가? 사업도 상당한 리스크를 안고 하는 것이지 않은가? 검도를 하든 비즈니스를 하든 자신을 던질 수 있는 담력과 용기가 없으면 성공하지 못한다. 그렇게 하더라도 더 강한 상대를 만나거나 시운이 따르지 못하면 역시 실패하지만, 한 번의 실패에 좌절하지 않고 제2, 제3의 기회를 본다면 결국 성공할 수 있을 것이다. 百尺竿頭 進一步의 심정으로 즉, 백척의 장대 끝에서 한 걸음 더 몸을 내미는 대담성이 검도공격의 제1 덕목인 것 같다.

5. 기세(氣勢)와 존심(存心)

필자는 8단을 따고 氣山心海를 수련의 화두를 정하고 늘 명심하

---

5 사신(捨身, 스테미) : 과감히 몸을 던지는 것.

고 있지만, 기세를 산같이 한다는 것은 말 같이 쉽지 않다. 충실한 기세는 검도기술 보다 더 중요하지 않을까 생각한다. 따라서 기검체일치에서도 기가 검과 체보다 먼저 나온다. 연수원에도 기검일체라고 크게 써 붙여놓고 있다. 다음은 마음인데, 마음은 항상 일정해야 한다. 공격전후의 마음이 한결 같아야 하므로, 특히 경계해야 할 것은 방심이다. 흔히 보면 공격 후 방심하여 득점을 인정받지 못하거나, 때로는 역전 당하는 경우를 흔히 발견한다. 일본에서는 이를 잔심이라고 하여 마음을 남겨 두어야 한다고 설명하고 있으나, 우리나라에서 한결같이 공부하는 마음인 존심으로 이를 설명하고 있다. 아무튼 방심을 하지 말라는 의미에서는 두 용어가 같다.

6. 手內(데노우치)[6] 作用

처음에 발로 열심히 뛰어 다니면서 검도를 하다보면, 죽도를 크게 칠 경우도 작게 칠 경우도 빨리 칠 경우도 좀 느리게 칠 경우도 생긴다. 기술에 따라서 밀어치기도 당겨치기도 해야 한다. 이 모든 동작의 시작과 마무리는 손안에서 행해진다. 우선 왼손의 안은 부드러워야 하고 바깥은 견고해야 한다. 이종구 선생님께

---

[6] 手內(데노우치)_손바닥과 손가락의 절묘한 사용.

서 양손으로 죽도를 가볍게 흔드시면서 "애들이 이 걸 몰라." 하시던 기억이 생생하다. 지금 생각하면 아마도 부드러운 수내작용을 의미하신 것 같다. 고단자가 될수록, 고난도의 기술을 사용하려면 손, 특히 손목을 많이 사용해야 하는데 아직도 어깨로 억세게 치는 사람들이 많다. 수내작용에서 중요한 것은 코킹과 스냅핑이다. 전자는 골프에서 많이 사용하는 용어로 왼 손목을 꺾는 동작을 말하며, 후자는 손목을 펴면서 안으로 잠그는 작용을 말하는데 이때 오른손 엄지손가락의 역할 또한 대단히 중요하다.

7. 相打[7] 反擊

전일본선수권대회에서 동시에 머리를 쳤는데 누가 누구보다 0.09초 빨랐다는 유튜브가 장안의 화제가 된지 오래다. 여담이지만 검도대회를 보면 놀라운 것 중 하나가 이렇게 빠른 머리치기 기술을 심판 3인이 동시에 정확하게 잡아낸다는 것이다. 둘이 동시에 같은 기회를 차지하기 위해 과감하게 몸을 던져 공격하는 정신이야말로 검도의 으뜸이 아닌가 생각한다. 만일 기회포착에서 상대보다 늦으면 즉시 반격으로 대응하는 것이 그 다음이라고 사료된다. 먼저 치거나 같이 치거나 또는 즉시 맞받아

---

[7] 相打(아이우치) : 우리나라에서는 상격이라고 함. 서로 동시에 격자하는 것.

치는 공격정신이 검도에서는 으뜸이다.

8. 調和

무릇 세상의 모든 일에 있어 다 조화가 중요하듯이 우리 검도에서도 신체의 조화가 필요하다. 양발의 조화, 양손의 조화, 상반신과 하반신의 조화가 잘 이루어져야 좋은 검도를 할 수 있다. 이때 모든 동작의 시작은 왼발 끝과 왼손 소지로부터 됨을 명심해야 한다. 중단세에서 힘이 들어가는 부분은 아랫배와 칼끝뿐임 또한 중요한데, 이렇게 하려면 온몸의 조화가 이루어져(힘이 골고루 분산되어) 있어야 한다. 물론 앞으로 뛰려는 순간 뒷발로 중심을 이동하고 왼 손목을 꺾어 작은 원을 그리며 공격을 시작하나, 마무리는 역시 오른발을 강하게 구르며 오른손목을 찻잔 닦듯이 하면서 스냅핑을 한다. 치고 나갈 때 왼발이 오른발의 그림자 같이 빨리 따라와 잔발로 몸을 앞으로 밀어주는 것도 필요하다. 이때 조화가 이루어지면 몸의 균형이 유지되어 출렁거리지 않으므로 즉시 다음 동작을 준비할 수 있다.

9. 中心과 攻勢

검도에 있어 중심선은 생명선과 같다. 서로 팽팽한 중단에서 공세

(세메)를 통하여 중심선을 차지한 후 정면을 공격하는 것이 최상의 공격이다. 검도본에서 보면 선도의 칼은 항상 정중앙에서 벗어나지 않는다. 후도의 경우도 대체로 중심선에서 격자하지만 이를 벗어나더라도 약 30도 이내에서 약간 벗어날 뿐이다. 상대가 중심을 지키고 있을 때는 공격을 할 수도 없지만, 공격하더라도 유효격자가 이루어지지 않는다. 따라서 검도에서는 적정한 거리에서 중심선을 지키며 공세를 통하여 기회를 포착하려는 선의 의지가 대단히 중요하다고 할 수 있다.

10. 丹田과 腹式呼吸[8] 그리고 마음의 검도

앞에서도 언급했지만 도호문 선생님께서 "검도는 젊어서는 발로 하고 그다음은 손 또는 죽도로 하고 나이 들어서는 마음으로 한다."라고 하셨는데 이제 나이들면서 보니 그 말이 참 맞는 것 같다. 일본의 전설적인 선생님 한분도 "육신의 힘이 떨어진 60대부터 마음의 검도를 시작했다."라는 말은 들었다. 그러나 보이지도 않는 마음으로 검도를 한다는 것이 어디 쉬운 일인가. 아무튼 필자는 마음의 검도의 첫걸음으로 단전에 힘을 주고 항상 복식호흡

---

[8] 최근 유재주 사범이 번역한 「백회연습」이나 「8단의 수행」에 기록된 글을 보면 많은 분들이 배(hara)의 역할을 강조하고 있다. 이 모든 것들이 단전과 호흡 그리고 기(氣)와 관련되어 있는 것 같다.

을 하려고 노력하고 있다. 어린아이는 태어나면서부터 복식호흡을 하지만 나이들수록 가슴으로 숨을 쉬게 되므로 반복적인 복식호흡은 검도기량 향상뿐만 아니라 건강에도 크게 도움이 된다고 한다. 이때 하복부에 힘을 주면 횡격막이 내려와 호흡을 도와주게 된다. 상대의 동작을 읽고 검도를 하는 것은 누구나 노력하면 가능하지만, 상대의 마음을 일으켜 움직이는 상대의 허점을 취할 수 있어야 진정한 고수가 아니겠는가.

마침말

검도는 하면 할수록 참 어렵다. 8단 승단준비과정을 거치면서 어느 정도 기본이 됐나 싶더니 강한 상대나 어려운 상대를 만나면 흔들려 실망하기도 한다. 검도는 경기를 통해 자신의 강함을 시험해 볼 수 있고 승단심사를 통해 자신의 기본을 가늠해 볼 수도 있지만, 이제 더 이상의 시험이 없는 필자에게는 검도가 자신과의 싸움으로 더 어렵게 되었다. 검도수련에 있어서도 스님들이 수행할 때처럼 버려야 될 것은 버리고 취해야 할 것은 취하는 지혜가 더욱 필요하다고 생각한다. 따라서 효과적인 검도수련을 위해 자신과 싸울 때 경계해야할 10가지를 10독으로 정리해 보았고, 반면에 바른 검도를 위해 추구해야할 것 10가지를 10법으로 골라

놓았다. 초단이든 8단이든 검도가 자신과의 싸움이라는 점에서는 공통이다. 검도는 정말 '끝없는(endless) 칼의 길(the way of sword)'이라고 정의하면서 인디언 속담처럼 우리 함께 그 길을 가능한 멀리 가 보자고 제안하고 싶다.

Chapter 6
검도 경기와 심판

Lecture 01 제103회 전국체전 검도시합 총평
Lecture 02 대한체육회장배 심판장
Lecture 03 2016년 청주마스터십대회 심판장

제103회 전국체육대회(2022년) 검도 부문 총평[1]

제103회 전국체육대회가 울산광역시에서 2022년 10월 8일부터 11일까지 4일간 개최되었다. COVID19의 영향으로 3년 만에 재개된 것이다. 정식종목으로 채택된 여자 일반부(대학 포함)도 15개 팀이 참가하였으며, 해외동포팀도 여섯 팀이 참가해 이번 대회는 성황을 이루었다.

전국체육대회는 시도 당국이 가장 관심이 많은 대회이므로 감독과 선수들은 팀의 사활을 걸고 경기실적에 매달리고 있다. 따라서 치열하다. 나쁘게 표현하면 거칠고 과격하며 지나치게 승부지향적이다. 일본에서 과격하기로 소문난 경찰대회보다 더 거친

---

[1] 필자는 심판 배정위원장으로 참여 하였다.

것 같다. 일반부 한 게임에서 8개의 반칙이 나왔으며, 반칙으로 두 판씩이나 득점 되는 일도 있었다. 보통 게임 당 서너번 이상 선수들이 넘어지며 넘어진 선수에게 몇 차례 공격을 가하기도 한다. 심판은 못 본 척 그냥 넘어간다. 두 명의 선수가 부상으로 다음 경기를 포기했다. 선수들이 왜 넘어지는가? 부딪쳐 넘어지는가 밀어서 넘어지는가. 필자가 보기엔 대부분은 공격 후 체세가 무너져 즉, 균형이 잘 잡히지 않아 가벼운 부딪침에도 넘어지는 것이다. 밀어서 넘어졌다면 상대가 반칙이다. 검도경기는 기술로 승부가 나야지 반칙으로 승부가 나서야 되겠는가. 주심에 따라 중지와 합의를 선호하는 심판은 수시로 중지하여 경기의 흐름을 끊는다. 부심 또한 심심찮게 중지한다. 부심은 위급한 상황에서만 해야 한다. 선수들도 자주 중지를 요청한다. 주로 죽도와 호면 때문이다. 이런저런 이유로 경기가 중단되므로 선수들은 집중할 수 없게 된다.

게다다 영상판독제도가 도입되어 한 경기에 보통 팀당 3-4회씩 판독신청을 하므로 경기당 5-6회 정도 이로 인한 경기중단이 발생한다. 다행히 오심률은 50% 정도로 예년보다 낮지만, 심판에 대한 신뢰는 당연히 떨어질 수밖에 없다. 한편, 심판추첨제는 사심의 가능성을 크게 줄였기 때문에 다소 심판에 대한 신뢰 회복에

도움이 되지 않았을까 기대해본다. 영상판독과 빈번한 중지로 인한 경기지연으로 매일 최소한 두세 시간이 늦어졌다. 19명의 시도 추천 심판들은 세 명만 추첨으로 경기장에 들어가고 나머지 16명은 하루 종일 차례를 기다리며 딱딱한 의자에 앉아 대기해야 한다.

 이상에서 고찰한 문제점에도 불구하고 이번 체전은 전국 최고 수준의 경기임에 틀림이 없으며 선수와 응원단의 열기 또한 어느 경기보다 뜨거웠다. 이제 경기내용을 들여다보면 이번 대회에는 이변이 참 많았던 것으로 보인다. 국내 최고의 선수인 이강호, 김관수 선수가 대표전에 패하여 소속팀의 기대에 부응하지 못했으며, 일반부 5개 팀 선발 국내최강 경기팀이 불운으로 패하고, 부산체육회 단일팀이 어렵게 올라와 그러나 당당히 우승하였다. 대학부와 여자부 역시 선발팀을 제치고 단일팀인 유원대와 용인대가 다져진 팀웍으로 우승하였다. 고등부에서도 누구나 예상할 수 있었던 경기 검도 명문 고교 선발팀이 탈락하고 비교적 약체로 인식되었던 경북이 우승하였다. 해외동포팀의 경우 초보로 구성된 인도네시아와 사범들로 짜여진 일본팀이 대조적이었다. 젊은 선수 출신들이 포함된 베트남이 고단자 팀인 미국과 일본을 제치고 승리하였다. 3년 전 호주가 우승했을 때의 기시감(데자뷰)이 든다.

나흘간의 열전을 종합해 보면 울산과 지역적으로 인접한 경남이 종합우승 역시 인접 지역인 대구와 경북이 나란히 2, 3위를 차지하였다. 지난번에 선전했던 호남과 늘 강했던 서울, 경기가 부진한 한편 강원은 비록 6위지만, 고등부와 일반부가 선전하며 역대 최고의 성적을 냈다. 모든 준비와 각종 서비스에 완벽했던 주최 측 홈팀 울산광역시가 부진하여 안타까운 마음이다. 울산시의 노고를 치하하며 봉사와 헌신에 감사드린다.

 강한 시도가 기울고 약한 시도가 선전하였으며, 유명한 선수가 무명 선수에게 지는 이변은 지역 균형발전이나 세대교체에 좋은 의미도 있는 것 같다. 끝으로 검도인으로 반성해 보면 선수들이 지나친 승부의식으로 좋은 검도를 못했을 뿐만 아니라 자신의 역량을 발휘하지도 못한 것 같아 크게 아쉽다. 경기 후 심판장 강평에서 바른 검도와 심판의 역할에 언급된 내용을 깊이 생각해 보면 선수들은 바른 검도를 못했으며, 심판들은 바른 검도를 선도하지 못한 것으로 미루어 짐작된다. 다음번 대회에는 우선 무엇보다 시간 문제를 해결해야 하며, 심판들은 선수의 기량을 충분히 발휘할 수 있도록 더욱 배려하여야 하겠다. 5분 경기에 서너 차례씩 중단되는 경기 운영 방식 또한 개선되어야 할 것이다. 그리고 전국체전에 걸맞는 최고의 심판을 선발하였으며 또 잘 교육했는가 되돌아 볼 필요도 있다. 시도 관계자 및 선수와 감독들도 검도에는 이기고 지는 승부의 세계 저 너머에 숭고한 검도정신과 가치관이 있음을 상기해 주면 우리나라 검도가 더 발전할 수 있지 않을까?

결론적으로 다음 몇 가지를 제안한다. 우선 선수는 반칙으로 이길 생각을 하지 말고 정정당당히 스포츠맨쉽에 의한 경기를 할 것과 대한민국 최고 선수다운 장비관리와 예법을 당부한다. 팀 관계자들은 지나친 영상판독신청과 중지요청을 자제해 주기 바란다. 심판은 선수들이 최고의 기량을 발휘할 수 있도록 당당하게 임하며 양측팀 모두 납득할 수 있는 판정과 경기운영을 해 주기 바란다. 집행부는 정해진 시간에 경기가 효율적으로 마칠 수 있는 합리적인 조치를 강구하며 또한 역량있는 심판을 선발하여 교육하여야 하며, 팀 관계자들에게도 협조를 요청하여 상생의 길을 추구해야 할 것이다.

제18회 대한체육회장기 생활체육전국시군구대항 검도대회[2]

2019년 10월 12-3일(토, 일), 충주 실내체육관

심판장 주의사항

우선 여러분들에게 강조하고 싶은 사항은 1F와 2C입니다.

1F : Fair- 심판규칙 1조의 공명정대와 적정 공평

2C : Correct- 규칙 12조에 따라 정확한 유효격자를 판정
　　　Confidence- 심판은 자신감을 가지고 당당하게 승패와 반칙여부를 가려야 함

---

[2] 필자는 심판장으로 참여 하였다.

본 대회의 성격을 정의해 보면 사회인대회와 아마추어 검도와 같이 자기 일을 하면서 취미로 검도하는 사람들로 구성된 특징을 가지고 있으며, 이들은 검도인구의 90% 이상을 차지하고 있음

판정

1. 본 대회의 성격에 맞춰 승리지상주의보다 자세가 좋고 동작이 크며 바르게 하는 검도가 장려될 수 있도록 판정을 부탁
2. 이를 위해서는 깃발을 너무 빨리 들지 말 것, 즉 판정을 급하게 서두르지 마라. 규칙 12조에 보면 공격 전후 기세와 존심, 타격부와 타격부위 그리고 칼날 방향 등이 한판의 조건으로 전제되어 있으나 현실적으로 이를 간과함. 예〉 칼이 돌아가고, 존심이 없거나, 치고 즉시 넘어져도 한판을 줌
3. 특히 유의해야 할 사항은 손목을 너무 빨리 결정하지 말아야 할 것임. 직전 전국체전 비디오 판독결과 손목의 경우 이의신청 대부분이 받아들여져 취소됨.
4. 공격자의 왼 손목을 잘 관찰하여 칼날 방향을 확인할 것. 특히 손목이나 허리 그리고 퇴격기술

반칙

1. 아마추어들이라 순수한 경기를 할 것으로 기대되지만, 만일 왼손을 들어 올리는 비정상적인 중단세를 취하거나 비정상적인 코등이 싸움을 반복하거나 지속할 경우 과감하게 반칙을 줄 것. 특히 시작 초반에 주심은 기선을 잡아 경기의 주도권을 확보할 필요가 있음
2. 밀어내기냐? 장외 나가기냐? 잘 판정할 필요가 있음. 애매한 경우 반드시 합의를 볼 것. 공격의 여세로 미느냐? 저항이 있느냐? 고의로 밀어내느냐? 찔러내느냐?
3. 기타 시간 끌기나 비례한 경우 반칙을 주는 것이 타당하겠으나, 검도경기의 승부기 득점에 익하지 않고 반칙에 의하는 것은 바람직하지 않음. 따라서 고급 심판은 선수가 반칙을 하지 못하도록 예방하거나, 감히 그런 생각을 하지 못할 정도로 위엄있게 심판에 임할 것

감사합니다.
여러분들의 건승을 기원하면서,

2016 청주 세계무예 마스터십 대회를 마치고[3]

충청북도가 후원하고 대한검도회가 주관하는 국제대회가 청주에서 처음으로 지난 9월 3-4일 개최되었다. 기대에는 미치지 못했지만, 첫 대회치고는 경기진행, 의전과 절차 등 모든 면에서 성공적이었다고 평가된다. 무엇보다 심판의 구성이나 판정이 공명정대하게 진행되었음은 대단히 자랑스러운 일이며 향후 2018년 인천세계대회에 시사하는 바가 크다고 하겠다.

8개국이 참가한 국제대회이니만큼 한국어는 영어로 통역하였으며, 심판은 국제규칙에 따라 일본식 용어를 그리고 심판기는 홍백기를 사용하였으며 개시와 종료 시 선수가 앉아서 인사하는 준거세를 취하도록 하였다. 심판회의 또한 기본적으로 영어로 진행하였으며 필요에 따라 통역하기도 하였다. 총 심판 9명 중 한국심판은 6명이었으며 그중 8단 4명은 국제대회 경험이 풍부한 분들로 이분들이 전 경기를 노련하게 선도하였다. 그리고 이탈리아,

---

[3] 필자가 심판장으로 본 대회에 참여하고 전체적인 경기총평을 쓴 글이다.

싱가폴, 호주에서 온 심판들은 아직 7단이지만 자국에서 오랫동안 심판활동을 하신 분들이라 아주 능숙하게 경기를 운영하였다. 특히, 싱가폴의 David Yeo는 주요 경기의 주심을 맡아 무난하게 소화해 내는 역량을 보여 주었다.

 이번 국내에서 개최된 첫 국제대회에 필자가 심판장을 맡아 대단히 영광스러웠고 크게 배운 바 있다. 늘 검도심판이 힘들고 어려운 줄 알았는데, 심판들이 선입견을 버리고 사심없이 공정하게 있는 그대로만 판정하면 되는구나 하는 평범한 진리를 깨달았다. 심판들이 국적을 버리고 공정하게 해 달라는 대회장님의 간곡한 당부 말씀대로 심판들이 잘 따라주었기 때문이었다. 물론 심판규정을 잘 알고 그에 따라 판정하며 빠른 리듬의 순간 대응 기예를 인식하여 판정하려면 늘 본인이 운동을 게을리하면 안 되겠지만 말이다. 이번 경기에서도 한판이 되느냐 안 되느냐 하는 문제나 누가 더 빨리 유효타를 쳤느냐 또 반칙의 적용 문제가 없었던 것은 아니지만 대체로 무난했으며 학점으로 치면 B plus 정도는 된다고 종합평가한다.

 여자 단체전은 프랑스가 우승하고 한국이 준우승했다. 프랑스

팀은 젊고 신장이 컸으며 몸이 날렵하며 아주 훌륭한 검도기본을 몸에 익히고 있었는데, 사실 이들은 프랑스 국가대표 선수들이었다. 1982년 도호문 선생님께서 브뤼셀에 개최된 유럽챔피언십에 오셔서 프랑스 팀을 극찬하시면서 향후 우리를 위협할 수 있다고 필자에게 하시던 말씀이 생각난다. 이에 맞서는 우리 선수들은 사회인 대회 입상자들 중심으로 구성됐다. 우리 선수들은 국제대회 경험이 부족했던 탓인지 타력이 약하며 타격 후 존심의 부족, 즉 마무리가 부족했으며 많이 때리려고만 노력하는 인상을 받았다. 우리 선수들이 프랑스보다 기본과 기술 모두에서 부족했음을 솔직히 인정한다. 심판판정은 공정했으며 홈팀인 우리에게 유리하게 해 주려는 시도는 전혀 없었다. 프랑스 팀에서 느낀 유감은 기합이나 태도, 기술 그리고 입퇴장 시 인사법이나 작은 제스쳐 하나하나가 작은 일본팀 같았으며 철저하게 일본을 배웠다는 것이다. 프랑스는 유럽에서 일본 검도의 영향을 가장 많이 받고 있으며 파리에는 동경대 출신의 요시무라 8단이 벌써 35년 째 활동하고 있다. 그러한 프랑스가 7년 전에 대표팀 전지훈련을 한국으로 보냈었고 이번 대회에 여자 대표팀을 파견한 것은 프랑스 검도에 좋은 영향을 미칠 것이며 향후 한-불 검도관계에도 긍정적으로 작용할 것으로 믿는다. 프랑스가 명실상부 유럽 최대 검도국가인

점을 감안하면 그 의의가 크다고 생각한다.

 남자부의 경우 한국과 유럽연합팀이 결승에서 만나 박빙의 승부를 겨룬 끝에 승부는 1 : 1로 비겼으나 5 : 4 한 포인트 차로 한국팀이 신승을 거두었다. 결승의 주장전은 이번 대회의 백미로 명승부이었다. 유럽챔피언을 두 번이나 차지하고 2015 동경 세계대회에서 일본선수를 누르고 8강까지 진출했던 이탈리아의 Mandia 선수는 93Kg의 체중에 34살 5단의 젊은 투지로 그리고 이에 맞선 한국의 고참 7단이며 화려한 선수경력을 가진 49세의 노장 박경옥 선수의 대결은 결국 머리와 손목을 주고 받은 끝에 1:1 무승부가 되었다. 손에 땀을 쥐게하는 경기는 5분 내내 승부의 예측을 불가능하게 했다. 경기 후 만디아 선수는 박선수를 'Molto Piccante(매우 맵다)' 라고 평했으며 박 선수는 '아주 혼났다' 라고 소감을 피력했다.

 한편, 개인전의 경우 여자부는 싱가폴의 Reina Chan 선수가 우승을 그리고 준우승은 한국의 황윤미 선수가 3위는 프랑스의 Loidi 선수와 한국의 장인영 선수가 각각 차지했다. 우승자 레이나는 싱가폴에서 고려대학교 국제학부로 편입하여 졸업 후 현재

아모레 퍼시픽에 재직하는 재원이며 검도와 사랑에 푹 빠진 아가씨이다. 검도유학을 온 게 아닐까 착각할 정도로 검도에 열심이다. 한편 남자 3단 이하부의 경우는 프랑스가 1, 2위를 다 차지하고 한국과 중국이 3위를 한 자리씩 나누어 가졌다. 4단 이상부에서는 한국의 유종규 선수가 예선전에서의 패배를 설욕이라도 하듯이 이탈리아의 만디아 선수를 깨끗한 머리 두 판으로 이겨 멋진 경기를 보여 주었다. 패자도 깨끗이 인정할 만큼 아주 훌륭한 들어가는 머리 기술이었다. 3위에는 헝가리 Toth 선수와 한국의 김준수 선수가 공동 입상하였다. 4단 이상부 개인전 준결승 및 결승에는 싱가폴의 Davis Yeo 사범을 주심으로 한국의 김국환 사범 그리고 이탈리아의 Bolognesi 사범을 부심으로 하여 최대한 공정한 심판을 하도록 노력하였다.

이번 대회의 특징은 한국이 개최하는 최초의 국제대회로 일본이 불참하였으며 한국에서는 주로 사회인 대회 입상자를 중심으로 팀을 구성하였다. 전적을 보면 한국과 외국이 대체로 반반씩 입상을 차지하였으며, 결국 외국의 국가대표급 선수들과 우리나라의 아마추어 선수들이 대등한 승부를 겨룬 셈이었다. 이번 대회는 날짜가 촉박하게 결정된 데다 국제연맹의 비협조로 기대보다 적은

수의 팀이 참가하였지만, 1988년 세계대회 이래 30년 만에 2018년 인천 세계대회를 앞두고 아주 좋은 예행연습 즉 중간 점검효과가 있었던 것으로 생각된다. 국제대회의 운영과 진행 외국 참가자 영접 등에 관한 실무자들의 경험은 향후 요긴하게 사용될 것이다. 특히, 심판을 조별로 추첨하여 배정함으로써 심판배정의 객관성을 확보하였다. 한국 심판의 수가 과반이 넘는 문제는 외국심판들을 더 초청함으로써 해결할 수 있을 것이다. 끝으로 본 대회의 규모나 수준이 우리 검도인들의 기대에 미치지는 못했지만, '첫 술에 배부르랴'라는 우리 속담처럼 점차적으로 개선 발전시켜 우리 검도의 국제화 및 한국검도의 국제보급에 보탬이 되도록 무예마스터십 대회를 적극적으로 활용했으면 하고 바란다.

Chapter 7
검도 심사

Lecture **01** 8단심사평
Lecture **02** 5단심사평
Lecture **03** 검도의 본 심사의 유의사항

8단 심사평
바른 자세와 회심의
일타(一打)가 필요하다[1]

글을 쓰기에 앞서 90년대 말부터 필자가 8단 심사를 준비하면서 겪었던 어려운 시절을 생각하니 감회가 새롭다. 필자는 당시 운동량을 늘이는 한편 검리를 알기 위해 베기를 해 보았고, 일본 고수들과 겨뤄보기 위해 일본 검도기행 등을 8단 심사준비과정으로 계획 및 실천하였다. 그러나 승단보다 승단 후 이를 지키기 위한 노력 또한 결코 녹록치 않았고 아직도 끝나지 않은 느낌이다. 돌아가신 김영달 선생께서는 단을 따고 따면 항상 "단에 대한 책임을 지시오."라고 말씀하셨다. 그 가르침 덕분에 1년에 1cm 정도씩이라도 성장하려고 노력하여 8단으로서 부족함을 채워 나가

---

[1] 2015년 추계심사평으로 검도회보 통권 106호에 게재되었음

고 있는 것 같다. 기산심해(氣山心海)를 수련목표로 삼으며 기세는 산같이 마음은 바다와 같이 잔잔하게 그리고 바른 자세로 그러나 하수들에게 절대로 기세에 밀리지 않는 수련을 지속하려고 최선을 다하고 있다.

이번 추계심사에서는 예년과 비슷하게 23명의 8단 응시자가 있었으며, 해외에서는 아무도 없었다. 두세 명 빼고는 다년간 꾸준히 응시하는 분들이었다. 10년 정도 지속하신 분들도 여러분 계신다. 그 사이 심사제도가 바뀌어 1차 및 2차로 나뉘어 더 엄격하게 심사하므로 시험이 더 어려워졌다고 볼 수 있다. 그렇지만, 최종합격사는 10% 정도로 비슷하니 결과적으로 보면 난이도는 같고 과정이 더 길어진 셈이다. 일본의 합격률 1%에 비하면 아직 우리는 10배 정도 쉬운 편이다. 1,000명 이상이 응시하는 일본은 우리의 50배 이상의 인원이 응시하고 합격률은 우리의 10분의 1이다. 그러나 일본의 8단 소지자가 우리의 10배가 넘는 600명 정도이므로 우리의 8단 수는 아직 더 늘어야 하는 실정이기도 하다.

이번 1차 심사에서 23명 중 7명이 통과하여 1차에서 30%의 합격률을 보였으며, 2차에서는 7명 중 2명이 최종합격하여 전체합격률 9%로 평년수준을 유지하였다. 합격한 분들에게 진심으로 축하하지만, 미안한 이야기로 절대기준에 통과한 사람은 없었다고 말하지 않을 수가 없다. 즉, 최선이 아니라 차선으로 상대적으로 우수한 분들을 위에서부터 두 명을 선발하는 방식을 취하였다. 이렇게 하다 보니 1, 2위와 3, 4위의 차이는 사실상 별로 크지 않았다. 심사위원회나 협회의 입장에서도 국제적 수준을 고려하여 우리나라에서 8단을 남발할 수도 없는 실정이다. "일본에는 가짜 8단이 없다."는 말이 있으니, 우리 8단도 이러한 글로벌 수준에 맞추지 않을 수가 없다.

이제 심사과정을 연격, 실기, 본, 본국검 그리고 2차 실기 등으로 나누어 서술하고자 한다. 일본은 심사 때 연격을 하지 않지만, 우리는 8단도 연격을 평가항목에 포함하고 있다. 그리고 연격하는 방식도 일본과는 좀 차이가 있다. 일본은 각 유파에서 다양한 연격을 시행하고 있으나 대체로 45도의 각으로 손목을 돌려치고 있지만, 우리는 크게 들어 약 30도로 내려치므로 조선세법의 거정과 같은 느낌으로 해야 한다. 놀랍게도 응시자의 상당수가 연격을 제대로 하지 못했다. 기검체 일치와 몸받음, 발구름과 발동작, 기합, 호흡, 그리고 존심에서 충분하지 못한 점이 다수 발견되었다. 아랫배와 등근육을 이용해야 되는데 오른손과 어깨를 사용하여 원운동이 아닌 피스톤 운동을 하므로 억세게 때려치는 사람이 많았다. 또 존심과 기합을 충분히 넣지 않고 치고 나가다가 빨리 돌아서는 사람, 거리가 맞지 않아 짧거나 깊은 사람 등이 많았다.

8단이라고 하면 수·파·리의 수(守) 단계를 완성해야 하므로 기본에 하자가 없어야 한다. 나쁜 자세를 보이지 않으면서 정해진 시간에 바르게 한두 차례의 유효타를 쳐야 하는데, 나쁜 자세로 막으며 좋은 공격을 제대로 하지 못하면 심사통과는 불가능하다. 즉, 좋은 자세와 회심의 1타가 필요하다. 1차 심사의 실기는 나이 순으로 조를 편성하여 대련을 한 결과 50대 초반 5명, 50대 중후반 2명, 60대 이상에서는 0명이 선발되었다. 검도가 아무리 정신적 운동이라고 하지만 연령에 따른 육체적 한계가 노정된 것으로 볼 수 있다. 쾌와 력이 안되면 담과 정을 사용하고 바른 기본으로 연륜의 검도를 보여 줄 수는 없었을까 하는 아쉬움이 남는다.

본국검과 본 역시 아주 뛰어난 사람은 없었다. 본국검은 그렇다고 하더라도 검도본의 경우 완벽하게 연무하는 젊은 검도사범이 있었으면 기대했는데 말이다. 특히, 소도의 경우 경험 미숙이 눈에 띈다. 엄격하게 봐서 한 두 명만이 A학점에 해당하는 것으로 보인다. 8단 심사를 보는 사람이 길만 알아서야 되겠는가? 칼이 실전과 같이 들어가고 나가야지 그리고 한순간도 상대를 놓쳐서는 안 될 것이다. 선도는 기세가 강해야 하며 후도를 잘 리드하여 최선을 다하도록 할 의무가 있으며, 후도는 선도의 칼이 몸에 접근하는 순간 강약완급을 조절하여 정확한 격자를 마쳐야 하는데…. 충분하지 못한 사람이 대부분이었다. 2차 실기의 경우 1차보다 훨씬 더 활기차게 진행되었으며, 그 기량이 뛰어났다고 평가할 수 있다. 대부분 팀을 맡고 있거나 도장을 운영하는 사람들이고 연령이 대체로 젊고 연습량이 많기 때문에 공격력이 돋보였다. 그러나 묻고 싶다. 품위가 있었는가? 기세는 충실했는가? 거리가 가깝지 않았는가? 기회를 제대로 보고 쳤는가? 타격은 부드럽고 산뜻했는가?

여러 해 전에 영국 BBC National Geographic에 세계에서 가장 어려운 시험인 일본 검도 8단 심사가 방영된 적이 있음은 주지의 사실이다. 두 명의 주인공이 나왔었는데, 젊은 이시다(石田 健一)는 단숨에 합격하고 78세의 노인은 불합격하였지만, 두고두고 생각해도 진정한 승리자는 그 노인이었던 같다. 30년간 쉬임없이 배우며 응시해도 떨어지고 또 수련하지만 결과는 변함없는 낙방이다. 그렇지만 그분의 그 마음가짐이 진정한 무도인의 자세가 아닌가 생각한다. 기어이 승단하지 못하고 돌아가셨다니 참 안타깝지만, 하늘나라에서는 7단이나 8단이나 그게 그것일 수도 있겠고 둘 다 부질없는 것일 수도 있겠다는 생각이 든다. 계속 떨어지는 분들에게 심심한 위로의 말씀을 전하지만, 다음번에는 이번보다 더 나은 모습을 보여주시기 바란다. 그것이 개인의 발전이자 나아가 한국검도의 발전이기 때문이다. 우리나라에는 8단 선생이 약 50명이 있지만 연로하신 분들을 빼고 나면 왕성히 활동하는 분은 30명 정도 되므로 우리나라에서 8단 선생 개개인의 역할은 막중한 것으로 보인다. 2018년 제 16회 인천 세계검도대회를 앞둔 오늘의 시점에서 8단 지도자의 모범과 솔선수범이 어느 때보다 절실하다고 생각하면서 심사평을 거둔다.

5단 심사평
5단부터는 검도전문가가 되어야 한다[2]

5단 응시자들은 대개 15년에서 20년 정도의 수련기간을 가지고 있으니, 1년에 250일 하루 2시간씩 20년 연습하면 약 萬(10,000) 시간을 연습한 셈이다. 따라서 모든 분야에서 적용되는 만 시간 법칙에 의하면 검도에서도 5단부터는 전문가로 인정될 수 있을 것이다. 검도전문가란 검리를 이해하고 실기/이론/심판에 숙련되어 능(能)해야 하며 바른 검도를 지도할 수 있는 수준에 도달해야 한다.

이러한 수준에 이른 검도인을 선발하기 위해 대한검도회는 5단

---

[2] 2014년 추계심사평으로 검도회보 통권 100호에 게재되었음.

부터는 중앙심사를 실시하며 5단의 경우 6인의 심사위원회(8단 2인, 7단 4인)를 구성하며 그 중 4인 즉, 3분의 2의 찬성으로 합격여부를 결정한다. 그 과정을 구체적으로 보면 우선 가장 중요한 실기시험을 실시하여 이를 통과한 사람들을 대상으로 본국검법, 검도본, 그리고 필기시험을 본다. 이번 심사의 경우 예년보다 합격률이 10% 정도 높은 약 50%이었다. 그 이유는 응시자 수가 적은 것으로 비롯되지 않았나 생각한다. 즉, 자신이 없는 사람들 다수가 포기하고 준비된 사람들이 많이 왔기 때문이 아니었을까 추정해 본다.

시험을 봐서 반(半)이 붙는다면 합격률은 2 대 1로 둘 중의 한 명은 붙고 다른 한 명은 떨어지는 것으로 비교적 쉬운 시험임을 의미한다. 그럼 이제 누가 붙고 누가 떨어졌는지, 왜 떨어졌는지? 그럼 다음에는 어떻게 해야 합격하는지에 관해 서술하고자 한다. 이에 앞서 언급하고 하는 것은 응시자들이 다이아몬드 형 즉, 두툼한 중간층을 형성하고 있어 사실상 합격자와 불합격자의 차이가 그다지 크지 않은 경우도 많았다는 것을 밝히고 싶다. 4인 1조 또는 3인 1조를 형성했다면 그 중 한두 명이 통과하는 확률인데, 연령이 높을수록 그 확률이 낮아지는 경향이 있다. 왜냐하면 연령에 따라 체력과 순발력이 떨어지기 때문이다. 그러나 실기를 제외하고 검도본이나 이론 등에 있어서는 전혀 그렇지 않다.

 이번에 7, 8회 떨어진 응시자가 합격한 경우도 있었지만, 일반적으로 보면 응시횟수와 검도실력이 비례하지는 않는다. 여러 번 보면 붙여 주겠지하는 기대감으로 습관적으로 응시하는 것은 수험생의 바람직한 태도가 아니다. 또 본만 재시험 보는 응시자가 준비되지 않은 상태로 심사를 보는 것은 아무리 좋게 생각하려고 해도 이해하기 어렵다. 부족한 점을 고치고 또 보충하고 지난번보다 나은 모습을 보여 주는 것이 진정한 검도인의 자세가 아닐까 생각한다. 주변의 고단자 선생님들의 지도를 받아 검도를 잘할 생각은 하지 않고 그들을 통해 로비활동을 벌이는 행태는 순수한 검도인들을 우롱하는 행위임을 알아야 한다. 검도심사는 어떤 다른 분야보다 공정하게 진행되므로 검도인으로서 자부심을 가지고 당당하게 실력으로 단을 따는 우직한 검도인의 참모습을 보여야 할 것이다.

 이제 수험생들을 위한 심사 팁을 이야기 하고자 한다. 우선 합격한 사람들은 5단으로서의 진정한 실력을 갖추도록 노력해야 할 것이다. 5단은 검도가 완성된 단계가 아니고 전문가로의 길에 들어서는 길목이기 때문이다. 즉, 4단 때와는 다른 모습을 보여 주는 한편, 5년 후 응시하게 될 6단 시험 준비를 시작해야 한다.

불합격한 분들에게는 참으로 미안한 생각이 들지만, 아무리 훌륭한 심사위원도 심사자 전원을 합격시킬 능력이 없음을 이해하고 자신이 부족해 떨어졌다고 자기반성을 할 때 진정한 검도가 보일 것이다. 2분의 1 확률이면 한 번 더 응시하면 다음에는 합격할 수 있는 확률이다. 그래도 안 되면 삼세번이면 특별한 경우를 제외하고는 다 붙으니 도전해 볼 만하지 않은가? 이때 명심해야 할 사항을 10가지로 나누어 언급하고자 한다.

첫째, 심사에 충분히 대비하고 응시해야한다. 연수원에 와서 검도본을 배우고, 본국검도 돌다가 헷갈리고 해서는 안 된다. 두 번째 응시하는 사람은 첫 번째와는 확실히 달라져 있어야 한다.

둘째, 주위의 고단자 선생님들을 찾아가 배움을 요청하라고 말하고 싶다. 같은 과정을 지나온 선배들의 경험을 값지게 활용해야 한다. 기능이 약한 선배이더라도 당신이 나아갈 길을 제시할 수 있음을 명심하라!

셋째, 연격을 할 때 우리나라에서는 일본과 달리 큰 동작으로 약 30도 정도(빨리 하는 경우에는 45도까지) 좌우면을 쳐야 하므로 옆으로 너무 돌려서 쳐서는 안 된다. 연격을 큰 머리 기본동작의 연장으로 이해하면 된다. 대체로 마음이 너무 급하다. 약속대련이므로 큰 동작으로 침착하게 하면 못할 사람이 없을텐데 참 안타깝다.

넷째, 거리는 검도에서 가장 먼저 알아야할 덕목인데 다수가 너무 가깝다. 중단에서는 일족일도의 거리로 대적하고 칠 때는 격자 부위로 쳐야한다. 가까이 들어와 크게 뛰면서 치니까 중혁 아래로 치는 경우가 많다. 심사위원은 옆에서 봄을 유의해야 한다.

다섯째, 칼날이 돌아가는 사람들이 열에 한 두명씩 있다. 그리고 손목과 허리를 옆으로 치는 사람도 여럿 있다. 검리에 맞지 않으면 심사에 붙겠는가?

여섯째, 검도대련은 일종의 겨루기이다. 상대에 밀리면 지는 것이다. 기검체 모두에 있어 상대를 제압할 수 있는 실력을 길러야 한다. 이것이 타돌보다 더 중요한 것이다. 도망다니다가도 한 대 치면 이길 수 있는 시합과는 다르다.

일곱째, 바른 자세로 적어도 한두 번은 제대로 쳐야한다. 물론 그림같이 서 있는 자세도 중요하지만, 치지 못하면 의미가 있겠는가? 부뚜막의 소금도 집어넣어야 짜다.

여덟째, 검도본은 원리에 맞게 잘 해야 한다. 과거에는 본을 잘 몰라서 지금의 본국검법과 비슷하게 순서에 맞게 끝까지 하면 대체로 합격했지만, 요즘에는 선후도 역할, 격자와 존심, 소도의 운용과 입신 등 여러 가지를 까다롭게 심사하고 있음을 명심해야 한다.

아홉째, 심판법을 알아야 한다. 검도사범은 3박자가 맞아야 하는데, 실기와 지도능력 그리고 심판이 그 세 번째이다. 한판의 개념과 공격의 기회 등에 유의하여 공방의 순간에 한판을 결정할 수 있는 능력을 길러야 한다. 그리고 2등변 3각형 만들기 등 다른 심판들과 협력도 중요하다.

열 번째, 논문을 쓸 줄 알아야 한다. 다른 스포츠에서는 보기 어려운 시험과목이 검도논문이다. 또한 우리의 자랑거리이기도 하다. 문무겸전으로부터 유래된 전통이 아닐까 생각한다. 조선시대 무인들의 수려한 문장과 서체를 볼 때, 현대를 바쁘게 사는 우리들은 반성하고 더 공부해야 하지 않을까 생각한다.

그 전에 들으니 일본 시골 마을에서는 검도 5단을 따면 동네잔치를 했다고 한다. 이제 우리나라의 5단은 일본의 수준에 절대로 못하지 않으니 응시자 여러분들 모두 5단 따서 검도전문가가 되고 또 동네잔치도 하시기를 바랍니다.

검도본 심사 유의사항

전반적인 사항

1. 출입과 입회, 인사법과 복장, 진검 또는 목검 조작법
2. 대도의 5가지 자세, 소도의 반신세, 입신
3. 시선의 방향, 강한 정신력과 선후도의 조화로운 기겨눔, 호흡과 기합이 조화로운가?
4. 선후도의 역할이해, 선도의 리더쉽와 후도의 팔로우쉽
5. 대도의 경우 타돌(격자)의 기회, 소도의 경우 후도가 입신하려고 할 때 공격하는가?
6. 충실한 기백으로 적법한 격자를 하는가? 한 박자로 하는가?
7. 각 검도본의 검리를 이해하는가? 각 기술의 숙련정도, 격자의 강약완급 조절능력

8. 선도는 일족일도의 거리에서 격자하는가? 후도는 정확한 격자부(모노우찌)[3]로 치는가?

9. 스치고 찌를 때 옆의 두툼한 호(鎬 시노기)를 제대로 사용하고 있는가?

10. 크게 들어칠 때 검선의 높이가 왼주먹보다 뒤로 더 내려가는가?

11. 발동작이 제대로 되는가? 스쳐걷기와 뒷발 따라붙기, 보행 시 소리가 나는가? 격자 시 발을 구르는가?

12. 후도는 겨눔에 있어 선도의 기세에 눌리지 않고 대등한가? 후도는 강한 정신력으로 유무형의 존심을 취하는가? 선도는 후도가 충분한 존심을 취한 후 움직이는가?

이상 12개 중 10개는 일본의 검도본 심사요령과 같지만, 5, 9번은 현지 사정을 감안하여 필자가 추가함.

---

3 물타(物打) 부분은 칼끝 세치를 말하지만, 죽도로 보면 약 15cm 중혁 안쪽으로 치면 된다.

검도의 본에서 하지 말아야 할 것 DO-NOTs

	선도	후도
대도		
1	반동을 받아치거나 작고 짧게 침 좌상단: 칼/몸이 지나치게 틀어짐	검선을 뒤로 수평 이하로 넘겨 반동을 받아서 침
2	정중선을 벗어나 옆을 침	돌려서 옆으로 침
3	좌우 자연체가 아닌 반신세가 됨	두 번 찌름 큰 걸음 보통 속도로 따라감
4	찌른 후 검선이 높음 어깨칼: 칼높이가 높거나 낮음	작게 감아서 빨리 침 허리칼: 검선이 높으며 오른발이 직각이 됨, 또 앞에서 칼이 보임
5	머리 앞을 짧게 침 하단까지 강하게 내려침	머리 아래에서 막음 크게 넘겨 두 동작으로 침
6	손목스냅을 이용하지 않고 크게 들어 침, 물러날 때 칼이 살아서 상대를 향함	제쳐서 두 박자로 침 오른손을 쥐고 눌러침
7	가볍고 빠르게 찌르지 않고 깊이 찌름, 왼발동작이 커 느리며 너무 깊음	시선이 떨어짐 선도보다 먼저 치거나 느려서 허공을 침
소도		
1	후도가 입신할 때 쳐야 하는데 너무 느리거나 빠르고 강하게 침	입신없이 오히려 후도가 기다림 오른주먹이 머리 위로 올라가지 않음
2	뒤로 물러나는 발동작이 작음 허리칼 자세에서 멈춤	확실한 두 번의 입신이 없음 존심시 한발 들어감
3	2보째 들고 3보째 머리 침 허리를 너무 낮게 침	스쳐올려 막고 스쳐떨어뜨림이 형식적임, 스쳐흘림과 스쳐들어감이 두박자 됨, 우수로 칼을 누르고 좌수가 옆으로 팔을 밀 때 기합을 넣지 않음

검도의 본에서 해야될 것 DOs

대도	선도	후도
1	상단에서 크게 들어 빠르고 강하게 정면을 칠 것	선도의 공격을 끝까지 보다 마지막 순간에 검선방향으로 칼을 뒤로 빼 한 박자로 칠 것
2	크게 들어 정중선으로 손목 높이보다 약간 낮게 칠 것	상대칼을 끝까지 보다 가까이 왔을 때 빠르게 자연스런 커브를 그리며 좌후방으로 물러났다 한박자로 크게 칠 것
3	방어할 때 좌우 자연체가 되어 칼을 좌우로 밀면서 후도의 목을 겨눌 것 반신세가 아님	첫 번째 공격은 되찌름이며 두 번째는 위협이므로 단호한 기세로 왼발을 내밀 것. 물러나는 선도를 놓치지 않게 작고 빠른 걸음으로 따라갈 것
4	칼을 상단으로 들어 크게 쭉 뻗어 정중선을 친 후 순간멈춤 발생함. 상대칼을 누르면서 찌르므로 공격 후 검선이 자연히 내려감	칼을 상단으로 들어 크게 쭉 뻗어 정중선을 친 후 순간멈춤 발생함 칼을 감아 돌리며 빼 한 박자로 크게 정면을 침 이때 칼날 뒤를 향함
5	상단에서 크게 들어가며 다소 느리지만 강하게 턱까지 벤 후 스친 칼은 죽은 칼이 되어 상대 몸밖으로 떨어짐	머리 위에 가까이 왔을 때 가볍고 빠르게 당기면서 스쳐 막은 후 한 박자로 정면을 침 상대칼을 제압해야됨
6	후도를 기세로 누르기 위해 칼을 똑바로 내리다가 못견뎌 뒤로 물러나며 상단을 취함 상단에서 중단으로 내린 후에도 지속되는 상대의 공세에 견디지 못해 선제공격 함	공세를 취하며 중단으로 올리다 크게 일보 들어가며 상단의 왼주먹을 겨눔 공세를 늦추지 않음 한 박자로 스쳐친 후 찌르듯이 상단 존심을 취함
7	발은 경쾌하지만 칼은 확실하게 찌르며 상대를 위협함 상대의 기세에 눌려 변칙적인 2족 1도의 공격을 함 왼발은 작고 빠르게 오른발은 과감하게 몸을 던지며 정면을 침	상대 칼을 받쳐올리는 기분으로 높지 않게 방어함 중단에서 지속적으로 상대를 압박한 결과 치고 나오는 선도의 허리를 몸을 낮추면서 스쳐벤 후 오른 무릎을 가볍게 꿇음 두 번째 세 번째 스텝은 한박자가 됨

소도	선도	후도
1	대체로 5본과 같은 기분으로 다소 느리지만 강하게 치며 스친 칼은 직하함	칼날을 우하로 틀면서 첫 번째 입신, 따라 들어간 후 두번째 입신 후 받아 흘리고 정면을 크게 침 상대의 팔을 아래로 누르면서 목을 겨누며 존심을 취함
2	수세적으로 칼을 올리다 크게 물러나 허리 뒤에 대는 즉시 좌상단으로 올려 크게 한 박자로 머리를 침	확실한 두 번의 입신 필요 존심 시 한발 들어감
3	3보째 뛰어들어 오려는 상대의 정면을 선제공격한 후 실패하자 상대허리의 빈틈을 보고 재차 공격함	2보에서 3보째 나가면서 입신함 스쳐올린 후 유연하지만 강한 스냅으로 상대칼을 대각선으로 떨어 뜨림 배높이 수평 옆으로 스쳐 흘리고 스쳐 누르면서 상대 몸쪽으로 들어감 팔을 옆으로 밀고 칼을 누르면서 목을 겨누며 존심을 취함

Chapter 8
끝이 없는 길(道)

Lecture **01** 검도본(사토 나리아끼 선생께 질문)
Lecture **02** 검도(엔도 마사히로 선생께 질문)
Lecture **03** 미해결 과제- 선생은 다 알아야 하나?

사토 나리아끼 선생과의 대화
검도의 본에 관한 필담

　1954년부터 우리나라 검도 심사과목에 검도본이 들어가 있음에도 검도본에 관한 단 한줄의 명문규정도 없이 오랜 기간 심사와 교육이 진행되어 왔다. 8단 연수회 때마다 이 문제를 건의했지만, 실행되지 않았다. 고단자마다 다른 견해와 심사자마다 다른 기준을 가지고 교육과 심사를 하다 보니 잘하는 사람이 떨어질 수도 있고, 또 요행으로 합격할 수도 있었다. 아니면 영향력을 가진 사람들의 입김이 크게 작용할 수도 있는 상황이 지속되었다. 협회 차원의 명문규정이 우선 마련되어야 하고 이에 따른 교육을 하는 한편, 심사위원들에게는 심사기준과 심사요령을 제정하여야 한다. 이를 위해서는 검도본을 연구하는 개인들이 많아야 하며 검도본에 관한 논문과 저서가 발간되어야 함은 물론이거니와 협회차원에서의 검도본 소위원회에서 공인 검도본 인증을 위한 작업도 병행되어야 한다.

  상기 사항들을 위하여 필자가 먼저 욕먹을 각오를 하고 검도본 저서를 집필해야겠다고 결심했다. 2015년 정년퇴직 후 자료를 모으고 분석하던 중 일본을 방문해야겠다는 생각이 들어 2017년 봄 일본어 능통한 문성빈 교수를 대동하고 오사카지역을 다녀왔다. 현지에서 자료를 수집하고 일본 8단 친구들과 직접 시연해보고 또 토론하였다. 다행히 좌례와 준거 빼고는 큰 차이가 없었다. 한국에 돌아와 종합정리하고 자료를 분석하던 중 해결할 수 없는 수많은 의문이 생겼다. 이를 23개로 정리한 후 김덕선, 서병윤 선생님 등 지인들과 질의응답한 후 해결된 일부를 제외한 후, 남은 13개의 질문을 평소 가깝게 지내던 사또 나리아끼 선생(방한 관동대학 선발팀 단장)께 2017년 방한 시 양해를 구한 후 편지와 번역문(박소용 사범 작업)을 보냈다. 기꺼이 답하겠다고 일어가 불편하면 영어도 좋고 독일어까지 괜찮다고 하셨으나 작업의 편의 도모하기 위해 일본어를 사용했다.

  답변을 기다린지 1년 지난 후 독촉했으나 조금만 더 기다리라고 했고, 그 다음 해 다시 한국에 방한 하셔서 이제 다 돼 간다고 하셨다. 때는 2019년이었다. 그 사이 필자는 연구와 집필을 계속하고 있었으며 나름대로 그 답을 찾아가고 있었다. 혼자 답을 찾으라는 사또 선생님의 큰 가르침이 아닐까 라고 생각도 하면서. 혹시 프로토콜을 어겼나 아니면 답하기 곤란하신가 여러 가지 생각을 하면서 기다렸지만 끝내 답을 받지 못했지만, 그해 말 탈고하여 한국 최초의 검도본 저서를 발간하였다. 이를 기념하기 위해 국내에서는 처음으로 검도본 경연대회까지 모교 용산고에서 거행하였다. 이 과정에서 선배 여러분들의 심기를 불편하게 했지만, 이 모든 것이 검도발전을 위한 것이었음으로 후회는 없다. 이 대회가 자리를 잡으면 희망하는 지방검도회로 이관할 예정이다. 이제 한국에서도 검도본 첫 저서가 나왔으므로 더 이상 눈치보지 말고 제2, 제3의 저서가 발간 되기를 기대한다.

다음은 위에서 언급한 일본 검도본[1] 저자 사또 선생에게 보낸 편지이다.

---

1 Nippon Kendo Kata- Instruction Manual(일본검도형 해설서), All Japan Kendo Federation(전일본검도연맹), 2002의 저서에 사또 선생은 慎獨이라는 글과 한자로 성명을 서명해 필자에게 주었다.

존경하는 사또 선생님,
尊敬する　佐藤先生へ

저는 1979년 기타모토 국제강습회에서 선생님을 처음 뵈었고, 이듬해 다니던 대한항공을 그만 두고 이탈리아 로마대학교로 유학 갔습니다. 경제학 박사학위를 취득한 후 1985년 3월부터 수원대학교에서 국제경제를 강의하다가 2년 전 정년퇴직했습니다. 저는 운이 좋아 검도를 지속할 수 있었고 한국에서 대학교수로는 처음 8단을 땄으며, 범사 역시 대학교수로는 한국 최초이었습니다.

私は1979年に先生に北本で初めでお会い事になりました。次の年に大韓航空会社を辞めてイタリのローマ大学へ入って留学することにしました。経済学博士を取って1985年からSuwon大学で国際経済を教えていました。2年前に定年退職しました。幸せ事になって剣道を続けることができて韓国で大学教授として初めで八段を取るし、大学教授としてはじめで範士になりました。

그동안 검도로부터 받은 많은 혜택에 보답하기 위해 한국에서 처음으로 검도본에 관한 저서를 준비하고 있습니다. 한국에서도 심사과목으로 검도본의 중요성이 강조되고 있으나, 여러 가지 여건 상 깊이있는 연구가 부족한 편입니다. 저는 유럽에서 검도를 지도하면서 많은 일본 선생님들과 교류하면서 자연히 그들과도 검도실기 뿐만 아니라 본도 같이 할 기회가 있었습니다. 죽도검도를 배운 한국사람으로서 검도본에 대한 저술이 쉽지 않을 것을 알지만, 검도인구 50만이 넘는 나라에 검도본 책 한 권 없다는 것은 대단히 유감스럽기에 감히 도전해 보기로 결심했습니다.

　この間、剣道から頂いた多くの恩恵に報いるために韓国で初めで剣道形に付いて本を書いています。韓国でも審査科目として剣道形の重要性を強調していますけどいろいろ状況のために深い研究が足りないと思います。私がヨーロッパにいる間、剣道を教えていながら日本先生達と交流をしました。自然に剣道実技だけだはなく剣道形も一緒にする事ができました。竹刀剣道を教わった韓国人として剣道形の本を書くのが難しいと思いますけど、剣道人口が五十万を越えている国に剣道形の本が一冊もないのは本当に残念だと思いながら挑戦することにしました。

　최근에는 선생님의 영문저서와 검도시대 2016년 10월 호를 집중적으로 분석하였습니다. 먼저 탁월하신 가르침에 감사드리며, 대부분의 내용에 공감하지만 제가 잘 이해하지 못하는 여러 가지의 질문을 허락해 주시기를 앙망합니다.

　最近、佐藤先生の英語剣道形本と2016年10月号を集中的に分析しました。先に先生の優秀な教えに深謝しております。大抵の内容に共感していますけど私が理解できないところに付いて質問をさせて頂きたいです。よろしくお願い致します。

　1. 먼저, 검도본은 4, 6, 7본은 후의 선이지만 나머지는 선선의 선이라고 되어 있으며, 소도의 경우 아무런 언급이 없습니다. 제가 보기는 행위적으로 보면 모든 본이 후의 선인데요. 선선의 선이라니까 참 이해하기 어렵습니다. 공교롭게도 선생님은 이에 대해 언급하시지 않고 계십니다.

　先に剣道形の4, 6, 7本目は後の先ですけど他のは先の先と書かれていますけど、小太刀の場合については何も言われていません。わたしの考えで行為的に見ると皆の剣道形は後の先と思いますけど先の先と言われて理解できませんでした。先生はこれについて言及なさっていらっしゃいません。

　마음 즉 정신이 기준이라면 4, 6, 7본도 소도본도 모두 선선의 선이 될 수 있지 않겠습니까? 그리고 후도가 제자인데 어떻게 선생님을 정신적으로 이길 수가 있습니까?

검도본이 선선의 선이라는 것이 제게 이해하기 가장 어려운 부분입니다.

心、いわゆる精神が基準になると太刀の4、6、7本目と小太刀の1、2、3本目も先の先になるべきではないですか？先の先と言うものが剣道形の中でとても分かりにくい部分です。

2. 실제로 검도본 시범을 보면 머리 하얀 두 분이 하시는데, 선후도가 사제 간임을 강조하고 있습니다. 물론 선생님께서 제자와 하셨습니다만요. 바람직하신 것 같습니다. 시범에서 사제(선후배)가 선후도를 바꾸어서도 할 수 있습니까? 제가 한번 시도하다 당시 최고단자 선생님께 거부 당한 적이 있습니다.

実際に剣道形の試演を見ると年取った先生だちがやっています。本には二人が師弟関係だと強調しています。勿論、佐藤先生も弟子とやっていらっしゃいますのは望ましいと思います。試演では(先後輩の役割)打太刀と仕太刀の役割を変えて逆にやってもいいですか？私は先輩に拒否されたことがありますので…

3. 검도본을 하다 보면 선생님이 강조하시는 기위, 기쟁, 위힐, 입신 등 겉으로 드러나지 않는 정신적이거나 기(氣)의 움직임이 참

어렵습니다. 그리고 기합도 참 어렵습니다. 검도본의 시연을 보면 실기도 기합도 사람마다 조금씩 다 틀리는 것 같습니다. 괜찮은 건지요? 일본에는 유파마다 조금씩 다르게 한다고도 들었습니다만… 기합에 추가하여 올바른 호흡법에 관해서도 설명해 주시기 바랍니다.

　剣道形をやっている際に先生が強調している気位、気争、位詰、入り身など表に出ていない精神的な美しさや気の動きがとても難しいです。剣道形の試演を見ると人によってちょっと間違いと思いますけど大丈夫ですか？日本には流派によって剣道形が違うと言われていますけど…気合と正しい呼吸はどうすればいいか説明してください。

　4. 실기에 있어 제일 어려운 부분은 대도 7본입니다. 우선 도 torso가 어딥니까? (소도3본과는 다르지요?) 연무자에 따라 그 차이가 많기 때문입니다. 선생님은 책대로 하시지만, 2003년 전검연 공식 비디오는 오른발을 크게 내 선도의 허리를 먼저 스치면서 나가면 죽은 선도가 기합을 길게 넣으면서 머리를 칩니다. 멋있긴 합니다만… 이것이 '후의 선' 검리에 맞는지요? 저도 그렇게 했었지만 책대로 바꾸려고 하고 있습니다. 책대로 하더라도 결국

후도가 선도의 허리를 먼저 또는 동시에 스치면서 나가게끔 됩니다. 다른 본과는 다릅니다. 이를 이론적으로 인정하는 것이 현실적이지 않을까요?

　実技には一番難しい部分は太刀の7本目だと思います。胴はどこですか(小太刀の3本目とは違いますよ)練武者によって差がありますから…先生は本のようにやっていらっしゃいますけど、2003年の公式動映像をみると右の足を出して先に胴を切りながら出ると、もう死んでいる打太刀が気合を長く伸ばして面を打ちます。素晴らしいと思いますけど、剣理にあいますか。わたしもそのようにやっていましたけど本のように変えろと思います。しかし結果は同じです。これを理論的に認める方が現実的ではないかと考えています。

　선도가 왼발에 칼을 들고 오른발로 치면 한 박자로 치기가 어려운데요. 검리에 맞습니까? 왼발로 상대 칼을 제압하면서 들어가 둘에 한 박자로 치는 것이 검리에 맞는 것으로 보입니다. 선도가 7본만 기회를 보지 않고 머리를 치는데 왜 그렇습니까? 7본의 경우 선도의 기합도 참 다양한 것 같습니다.

　打太刀が左の足を出しまがら刀を上がって右の足で踏み込みながら打つのは一拍子で出来ないと思いますが剣理に合いますか?

打太刀が左足を出して相手の竹刀を押さえながら一拍子で打つの方が剣理に合うみたいです。打太刀は機会をみって面を打つと書かれていますけど機会はどんな意味ですか？七本目の場合打太刀の気合も多様だと思います。

5. 대도 2본 선도는 후도의 칼과 겹치는 기분으로 정중선을 쳐주면 됩니까? 후도가 그 자리에 있다면 어디에 맞게 되나요? 죽도검도와 같이 약간 옆으로 정확하게 손목부위를 치지 않는 이유는 무엇입니까? 후도가 마지막까지 기다릴 경우 선도의 손이 후도의 칼끝에 걸리게 됩니다.

太刀二本日の打人刀は仕人刀の刀と重なる気持で正中線を打てばいいですか？仕太刀がそのまま動かないとどこに打たれるのですか？竹刀剣道の小手ように正しく小手部位を打っていない理由はなぜですか？

6. 대도 3본의 경우 만일 선도가 그 자리에 있다면 어느 정도 찌름을 해야 되나요? 그 찌름의 방향은 칼의 연장선인가요? 수평에 가깝나요? 3본의 경우 9보 거리에서 일족일도의 거리에 가면 두 칼이 타돌의 거리(즉, 10cm 교차)가 된다고 일본에서 교육시키고

있다고 들었습니다만… 3본의 찌름에서 세 번 칼이 교차하는데 그 거리와 교차점은? 4, 5, 7 그리고 소도본의 경우는? 저는 대체로 대도의 경우 도신부분의 3분의 1 교차와 그리고 소도의 경우 대도 3분의 1 소도 반이 바람직하다고 가르치고 있습니다만….

　太刀3本目の場合には打太刀がそのまま居たらどのぐらい突けばよろしいですか？突きの方向は刀の延長線ですか？　水平線に近いですか？　9歩の距離から一足一刀、行くと両刀の打突の距離(いわゆる、10cmの交差)になるように日本で教えていると聞きました。三本目の突きの場合、3回の交差がありますがその距離と交差点は？4、5、7本目と小太刀の場合は？私は太刀の場合、両刀身の3分の1部分、小太刀の場合、半分ぐらいが望ましいと教えています。

　7. 소도 중단의 경우 선생님께서는 칼이 직하한다고 하셨고 저도 그렇게 하고 있습니다만, 이노우에 선생의 책은 자연스럽게 좀 틀어짐을 인정하고 있습니다. 2003년 개정 강습회자료에는 직하가 빠졌다고 들었습니다. 왼어깨를 뒤로 많이 제치면 칼이 틀어지는 것이 자연스럽기도 합니다. 대도 5본 대 상단 중단세? 앞으로 약간 내밀고 칼날은 직하 또는 하향? 칼날 방향이 약간 틀어짐이 자연스러운 것 같은데요…

小太刀の中段の構えは刀が直下すると先生は言いましたけど(私もそう思いますのに)井上先生の本には自然にやや右の方向へ傾いているのを認めています。2003年の講習会資料には直下が抜いていると聞きました。左の肩を後ろへ反らせると刀が傾いているのが自然だと思います。

太刀の五本目の上段に対して中段の構えも直下、下向でありますか？やや傾いているのが自然じゃないかと思いますけど｡｡｡

8. 다섯가지 자세 중 보폭의 경우, 와끼, 핫쏘, 상단, 중단 순으로 보폭이 넓어진다고 생각해도 되겠습니까? 따라서 오른 발가락이 밖으로 향하는 정도도 그에 비례하고요? 이노우에 저서에서 사이무라 고로의 견해를 참고했습니다.

構えの歩幅は脇、八相、上段、中段の構えの順で歩幅がだんだん広がっていると思います。右足の爪先が右の方へ向いている程度も歩幅に比例しているそうです。

9. 9보 거리를 약 60cm씩 잡고 있습니다만 현대인의 신장이 월등히 크므로 다소 더 멀리 잡아도 되는지요? 즉 9보거리가 5m40cm가 아니라 그 이상으로 말입니다.

9歩の距離は一歩60cmと考えたら5m40cmになりますけど現代

人の身長が高くなたので一歩はもっと遠く、すなわち60cm以上だと考えてもよろしいですか？

10. 검도본을 음양오행과 연결시켜 복잡한 이론 설명을 하고 있는데 반드시 알아야 할 중요한 것입니까? 선생님은 이에 대해 언급을 하시지 않았습니다만요…. 앞으로 튀어나온 핫쏘는 음세 뒤로 들어간 와끼가마에는 양세이라니까 이해하기가 쉽지 않습니다.

剣道形を陰陽五行に連結させて複雑な理論を説明していますが必ず知ていなければならない重要なものですか？先生は話しておられませんですけど…前に出ている八相は陰勢といわれる、後ろへ反らせた脇構えは陽勢と言われるのがわかりません。

11. 5본 대 상단세를 平正眼(taira-seigan)이라고 하는데 6본의 대 상단세와 같습니까? 많은 시범자들이 다르게 하고 있습니다. 저는 거리에 따라 다소 달라질 수 있다고 설명합니다.

5本目の上段に対した中段の構えを平正眼と言いますけど6本目の上段に対する中段の構えと 同じですか？

12. 대도 4본에서 후도가 반신세라서 원간이 된다면, 소도의 경우 모두 후도가 반신세이니까 원간이 되기 쉽지 않습니까? 참고다교수는 최근 시범에서 소도 3본을 반신세로 하지 않았는데 괜

찮습니까? 소도 3본은 하단 반신세지요? 무가마에로 하는 사람도 있고요. 어떤 게 좋습니까? 입신은 2보 때 왼발에 걸려 좌 입신이 되는 게 맞지요?

　太刀の４本目には仕太刀が半身勢として遠間になると小太刀の場合、仕太刀が全部、半身勢ですから遠間になりやすいと思いませんか？最近香田の剣道形の試演には小太刀3本目で半身勢をしなかったようです。よろしいですか？ 小太刀3本目の小太刀は下段半身勢だと思いますけど。。。先生によって違います。どちらの方がいいですか？無構えでする人もいるし。。。2歩出した時、左足に掛けて左入身になりますか？

　13. 대도 7개 본 중 4, 6, 7본은 후의 선으로 선선의 선 네 개 본과는 선도가 기회를 보는 방법이 다른 것 같으며 시간적으로도 좀 빠른 것 같습니다. 7본만 유일하게 선도가 기회를 보지 않습니다. 6본과 같은 상황(즉, 선도가 후도의 기세에 눌려)인데 두 본 을 다르게 규정하고 있습니다. 무엇이 다른지요? 왜 다른지요?

　太刀の剣道形の中に4、6、7本目は後の先として他の四つの形(先の先)とは機会を探す方法が違うと思います、時間的にも早そうです。何が違いますか？なぜですか？

엔도 마사히로 선생과의 대화[2]
검도에 관한 필담

　검도를 배우고 가르치는 일이 퇴임 후 인생에서 가장 즐거운 일이기에 요즘도 열심히 검도를 공부하고 있다. 몇 년 전부터 수 차례 방한하여 교검하면서 따로 식사도 했던 엔도 마사히로 선생은 필자와 동갑이지만 검도 경력으로 보면 세계에서 몇 안 되는 초일류이다. 일본 최고 명문 고교를 거쳐 경시청 선수 및 수석사범을 역임했고 8단 대회에서 우승했으며 검도 저서도 있다. 계급도 총경이다. 친하지만 양해를 구하고 질문을 하겠다고 하니 아는 대로 다 말씀드리겠다고 겸손한 태도를 보인다. 필자와 교검한 후 대송 손회장이 심판보고 둘이 시합(무판정으로 교토 스타일)도 했으며, 그날 필자가 검도한 이래 최고의 찬사를 그로부터 들었으

---

[2] 이상의 내용을 박소용 사범이 일본어로 번역하여 보냈음

며 호텔로 돌아가는 차 속에서도 또 그 이야기를 세 차례 더 했다고 한다. 이 정도 사이면 답이 올텐데.. 독촉을 해도 준비 중이라고 한다. 몸이 불편하다는 말을 들었기에 몇 번 하다가 말고 기다렸다. 결론적으로 답을 받지 않은 채 필자 나름대로 연구하여 본서에 게재된 테노우찌와 사에 관한 글을 완성하였다.

다음은 엔도 선생께 질문한 편지 내용이다.

존경하는 엔도 선생님,

다시 한번 새해 인사 드립니다. 박소용 사범으로부터 쾌차하시었다는 소식을 접하고 안심했습니다. 부디 건강하게 오래도록 우리 같이 교류하기를 희망합니다.

오늘 저의 질문 내용은 사에가 있는 타격입니다. 제자들을 가르치며 이게 안 되는 사람들을 효과적으로 지도하기 위해서 각종 자료와 유투브를 찾아 보았습니다. 그런데 큰 문제가 생겼습니다. 저의 테노우찌가 지바, 스미, 후르까와 등 일본 유명 선생들과 다르게 느껴졌기 때문입니다. 저는 걸레나 차수건 짜듯이 짜라고 배웠고 또 그렇게 가르쳐 왔습니다만, 실제로는 그렇게 과하게 하지는 않습니다. 약간 안으로 양 손목을 조으고 손가락을 가볍게 잡고 있습니다. 그런데 그들은 양 손목만 꺽었다가 푸는 정도로 하고 있습니다. cocking/uncocking. 손목 snapping 정도.

질문

1. 타격시 짜는지? 잡는지? 조으는지? 한다면 언제 어디까지 하는지? impact 시 잡는지, 후린 후 잡아 멈추게 하는지? 지바 선생은 턱까지 내리라고 합니다.
2. 손가락을 쓰지 말고 손바닥을 사용하라는데, 양손 소지와 약지는 잡아야 되지 않을까요?
오른손 중지는 지렛대의 받침역할을 하면서 원심력을 최대한 크게 만들겠고요. 젊은 오카다 8단은 테노우찌란 결국 '손가락의 움직임이다' 라고 강의합니다.
3. 나까야마 선생은 친 후 오른손 엄지는 상대의 눈을 그리고 왼손엄지는 상대의 명치를 겨누라는데, 다른 의견도 있습니다. 저는 좋다고 생각합니다. 선생의 고견은?
4. 큰 동작과 작은 동작은 사용하는 근육이 다르지 않습니까? 사

에가 있는 테노우찌의 경우 주로 작은 동작 즉, 스포츠검도에 해당하는 것 같습니다.
5. 사에란 말은 진검에서 나오는 용어가 아니라 주로 죽도검도에서 사용되는 것 같습니다. 작지만 빠르고 강하게 끊어치는 스포츠기술이지요? 그리고 그 느낌은 산뜻하고요.

   이상에서 본 바와 같이 진검과 죽도 그리고 작은 동작과 큰 동작의 유사점과 상이점으로 인해 상기 사항에 대한 이해를 어렵게 하고 있습니다. 또한 유명 검도선생이나 유파에 따라서 다른 견해들도 많아 때로는 헷갈리게 하는 경우도 있습니다. 산을 올라가는 길은 여러 개가 있겠지만 선생께서 잘 다니시는 가장 좋은 길을 안내해 주시면 대단히 감사하겠습니다.
   일흔이 넘은 나이에도 아직 익히고 배울 검도가 있어 너무 행복합니다.

   선생의 건강과 가내 행운이 가득하시기를 기원합니다.

2021년 1월 8일
이종원 배

미해결 과제
선생은 다 알아야 하나?

　검도를 배울 때는 모르면 묻고 또 찾아 다니면서 배우면 된다. 그러나 검도를 가르치고 또 논문과 책을 쓰는 동안 어느덧 사람들이 내게 묻는다. 주요 강습회에서도 강의를 한다. 강의를 준비하고 유인물(hand-out)을 나누어 준다. 질문을 장려한다. 대부분 내가 먼저 고민해 보았던 것들이다. 그러나 아직도 모르는 것들이 있다. 아인슈타인이 생각난다. 제자가 묻는데, 선생은 잘 모른다고 답한다. 어떻게 선생님이 모를 수 있냐고? 아인슈타인은 조용히 칠판에 원을 그린다. 원안에 있는 것들은 내가 아는 것이고 밖에 있는 것은 모른다. 그렇다! 사람에 따라 원의 크기가 다를 뿐이지 다 안다면 그건 거짓말이다. 신의 영역이 있다. 검도실기도 검도본도 해보면 여전히 모르는 것이 많고 알아도 실행하지 못하는 것이 많다. 검도본의 경우 세부적으로 정해 놓은 것이 너무 많아 어떤 사람도 완벽하게 할 수가 없다. 숨을 이렇게 쉬어라, 걸음을 저렇게 걸어라! 게다가 혼자만 잘해도 안 되고 선후도가 각각 역할을 잘하고 또 조화를 이룰 때 비로소 검도본이 완성된다.

  검도가 칼에서 왔다고 칼의 원리에 따라 죽도을 칼처럼 써야 한 판이 된다(경기 및 심판규칙 제12조). 칼은 당기는 기술이고, 죽도는 밀면서 몸이 나가는 기술을 써야 한다. 칼은 큰 기술이 대부분이나, 검도 실기에는 거의 작고 빠른 기술이 사용된다. 큰 기술을 잘하면 작은 기술도 잘한다? 스포츠의학적 소견은 서로 사용하는 근육이 다르다고 한다. 그러나 큰 기술을 먼저 가르치는 것은 맞다고 생각한다. 작은 기술은 주로 손목을 사용해 순간 스피드와 임팩트를 살려 친다. 죽도검도에서 가장 중요한 기술의 완성적인 개념인 '사에'가 검도본에는 없다. 대도 7본의 기당(氣當)은 또 무엇인가? 빈틈이 없는 상대에게 칼을 찔러봄으로써 상대를 떠보는 것 아닌가? 페인트모션과는 어떻게 다른가? 물론 필자도 속이지 마라!라고 가르친다. 칼을 내려 손목을 겨누는 공세 후 머리를 치고, 반대로 칼을 올려 머리 공세 후 손목을 친다. 이것은 '공세이지 페인트모션이 아니다'고 알고 있다. 손자병법 제6계 성동격서(聲東擊西)와 같이 흔히 하는 공세가 상하가 아니면 좌우이다. 동쪽을 칠 것 같이 하고 서쪽을 친다. 병법의 기본이다. 일본의 전설적인 명사부 뉴이 선생의 동영상을 보니 그 부드러움은 명불허전(名不虛傳)이다. 그러나 보기에 따라서 거의 다 페인트모션이다. 펜싱에서는 페인트를 기술과 함께 가르친다. 공세나 페인트나 오십보 백보인 것 같기도 하다.

　서양에서의 로마제국, 바이킹, 게르만족 등 여러 검술들을 프랑스에서 펜싱이라는 하나의 현대 스포츠종목으로 정리하면서 칼싸움과 스포츠와의 관계는 단절되었다. 필자가 소속되어 있었던 이탈리아펜싱협회에는 드라마검술를 연구하는 문과에 마에스트로(사범)들이 있지만. 이 둘은 상호 분리되어 있다. 우리가 옛날 조선세법 등 고무술(古武術)을 연구하듯이. 그러나 동양에서 정리된 일본이 정리한 스포츠 검도는 경기 및 심판규칙 제1조에 의해 '검의 이법'에 따라 경기를 하며, 검도는 '인간형성의 도' 라는 이념을 가지고 있다. 아마 세계 어느 스포츠에도 그 유례가 없을 것이다. 동양에서 유교라는 느슨한 종교를 믿듯이, 검도하는 사람들 상당수도 검도를 준종교와 같이 받아드리며 인간수양 및 검도수행을 하고 있는 것 같다. 검도의 매력이기도 하다. 필자도 그런 것이 좋다. 그런 사람들이 특히, 일본에 많은 것 같다. 초창기 검도를 만드신 분들이 불교, 유교, 도교 등과 서예나 다도 등 여러 분야에서 좋은 것들을 많이 취해 오신 듯하다. 심지어 서양의 무술에서도 상당 부분 배워 온 심정이 간다. 동양에서는 그 예가 없는 2인 대련의 전투기술과 검도본 그리고 8방치기도 동서양이 거의 같다. 12세기 영국의 무술학교나 르네상스 시대의 이탈리아 무술학교와 지도방법 등도 유사하다. 서양의 영향을 받았다고 하더라도 일본에서 이런 경로를 밝히지 않는 한 무술의 전래 경로가 밝혀지기 어렵고, 단지 필자의 추측일 뿐이다.

검도본의 경우 필자는 90년대부터 처음 공개시범을 했으며 또 대학검도보에 연구결과를 기고하기 시작했으므로, 연구한 지 이미 30년이 넘었다. 2019년 검도본 저서를 발간하고 2022년 SBS 대회에서 검도본 시범을 보였지만, 여전히 어렵고 잘한다는 생각이 들지 않는다. 연구를 오래했으므로 이제 제법 안다는 생각은 들지만, 실제로 본을 잘하기는 어렵다. 본을 잘하려면 그 전에 검도를 수련하여 기위(氣位) 즉, 당당한 기세와 자신감이 전제되어 있어야 한다. 당연히 자세가 좋아야 한다. 일본의 주요 대회 시범자들은 8단으로 주로 범사들이다. 그들 수준이면 이제는 '자기 검도의 표현'이라고 할 수 있으므로, 그들의 본은 서로 다르다고는 할 수 있지만, 틀렸다고 할 수는 없을 것 같다. 그렇지만 그들의 시범에서도 이해할 수 없는 부분이 너무 많다. 대도 1본이나 5본 선도는 태반이 정면에 도달하지 않는 짧은 칼을 쓴다. 2본 선도의 칼이 대부분 높다. 그리고 손목을 치는 후도의 칼은 거의 깊다. 그리고 후도는 내려오는 칼을 끝까지 보지도 않고 움직인다. 검도에서는 거리가 가장 중요하며 1본은 거리가 제1 덕목인데 왜 그렇게 할까? 3본의 선도는 명치를 찔러야 되는데 대부분 가슴을 찌른다. 되찌름 받을 때 선도는 옆에서 눌러야 하는데 대부분 밑에서 쳐 올린다. 5본 후도는 머리 위에서 막지 않으며, 선도의 칼은 한 박자로 떨어지지 않는다. 6본에서의 기쟁은 형식적이다. 7본이야말로 문제가 심각하다. 후도가 후의 선으로 이기는 것인데, 전검연 공식 비디오에서도 후도가 먼저 치고 나간다. 필자 소장 검도 본 책에서도 모두 후도가 선도보다 먼저 친다. 그렇다면 이는 선의 기술이다. 이론과 실제가 다르다. 그럼 이론을 바꾸면 될텐데 왜 그냥 둘까? 소도에서 선도는 후도의 마음을 읽고 입신하려는 상대를 치는 것이다. 소도의 경우 과연 몇 명이나 제대로 하는지? 우리나라는 일본보다 덜할까?

검도실기의 경우 필자는 3불(막지말고, 물러서지 말고, 속이지 마라)을 강조한다. 그런데 최근 전일본선수권대회를 홍보하는 일본검도잡지 포스터에 두 선수가 근거리에서 왼손을 들어올려 와이퍼 방어자세를 취하고 있는 사진이 게재되었다. 검도를 제대로 아는 사람이면 이런 사진은 감출텐데 왜 올렸을까? 국내에서도 이름있는 국대출신이 이런 자세를 취하는 상대의 손목을 치는 방법을 강의한다. 좋은 착안이다. 그러나 격자방향과 칼날부(즉, 하스지)가 일치하지 않는다. 세칙 12조 위반이다. 왜들 이럴까? 경기에서 심판이 이런 타격을 유효타로 인정하기 때문일 것이다. 그렇다면 심판탓인가? 그렇다. 전부는 아니지만 1차적인 책임은 그럴 수밖에 없지 않겠는가. 그런데도 왜 그렇게 하는가? 심판도 사람이기 때문일 것이다. 검도시합에서 정해진 시간에 두 선수의 우열을 가려야 하므로 절대적인 판정이 아니라 상대적인 판정을 할 수밖에 없다. 그렇다면 어떻게 해야 제대로 할 수 있겠는가? 심판은 늘 운동을 하고 선수들보다 단이 높은 상급자가 한다. 그럼 오심이 없는가? 번쩍하는 순간을 다 볼 수 없는 인간의 한계가 있다. 일본에서는 심판의 권위가 훼손될까바 비디오 판독을 실시하고 있지 않지만, 우리나라에서는 전국체육대회와 실업연맹대회에서 이를 도입하고 있다. 2019년 코로나 발생 직전 서울 성남고에서 개최된 전국체육대회에서 전 경기를 관찰한 필자는 심판출신으로서 좌절감을 느꼈다. 이의가 제기된 판정신청의 거의 3분의 2가 오심이다. 우리가 그 사이 이렇게 엉터리 판정을 했던가? 물론 비디오 판독제도도 결함이 있지만, 닿지도 않았는데 머리나 손목을 판정하다니, 이는 변명의 여지가 없지 않겠는가. 2022년 울산 전국체육대회에서는 약 2분의 1로 오심 비율이 크게 하락했지만, 여전히 높다. 신청하면 둘 중의 하나는 판정이 취소되는 것이므로. 심판의 권위는 땅에 떨어지고 경기시간은 계속 지연되고 경기 흐름은 끊어지고, 팀들은 밑져야 본전이다라고 또 신청해 본다. 악순환이다. 공정한 판정을 하려다가 승부지상주의에 부채질 한 셈이다.

국제대회에서 현행 심판제도 하에서 한국이 일본을 이기는 것이 가능하겠는가? 한일 심판을 다 빼면 누가 남는가? 미국, 캐나다, 브라질… 그 심판들은 일본인이거나 2세이다. 유럽? 필자가 이탈리아 대표팀 감독 출신이지 않았는가. 프랑스 국적의 8단은 요시무라로 동경대 출신이다. 나머지 7단은 크게 보아 모두 일본 선생들의 제자이며 상당수 일본 8단을 따려고 일본에 심사보러 다닌다. 필자의 제자 발렌티 7단은 외톨이다. 팔은 안으로 굽는다. 그리고 그들은 일본에서 하는 한국검도에 대한 비판적 견해 즉, 험담을 믿는다. 이러한 선입견을 가지고 또 일본이 당연히 이겨야 된다는 기울어진 생각으로 심판을 본다. 지난 2018년 제17회 서울 세계대회에서 심판추첨제를 도입해 보았지만 효과는 별무였다. 최근 일본협회는 세계대회의 한일전 등 수준높은 경기를 심판할 수 있는 사람을 국적보다 능력위주로 선발해야 된다는 견해도 나오고 있다. 또 '사에'와 같이 고도의 주관적인 판단이 요구되는 사항을 추가하자는 주장도 오래전부터 나오고 있다. 우리나라에서는 4, 5심제 등 심판권한 분산을 다년간 실험해 보았으나 이를 찬성하는 심판진은 극소수에 불과했다. 그후 상급단체인 대한체육회의 규정에 따라 전국체육대회에 비디오 판독제도를 도입했고, 승부에 따라 팀의 존폐가 걸려있는 실업연맹에서는 자발적으로 이 제도를 도입해 운영하고 있다. 완전하지는 않지만 도움이 되어 후자는 이를 계속 할 것이라고 한다. 생사를 가리는 것은 원래 신의 영역인지라 옛날 일본에서 심판은 작은 칼을 차고 오심이면 죽을 각오로 했다는 말도 전해오고 있다. 비디오가 신의 영역을 감시하므로 심판들이 긴장하고 일탈하지 못하는 모양이다. 심판은 인간이니까 완벽한 판정은 하지 못하지만, 그에 가깝게 가려는 노력은 지속해야 할 것이다. 그리고 협회는 심판들이 최고의 역량을 발휘할 수 있도록 도와주는 한편, 심판제도의 개선을 위해 전향적인 노력을 해야 한다.

Chapter 9
검도 연구_이론과 수련

Lecture **01** 중세유럽의 무술과 검도 비교연구
Lecture **02** 사에(SAE)있는 수내작용과 격자
Lecture **03** 격자의 전제조건인 공세의 의미와 방법

중세유럽의 무술과 검도 비교연구[1]
공통점, 상이점, 시사점

I. 머리말

  1980년 대 초 필자가 이탈리아 로마대학교에서 유학할 때 올림픽위원회(CONI) 산하 펜싱협회의 검도부문 국가대표팀 감독으로 현지인들에게 검도를 지도한 적이 있었다. 그때 펜싱 사범과 선수들에게 검도를 소개했으며 또 그들과 이종(異種) 경기를 한 적도 있었다. 검도선수는 펜싱장비를 착용하고 죽도를 들고, 펜싱선수는 반대로 검도 장비를 착용 후 펜싱 칼(sabre 종목)을 들고 기합은 넣지 않고 경기를 하였다. 펜싱이 훨씬 빨랐지만, 강도가 약해 한판으로 인정할 수가 없었다. 죽도로 펜싱칼을 치거나 감으면 그

---

1 한국대학검도연맹, 『대학검도회보』, 2020년 발행 통권 제 36호.

들은 경기를 할 수가 없었다. 한마디로 경기가 되지 않았다. 그렇지만, 만일 펜싱 득점을 그대로 인정하고 검도 득점을 세배로 인정한다면 경기는 대등했을 것이다. 즉, 상처내기에는 펜싱이 유리하고 치명타를 치는 데는 검도가 유리한 것으로 보였다.

돌이켜 보면 당시 그들은 동양의 무술인 검도에 지대한 관심을 가지고 지원해 주었다. 특히 그들은 검도의 무도적인 예법과 위계질서를 부러워하였다. 펜싱은 이미 스포츠화 되어 사제관계가 아니라 선수와 코치가 되었고, 올림픽 메달을 위한 승리가 최고의 선이었다. 단(段) 제도가 없는 그들은 선수경력에 따라 또 지도자의 성과에 따라 능력을 인정받았으며, 그럼에도 그 소식은 나름대로의 질서가 유지되었다. 당시 필자는 그들과 많은 친분을 쌓았고 펜싱과 가까이 있었지만, 검도와는 다른 스포츠 종목으로만 인식하고 큰 관심을 가지지 않았었다. 왠지 검도가 더 정통이라는 막연한 우월의식을 가지고 있었으며, 단지 서양무술에 관해서는 몇 권의 전문서적만 챙겼을 뿐이었다. 그러나 유럽 각지를 여행할 때마다 그들의 칼 등 무기류에 관심을 가지고 보았으며 사진을 찍곤 하였다. 즉, 검도를 하는 사람으로서 서양무술에 기본적인 관심을 가지고 관찰했을 뿐, 이에 대해 글을 쓴다는 상상을 해본 적은 없었다.

그러나 최근 「검도본 교본」을 발간한 이후 우연한 기회에 동네 도서관에서 접한 "The Martial Arts of Medieval Europe(중세 유럽의 무술) I, II by Ryuta Osada."를 읽고 깜짝 놀랐다. 중세 유럽무술에는 Long sword(장검), Rapier(중간), Dagger(단검), 쌍수도, 쌍검 등 검술과 대낫, 방패, 레슬링 등 전투 기술이 망라되어 있을 뿐만 아니라 그 원리는 우리와 너무나 유사하였기 때문이다. 몇 년 전 수호지 본고향인 산동 양산박에 가 108 두령의 무기가 다 다름을 보고 무기의 다양성에 감탄했었지만, 서양에도 다양한 형태의 전투용 무기들이 개발되어 있었다. 유럽 몇 나라에도 "무예도보통지."와 같은 종합무술서(fechtbuch)가 발간되어 보존되고 있었다. 유럽인들 역시 전수되지 않은 이 무술들을 복원시켜 고(古)무술 또는 드라마(영화)무술로 활용하고 있다. 유럽 무기 중에서도 최고로 중요한 것은 역시 검이다. 따라서 칼을 쓰는 법 또한 무술 중 으뜸이며 또 가장 어렵다는 것이 동서양의 공통된 점이다. 그러므로 본고에서는 칼(long sword)을 중심으로 서양무술의 역사적 진전을 고찰하고 동서양 무술의 같은 점, 다른 점, 그리고 서양검술이 우리에게 주는 시사점을 도출하고자 한다.

II. 유럽무술의 역사

 인류 최초의 문명인 메소포타미아에는 기원 전 3000년 이전의 청동검 등 고고학적 유물들이 남아 있지만, 현재 확인될 수 있는 가장 오래된 유럽무술은 고대 이집트의 것이다. 기원전 20세기에서 18세기 사이에 조성된 베니하산 제15호 고분의 벽화에는 각종 레슬링 기술이 묘사되어 있으며, 오른손에 든 짧은 봉과 왼팔에 방패 대신 동여맨 봉을 이용해 싸우는 종교 행사적인 스포츠도 그려져 있다. (The Martial Arts of Medieval Europe(중세 유럽의 무술) I, II by Ryuta Osada) 이를 Wolfgang Decker는 stick fighting으로 명명하였으며, 오늘날 검도(격김)나 펜싱의 효시로 보는 견해도 있다.

 메스포타미아 문명이 중국이나 이집트로 전해졌을 가능성도 있으나, 전이과정이 밝혀진 바는 아직 없다. 또한 이집트의 이러한 무술과 전투기술들이 어떠한 경로로 그리스와 로마로 들어왔는지도 불분명하나, 다른 문화의 흐름과 함께 자연스럽게 인근 국가에 영향을 미쳤을 것으로 추정된다. 이후 유럽의 무술은 두 가지 종류로 나누어진다. 우선 그리스나 로마처럼 개인의 기술보다는 단체의 훈련을 통한 전투력 제고 목적의 무술이 있다. 즉, 기술적으로 단순하면서도 단기간에 완성할 수 있는 무술이 필요했던 것이다. 고대 로마군인들은 큰 방패를 들고 그 뒤에 숨어 있다가 접근하면 작지만 무거운 칼을 가지고 한 칼에 베기보다 여러 차례 두드리거나 배를 찔러 적을 제압하는 방식으로 전투를 했다. "로마 칼은 짧지만 세계를 제패한다."라는 옛말도 있다. 한편, 기원 후 로마의 갈리아/게르마니아에서 새롭게 형성된 전사계급에서 이들 군인들은 일생의 대부분을 군인신분으로 살면서 전투와 훈련을 하며 살았기 때문에 보다 세련되고 성숙한 기술을 연마할 수 있었다. 따라서 그리스/로마의 기원 전후 시대에는 군사교련식 전투술을, 그리고 후기인 갈리아/게르마니아 시기에는 상당한 무술이 발달했으리라고 추정된다. 우리가 알고 있는 대부분의 로마무술과 글래디에이터라는 검투사들은 이 후기 시대에 속한다.

 서로마제국의 붕괴 후(AD 476) 중세유럽의 무술은 북쪽에서 이주해 온 앵글족, 색슨족, 프랭크족 등 게르만 계 여러 민족들의 무술에 뿌리를 두고 있었고, 로마인들과 고고학자들은 게르만/켈트족의 무술에 대해 긴 검을 크게 휘둘러 베는 것이라고 폄하하였으나 사실이 아님이 밝혀졌다. 실제로 그들의 검이 큰 것은 사실이지만, 로마의 칼보다 약간 더 긴 정도이며 칼끝도 찌르기에 적합한 모양을 하고 있었다. 르네상스 시대의 검(rapier)이 그들보다 더 길므로 그들이 '긴 검을 힘으로 사용하는 야만인'이라고 하는 평가는 옳지 않은 것으로 보인다. 사실 로마인들은 흔히 북쪽 사람들을 야만인이라고 부르는데, 이는 문명적인 우월감에서 비롯된 것으로 생각된다. 우리나라에서도 흔히 다른 나라 사람들을 오랑캐라고 낮추어 부르지 않는가. 실제로 바이킹의 전투법은 스피드와 풋워크(footwork)에 중점을 둔 막강한 수준이었다. 이후, 앵글로 색슨이 지배하던 1180년 런던에서는 'sword와 buckler'를 가르치는 학교를 치안상 이유로 시내에 두지 말라는 법률이 존재할 정도이었으니, 당시 무술이 지나치게 성행했음의 반증이 아닐까 미루어 짐작한다.

방패와 갑옷 그리고 무기의 발전

　수비위주의 전투를 하던 로마의 방패는 컸으나 공격위주의 바이킹은 방패가 작고 가벼웠으며 전투에서 스피드를 중시여겼다. 이러한 방패들은 14세기에 들어와 금속판을 사용한 갑옷이 등장하면서 무기와 방패에 일대 혁신이 발생했다. 방패의 경우, 갑옷

만으로 방어력을 얻게 되었으므로 점차 사용하지 않다가 결국 뒷전으로 물러나게 되었다. 무기의 경우, 갑옷을 파괴해야 하므로 양손용 무기(폴엑스와 롱소드)와 타격무기(메이스 등 철퇴, 곤봉류)가 개발되었다. 검 자체의 형태도 변하여 칼날 부분이 삼각형에 가깝게 뾰족하여 갑옷의 빈틈을 찌를 목적으로 변형되었다. 과거 방패를 사용하던 전투법은 왼손에 방패를 들고 오른손에 검을 들고 좌반신은 방어, 우반신은 공격이라는 유럽식의 구분법을 낳았다. 따라서 왼발을 앞으로 내밀어 좌반신을 적의 쪽에 위치시키고, 우반신을 멀리 떼어 놓는 방식의 스탠스를 취하였다. 이런 맥락에서 이탈리아의 갑옷은 왼쪽이 오른쪽보다 견고하게 만들어졌다.

　15-6세기 르네상스 시대에 와서는 더 이상 방패가 사용되지 않았다. 따라서 오른손의 무기가 공격뿐만 아니라 방어의 역할까지 하면서 왼어깨를 더 이상 앞으로 내밀 필요가 없어지자, 좌반신을 앞으로 내미는 스탠스가 없어졌다. 대신 우반신을 앞으로 내미는 자세를 취함으로써 리치를 최대한 늘리고, 쉽게 공격목표가 되는 왼팔을 상대로부터 멀리 보내면서 왼발을 오른발 바로 뒤에 직각이 되도록 하여 몸의 절반만을 노출시키는 현대 펜싱의 스탠스로 발전해 왔다.

르네상스(Renaissance)와 과학 그리고 레이피어(rapier)

르네상스 시대에 문화/예술뿐 아니라 정치와 과학 등 사회 전반적인 영역에서 새로운 기법이 시도되고 다양한 실험이 이루어졌다. 15세기 이탈리아의 무술가인 필리포 바디는 '무술'이란 예술이 아니라 '과학'이며 그중에서도 '기하학'과 가장 관련이 있다고 주장했다. 당시의 과학이란 객관적인 관찰을 통해 얻은 정보를 토대로 논리적인 결론을 이끌어 내는 방법을 말하며, 이에 반대되는 개념이 예술이었다. 그런 관점에서 본다면 이탈리아 볼로냐파 무술의 창시자인 필리포 디 바르톨로메오 다르디가 볼로냐 대학의 수학교수였던 것은 무척 자연스러운 일로 받아들일 수 있겠다.

이 시대를 대표하는 무기라고 하면 역시 레이피어인데, 이는 원래 스페인에서 발전한 무기로, 전쟁에서의 사용을 고려하지 않은 평시(平時)의 검이었다. 레이피어는 르네상스 문화의 확산과 함께 유행의 최첨단으로 유럽 전체에 급속히 전파되었는데, 그 이유는 레이피어는 과학을 무술에 응용하여 자신의 몸과 상대의 거리와 위치 그리고 검의 위치와 궤도 등 여러 가지 요소들을 바탕으로 공격과 방어의 최적해를 도출하려고 시도하였기 때문에 당시의 시대적인 요구와 부합하기 때문이었다. 이러한 평시의 검과 그 기술의 등장은 전쟁 무술과 평시 무술의 괴리가 진행되었다는 증거이기도 하였다. 레이피어 기술에 대한 폭발적인 인기는 종전의 전쟁 무술을 쇠퇴시키다가 결국 소멸시키게 된다. 이러한 현상의 근본적인 원인은 총화기의 발달로 인한 것이었다. 당시 전쟁에서는 총화기의 발달로 원거리에서 교전하였지, 근접하여 무기를 사용하는 일은 드물었기 때문이었다. 뿐만 아니라 개인적인 전투기술보다는 부대의 포메이션이 중요해졌기 때문에, 무술 특히 검술을 쇠퇴시켰으며, 따라서 무술은 전투기술이 아니라 평시 결투용 기술로서의 성격이 강해졌다.

총기의 발달과 스몰소드 그리고 펜싱

총기의 발달과 함께 그 중요성은 점증하는 한편, 무술의 중요성은 크게 감소하여 예전처럼 검을 휴대할 필요성이 없어지면서, 검은 패션의 장식품처럼 취급되기 시작하였다. 르네상스 시대에 한동안 유럽에서 융성하던 레이피어도 시대의 변화와 함께 휴대가 간편한 스몰소드에 밀려 그 기술과 함께 소멸된다. 스몰소드는 레이피어를 작고 가볍게 만든 검으로, 긴 레이피어에 비해 거추장스럽지 않고, 빠르고 정확한 공격과 방어가 가능하였으며, 무엇보다 레이피어보다 모양이 우아하여 당시 패션의 미적 감각에도 부합하였다. 기술 면에서도 스몰소드는 종래 롱소드나 레이피어가 크고 무거워 효과적인 리포스트(방어후 즉시 반격)가 어려웠는데 비해 가볍고 빠른 되받아치기 기술을 실행함으로써 그 실용성을 인정받았다. 참고로 스몰소드는 1미터 정도에 1kg 미만으로 우리가 사용하는 진검보다 약간 작고 가볍다고 생각하면 될 것 같고, 롱소드는 진검보다 약간 긴 1-1.3m, 평균 1.3-1.5kg정도이다.[2] 칼날 길이가 1m 내외이고 한손 또는 두손으로 사용했는데, 중량급 한손검과 비슷한 무게 정도가 일반적이었다. 그러나 각종 형태의 검의 크기나 무게는 시대에 따라 또 국가나 지역별로 상당한 차이가 존재했다. 이러한 롱소드는 레이피어[3] 와 스몰소드[4] 로 변형되어 맥을 이어 왔으나 총기의 발달과 함께 전쟁에서는 사용되지 않고 개인간 결투용 기술로 남아 있었다. 이후 결투제도가

---

[2] 남아 있는 롱소드의 규격을 소개하면 다음과 같다. 1. 독일 16세기. 115cm, 칼날 길이 97cm, 무게 1.2kg, 무게중심 코등이에서 16cm 2. 스위스 1530년. 칼날 길이 101.5cm, 무게 1.62kg, 칼날 폭 3.8cm, 칼끝에서 1/3까지는 양날(월레스 컬렉션 소장) 3. 월레스 컬렉션 소장 1360-1400년 추정 롱소드는 칼날 길이 75.5cm, 무게 930g, 칼날 폭 3.1cm.

[3] 칼날 길이 1-1.3m, 무게 1.2kg, 롱소드보다 약간 더 길지만 무게는 비슷하다.

[4] 스몰소드는 17세기 중엽 레이피어에서 발전한 검으로 레이피어의 장대한 길이 탓에 발생하는 결점을 시정하는 동시에, 보다 빠르고 세련된 검기를 지향하기 위해 찌르기 전용으로 칼날의 구조를 바꾸고 길이를 줄이며 복잡한 구조의 손잡이를 최대한 간략하게 함으로써 경량화를 달성하였다.

금지되면서 그 역할을 마치고 현대의 펜싱으로 변신하게 된다.

서양무술은 왜 동양과 달리 소멸했나?

 화려했던 로마의 검술이나 막강 바이킹 검술들은 다 어디로 사라졌나? 우리나라에서도 연개소문이나 김유신의 천하통일 검법들은 다 어디로 갔나? 실체를 잃어버린 그 기술들은 기록으로만 전해지거나, 아니면 기록조차 남기지 못하고 대부분 사라져버렸다. 우리도 본국검이나 조선세법의 실체를 잃어버리고 무예도보통지를 통해 옛 무술을 복원하고 있지 않은가? 유럽에서도 각 시대마다 다양한 무술들이 존재했었지만, 세월의 흐름에 따라 모두 사라지고 일부만 기록으로 남아 있을 뿐이다.

 이에 대해 유럽사람들은 일본과 중국은 무술의 전통이 남았는데, 왜 유럽에는 소멸되었을까 하는 의문을 가지고 있는데, Ryuta Osada는 다음 두가지로 그 의문에 대한 그들의 답을 정리하고 있다. 첫째, 과거 유럽에서는 한 해도 전쟁이 없던 해가 없을 정도로 지속적으로 크고 작은 전쟁을 치르는 과정에서 무기와 전쟁기술도 끊임없이 발전/개량되어 오는 동시에 시대에 뒤떨어진 기술은 자연히 소멸되었다. 일본이나 중국에는 한 동안의 전쟁이 있었지만, 그 후 상당한 기간 동안의 평화 시기가 지속되어 군사적 발달이 정체되었기 때문에 종래의 무술이 실용적인 기술로서 승계될 수 있었다. 만일 일본에서 15-6세기 전국시대가 끝나지 않고 지속되었다면, 일본 무술의 양상도 달라질 수밖에 없었을 것이다. 둘째, 많은 무기들이 상징적이거나 패션의 일부이기도 했으므로 유행에 따라 변화하거나 또 없어지기도 하였다. 예를 들면, 르네상스 시대에는 레이피어와 과학적 검법이 성행했고, 그 후 실용적인 스몰소드로 교체되었으며 결국 펜싱이라는 스포츠 종목으로 남게 된다. 이 과정에서 옛것들은 전승되지 않고 역사적 유물로만 보존되고 있을 뿐이었기 때문이다.

III. 중세유럽무술의 발생과 유파

중세시대라 하면 서로마제국의 멸망으로부터 신대륙 발견 기간까지 약 1000년 간의 기독교의 신(神)중심의 시대를 의미하는데, 중세 초기 무술에는 앞에서 언급한 대로 바이킹 등 북유럽의 롱소드 중심의 파워풀한 전투무술이 성행했으나, 그 기록은 별로 남아 있지 않다. 현존하는 가장 오래된 Fechtbuch(Fightbook)은 미국 콜롬비아 대학 도서관에 소장되어 있는 Oxyrhynchus Papyrus라는 문서로 이집트 옥시린쿠스(현 엘바나사)에서 발굴된 AD 2세기의 그리스의 레슬링 메뉴이며, 중세의 페헤트부흐(싸움의 책) 중 가장 오래된 것은 14세기 초 독일에서 제작된 "버클러와 소드."를 다루고 있는 I.33 문서이다. 이후 15세기 무렵부터는 동 분야 저술이 다수 나왔으며 인쇄기술의 발달로 그 수가 급증하였다.

중세 후기 유럽 각국에서는 봉건제의 영향으로 낮은 국경장벽으로 인하여 장인(기술자)들은 각지를 여행하며 기술을 배웠으며, 무술에서도 마찬가지로 각국의 다양한 기술들을 여행하며 배우는 전통이 있었다. 예를 들면 독일식 무술의 창시자 리히테나워는 각지를 여행하며 배운 기술을 취사선택하여 하나의 유파를 창시한다. 이탈리아의 피오레도 각지에서 가르침을 받은 뒤 독일 슈바베 지방의 요하네스를 스승으로 모시고 무술을 배웠으며, 그의 제자들 또한 이탈리아인과 독일인 등으로 다양하다. 영국 출신으로 후대 최고의 기사라고 불리게 된 윌리엄 마샬(1147-1219)은 프랑스에 건너가 무술을 배웠다고 한다. 그리고 현존하는 중세 프랑스의 유일한 페헤트부흐(Le Jeu de la Hache)는 부르군트 왕을 섬기던 밀라노 출신 이탈리아 인이 집필한 것으로 전해진다. 또한 독일식 무술의 검사 마르틴 지버는 1491년에 저술한 페헤트부흐에서 헝가리, 보헤미아, 이탈리아, 프랑스, 영국, 독일, 러시아, 프로이센, 그리스, 네덜란드, 프로방스의 검사들에게 검술을 배운 사실을 언급하고 있다. 이와 같이 당시는 오늘날 보다 훨씬 더 지역 간 교류가 활발하였고, 무술 분야에서도 폭넓은 기술교류가 이루어졌다.

독일 무술 리히테나워식 유파

기록상 독일의 페헤트부흐가 중세 후기시내 유럽에서 가장 오래되었으며 이후 다양한 페헤트부흐나 무술유파가 만들어졌다. 독일 유파의 창시자는 Johannes Liechtenauer이며 14세기 중반에 창설되었으며 17세기 말까지 지속되었다. 독일식 무술은 당시 아직도 새로운 무기였던 롱소드[5] 의 기술을 모든 무기술의 기본으

---

[5] 롱소드는 13-4세기 한손검으로부터 발전한 무기로 15세기를 정점으로 17세기까지 유행하였다. 그 명칭은 당시 독일어인 langenschwert를 번역한 것으로 통상적인 한손 검보다 전체적으로 길이가 길다는 데서 유래되었다. 그 외 바스타드 소드(또는 핸드 앤드 하프 소드)라고도 불리웠는데, 그 이유는 롱소드가 옛날의 양손 검보다는 짧고 한손 검보다는 긴 검 또는 양손으로도 한손으로도 사용할 수 있는 검이었기 때문이다. 영국식 롱소드 검술에서는 롱소드를 양손 검이라고 부르는 등 당시 유럽에서는 대체로 롱소드를 양손 검으로 여겼던 것으로 보인다. 롱소드의 일종인 하프 소드에서는 검의 손잡이를 오른손 그리고 날을 왼손으로 잡고 갑옷의 빈틈을 정확하게 찌르기 위한 목적으로 고안되었고, 또 칼

로 삼고 있었으며, 당시 롱소드 기술에는 독일식 무술의 기본기술이 다 포함되어 있었기 때문에, 이것을 배우면 다른 무술의 사용법도 비교적 쉽게 배울 수 있게 되었다.

　독일식 무술의 모든 기술과 이론은 '주도권'을 어떻게 잡고 그것을 어떻게 유지하는 것이냐를 목적으로 설계되었다. 상대와 겨눌 때 공격의 주도권을 쥐고 상대를 수세에 몰아넣고 자신은 안전권에 둔 채 수세의 상대를 잇따라 공격하여 승부를 내는 것이다. 이때 만일 주도권을 뺏겼다면 가능한 되찾아 오는 것이 최선책이다. 이 방식은 공격우선이며 선제지상주의이지만 무작정 먼저 공격하는 것이 아니라, 상대를 자신의 행동에 반응하게 하게 만드는 것이다. 예를들면, 빈틈을 만들어 상대의 공격을 유도하면 겉으로 보기엔 상대가 선제공격을 하는 것처럼 보이지만, 사실은 빈틈을 만든다는 이쪽의 행동에 반응하는 것이다. 독일 무술에서의 '선(先)'은 선제행동의 공격적 성질을 가지고 주도권을 쥔 상태이고, '후(後)'는 상대의 공격에 대처하는 방어적 성질을 가지고 있으므로 주도권을 빼앗긴 상태를 말한다. 그리고 주도권을 누가 쥐고 있는지 불확실 할 때는 양쪽이 거의 동시에 공격한 경우나

　날을 양손으로 쥐고 손잡이로 상대를 가격(살격)하거나 큰 코등이를 갈고리처럼 상대의 무기나 몸에 걸어 쓰러뜨리는 기술을 사용하였다.

바인드(검과 검이 서로 교착상태)가 있다. 이때에도 감지(感知)를 통해 즉, 접촉한 상대의 무기를 통해 상대의 저항이 강한지 부드러운지를 판단하여 주도권을 잡을 필요가 있다. 검과 검이 바인드 되어 있을 때 상대의 저항이 강해 내가 밀리면, 상대가 강하다고 하고, 반대의 경우를 약하거나 부드럽다라고 한다. 리히테나워는 강함은 부드럽게, 그리고 부드러움은 강하게 대항해야 된다고 가르쳤다. 즉, 상대가 강하게 밀어 붙일 때는 저항하지 말고 받아넘긴 다음 반격을 해야 하고, 상대가 부드러울 때는 단숨에 공격하여 상대의 방어를 격파하라는 것이다.

이탈리아식 무술

로마제국이 몰락한 이후 이탈리아 반도는 여러 독립세력이 격렬하게 대립하게 되었고, 그러한 상황에서 각 세력과 도시는 독자적인 무술체계를 발전시켰다. 그렇지만 지금까지 남아있는 것은 극히 일부이며 대부분 흔적도 없이 사라지고 말았다. 14세기 후반 피오레 데이 리베리, 16세기 볼로냐 파의 여러 검사들 그리고 카밀로 아그리파와 17세기 살바토레 파브리스 등 덕분에 오늘날 이탈리아 무술의 특징을 고찰할 수 있게 되었다. 15세기의 필리포 바디는 무술이란 과학이며 그중에서도 기하학이라고 하였다. 따라서 이탈리아 유파의 특징은 무술의 과학적 접근이라고 할 수 있다. 볼로냐 파의 창시자는 기하학 교수이고, 레이피어를 완성시킨 아그리파는 엔지니어로 그들은 무술에 대해 일관된 사상을 가지고 있었다. 그것은 기하학의 원리를 응용하여 가장 효율적인 공격과 방어법 확립 그리고 템포의 개념을 이용해 시간과 행동 간의 상관관계 파악으로 요약된다. 템포는 흔히 리듬과 같이 쓰이지만, 이탈리아 무술에는 두가지 템포가 있다.

  그 첫째는 공격, 방어, 반격을 하기에 적절한 때를 말한다. 이 템포는 상대의 행동과 관련이 있는데, 상대가 다가와 공격하려 하거나 또는 자세를 바꿀 때 공격하면 템포에 따라 공격한다고 하고, 만일 상대가 가만히 있을 때 공격하면 템포를 벗어나 공격한다고 한다. 두번째 템포는 시간인데; 1. 싱글템포(stesso tempo)-공격을 하는 데 필요한 시간 2. 카운터 템포(contra tempo)- 동시에 받아치는 시간 3. 하프템포(mezzo tempo) - 반 박자로 공격하는 것 4. 더블 템포(dui tempo)- 받아치기처럼 두 개의 동작으로 이루어진 행동
  이탈리아식 무술이 가장 번성한 때는 르네상스 시대의 레이피

어와 함께이며 이후 패션과 함께 각 나라와 각 지역으로 전파되었으나, 프랑스 등의 스몰소드 검술이 대두하면서 쇠퇴하였다. 이탈리아도 나름대로 스몰소드 검술을 발전시켰지만, 현재의 이탈리아 클라식 펜싱(Scherma Calssica)으로 명맥을 유지하는데 그쳤다.

영국식 무술

영국은 유럽이면서도 유럽과는 다른 독자적인 문화를 가지고 있듯이 무술에서도 다른 측면이 발견된다. 우선 영국 무술의 특징은 안전제일의 수비형이다. 펜싱이라는 말은 fence에서 왔는데, 이는 '막다', '받아넘기다', '몸을 보호한다' 라는 뜻이다. 영미의 국방부는 Ministry of Defence인데 다분히 방어적인 성격을 가지고 있다. 영국의 무술문헌 중 가장 오래된 것은 16세기 말 조지 실버가 쓴 "방어의 역설(Paradoxes of Defence)."인데, 그 이전에도 양손 검, 롱소드 검술에 대한 페헤트부흐가 있었지만 해독할 수가 없고, 기록상 이미 12세기에 런던 내 무술학교 설치 금지법이 있었음을 볼 때 영국의 무술은 실버 이전부터 크게 번성했음을 짐작할 수 있다. 또한 영국만의 독자적인 미늘창(도끼창), 쿼터스

태프(6척봉), 윌시 훅 같은 무기가 개발되어 애용되고 있었다. 실버는 자신이 반격으로부터 확실하게 안전하다고 할 때에만 공격해야 한다고 주장했다. 심지어 반격 자체도 부정하며 오로지 뒤로 물러나면서 하는 반격만 유일하게 인정했다. 그의 논리는 그래야만 혹시 반격에 실패해도 안전하다는 것이다. 기다리다가 놓칠 수 있는 기회에 대한 비난에는 안전한 기회를 포착하는 것이 바로 검사의 실력이라고 항변했다. 그러나 보니 자연히 뒤로 물러날 일이 많다는 것이 영국무술의 특징이 되었다. 이에 대해 16세기 말 영국에서 이탈리아식 레이피어 기술을 가르치던 빈센티오 사비올로가 잉글랜드인들은 지나치게 뒷걸음 치는 경향이 있는데 이는 매우 부끄러운 일이라고 언급했다. 한편, 실버는 이탈리아식 무술을 비난하면서 stopping power(전투불능상태로 만듦)를 중시하면서 머리에 대한 내려치기를 강조했다. 그 이유는 레이피어 기술은 빠르게 상처를 입히지만 상대의 전투력을 없애지는 못한다는 것이다.[6] 반대로 롱소드 검에 의한 공격은 살상력에서는 떨어지지만 상대의 전투력을 치명적으로 상실시킬 수 있다는 것이다.

---

6 중세 결투에서 레이피어를 사용할 경우 둘다 사망이 많았는데, 그 이유는 먼저 찔린 사람이 바로 사망하는 것이 아니라 그 순간에는 공격할 수 있기 때문에 결국 이긴 사람이나 진 사람 모두 사망하게 되었다.

끝으로 바그너는 실버의 전투원칙을 다음과 같이 요약하고 있다.

1. 확실한 방어는 효과적인 공격보다 중요하다.
2. 상대를 위협하여 반응하게 함으로써 이쪽이 공격하다 빈틈이 보여도 감히 공략하지 못하게 만든다.
3. 항상 온 힘을 다해 공격한다.
4. 상대의 전투력을 빼앗는 공격만을 한다.
5. 상대가 이쪽을 공격할 수 없는 위치에서 공격한다.
6. 상대의 가장 취약한 부분을 공격한다.
7. 만일 공격이 막히면 계속 공격하지 말고 즉시 후퇴하여 상대의 간격에서 벗어난다.
8. 상내의 공격을 방어할 때는 공격에 힘이 붙기 전에 방어한다.
9. 방어에는 항상 보험을 들어둔다.
10. 공격이나 방어를 할 때 실패하더라도 자신의 몸이 무방비 상태로 노출되지 않도록 한다.
11. 항상 적당한 거리를 유지하여 상대가 빈틈을 보이지 않고는 이쪽을 공격할 수 없게 한다.
12. 지형, 상황, 날씨, 무기 등 모든 것을 활용하여 살아 남는다.

스페인식 무술

레이피어는 원래 스페인에서 시작되어 독일을 거쳐 이탈리아에서 과학화되었지만, 스페인식 무술은 그 후에 이탈리아식, 특히 아그리파의 영향을 강하게 받았다. 아그리파 검술이 기하학적 분석에 기초하고 있는데, 스페인은 이를 더 발전시킨 것으로 기술 교본에 기하학적 도형이 빼곡하게 차 있고 본문도 이론적인 기술에 편중되어 있어 예비지식 없이는 이해하기 힘들게 되어있다. 하지만 당시 스페인 검사들은 유럽에서 최강으로 평가되었다. 이탈리아 무술을 폄하하며[7] 전통적 영국무술이 최고라고 하던 실버 조차도 스페인식 무술은 최강의 유파 중 하나로 인식할 정도이었다. 이러한 스페인 무술은 16세기 중반 헤로니모 데 카렌사가 창시한 후 우여곡절을 겪었으나 얼마 지나지 않아 신속하게 스페인에서 주도적 위치를 확보하였다. 그 이전의 무술을 고무술(古武術, Esgrima Antigua)이라고 하는데, 안타깝게도 오늘날 극히 단편적인 자료밖에 남아있지 않다. 실버에 의하면, 우선 그들은 마주 보고 용감하게 서서 발은 모으고 등을 곧게 편 자세로 선다. 오른발은 앞에 두는데 상대를 향하도록 똑바로 딛고 왼발은 그 뒤에

---

[7] 실버는 이탈리아식 무술훈련법(힘을 넣지 않고 슬로모션으로 훈련하는 것)을 비판하면서 형의 연습은 빠른 속도(실전과 같은 스피드)로 행해야 된다고 말했다. 또 어떤 검사는 연습용 칼에 은색을 칠하여 진짜처럼 보이게 해야 한다고 주장하였다.

90도 기울인다. 그리고 오른팔과 레이피어를 똑바로 뻗고 왼팔을 자연스럽게 내린 것이 스페인식 레이피어 자세이다. 실버는 이 독특한 자세야말로 스페인 무술의 강함의 비결이라고 평가한다. 두 발을 모은 자세는 아그리파 이론과 같으며 빠르게 한 걸음 내딛기에 효과적이라고 하지만, 다른 무술과는 다른 곧게 선 자세는 그 효과가 의문시 된다.

 레이피어는 무척 길기 때문에 정면 앞으로 쭉 뻗고 있을 때, 첫째, 직선으로 들어오면 큰 코등이에 상대칼이 막히고, 둘째, 아무 생각없이 들어오면 상대칼에 먼저 걸리고 셋째, 돌아 들어가 상대의 팔을 공격히려 해도 상대가 레이피어로 이쪽을 겨냥하고 있는 한, 상대의 레이피어가 먼저 도달하게 된다. 실버는 이 경우 상대의 칼을 쳐내기만 하면 스페인 검술은 간단히 격파된다고 하지만, 상대 또한 이를 예측하고 대책 마련을 위한 훈련을 해왔기 때문에 자칫 도로 당하기 쉽다. 결국 스페인 검술은 레이피어를 상대의 행동을 제한하기 위한 방패로도 사용하기 때문에 공략이 어려운 것이다. 또 다른 스페인 무술의 특징은 의외로 베기도 중요한 공격법 중의 하나라는 것이다. 레이피어는 분명 찌르기에 적합한 형태의 날을 가지고 있지만, 자르는 힘이 없는 것은 아니다. 머리에

일격을 가하면 치명상을 입힐 수 있고 팔을 베어 전투력을 상실시킬 수도 있었다.

이러한 자세의 특징으로 스페인 무술에서는 쉬지 않고 상대를 중심에 두고 원운동을 하면서 기회를 보다가 상대의 공격선에 벗어난 순간 공격을 한다. 이러한 원운동(차라리 대각선 이동)이 스페인 검술의 특징이므로 비교적 직선운동을 하는 이탈리아식과는 다르다. 이러한 신비의 원(실버가 명명)의 검술은 이후 300년간 거의 모습을 바꾸지 않고 이어졌으나, 19세기 중반 검술의 필요성이 사라지고 현대적 펜싱이 등장했을 때, 스페인 검술은 직선운동만이 가능한 펜싱에 적응하지 못하고 사라지게 되었다.

IV. 중세유럽무술의 기본개념과 이론– 롱소드를 중심으로

대부분의 유럽 페헤트부흐에서는 무술의 기본개념을 설명하고 있지 않거나 간략하게 설명할 뿐인데, 16세기 조지 실버는 그의 저서 "Paradoxes of Defence."에서 가장 상세하게 설명하고 있다. 그는 당시 영국 전역에 퍼지고 있는 레이피어를 중심으로 한 이탈리아식 무술에 비해 영국의 롱소드를 중심으로 하던 전통무술이 얼마나 우수한 지를 설명하고자 한 책으로 무술의 기본 개념이 잘 설명되어 있다. 실버는 27개의 원칙 중 4개의 근본원리를 정의하고 있는데, 그 네 가지란, 판단, 거리, 시간, 그리고 위치이다. 이 네 가지를 정확하게 이해하는 것이 승리의 지름길인데, 이 네 가지는 서로에게 영향을 미치며 작용한다. 우선 판단에 의해 거리를 유지하고, 거리가 시간을 결정하며, 시간을 파악함으로써 안전하게 적과의 위치를 잴 수 있다는 것이다. 결과적으로 위치와 시간을 통해 자신이 의도한 바를 달성할 수 있으며 동시에 상대의 의도를 무산시킬 수 있다는 것이다. 계속해서 실버의 설명에 의하면 판단(judgement)이란 전술, 무기, 시긴 세 요소로 상황을 판단하는 것을 의미한다. 거리(distance)란 자신과 상대와의 거리에 자신과 상대, 각자의 간격을 더한 개념이다. 여기에서 간격(interval)은 자신이나 상대가 가지고 있는 무기로 도달할 수 있는 최대 거리를 말한다. 그는 "자신을 공격하기 위해 상대가 한 걸음 내디딜 필요가 있는 거리."가 가장 좋은 거리라고 하였다. 시간(time)이란 행동을 취하는데 소요되는 것으로 실버는 네 가지로 나눈다. 손의 시간(time of hand), 몸의 시간((time of body), 발의 시간(time of foot), 걸음의 시간((time of feet)으로 이들의 가장 효율적인 조합이 진짜 시간(true time)으로 동시에 움직이며, 그 반대는 가짜 시간(false time)으로 비효율적이며 따로따로 움직인다. 그는 시간에서의 전투의 기본이란 "상대보다 짧은 시간 안에 행동하는 것이다."라고 정의한다. 끝으로 위치(place, true place)란 간격과 거의 같은 개념으로 손과 팔 하나의 동작으로 도달할 수 있는 지점을 말하는데, 일단 누가 상대의 위치에 들어 가게 되면, 아무리 경험과 재능이 풍부한 사람이라도 자신의 몸을 지키는 것은 불가능하다. 따라서 최선의 전략은 일단 상대의 거리와 간격 밖에 있으면서 상대를 자신의 위치에 들어오게 하는 것이다. 검도에서도 나에게는 가까운 거리 그러나 상대로부터는 먼거리를 잡는 것이 승리의 지름길인데, 서양무술에서도 마찬가지로 상대를 나의 위치로 들어오게 하는 것이 최선이라고 가르친다. 동서양 무술의 원리는 같다고 생각한다. 일족일도의 거리나 기검체의 일치와 유사한 개념으로 특히 인상적이다.

결국 실버의 무술개념의 핵심을 요약하면 시간과 위치의 관계이다. 이탈리아 무술 역시 과학적 접근 방법을 기초로 하여 '템포'의 개념을 이용한 시간과 행동 간의 상관관계로 요약된다. 템포란 말은 흔히 리듬과 같이 쓰이지만 여기에서는 시간을 가르킨다. 이탈리아 무술에는 두가지 템포가 있는데, 첫째는 공격과 방어 그리고 반격을 할 때의 적정한 시기를 말한다. 한마디로 '지금이다(ora)' 하는 순간을 의미한다.[8] 이 '템포'는 상대의 행동과 관계되어 발생한다. 두 번째 템포는 시간(time)으로 어떤 행동을 하는 데 필요한 시간을 의미한다. 무술에서는 일반적으로 네 가지로 나눈다.

1. Single(stesso) tempo - 어떤 행동을 하는 데 필요한 시간으로 실버의 '진짜시간'과 거의 같은 의미이다. 카운터 템포도 여기에 포함될 수 있다.

2. Contra(Counter) tempo - 상대가 공격해 오면 동시에 받아치는 것으로 독일식 무술의 '비기' 등도 여기에 포함된다.

3. Mezzo(Half) tempo - single tempo보다 작은 움직임의 공격

4. Dui(Double) tempo - 현대 펜싱의 '리포스트'처럼 받아치기를 하니까 두 개의 동작이 된다. 동작이 완료될 때까지 시간이 오래 걸려서 문자 그대로 '한 박자' 늦어버리기 때문에 비효율적이라 인식되고 있다.

---

[8] 16세기 후반의 이탈리아 검사 달라 고키에는 이 공격의 기회를 상대의 공격을 막은 뒤, 상대가 공격을 실패했을 때, 상대가 공격하기 위해 손을 들어 올렸을 때, 상대가 의미없이 자세를 바꾸는 도중, 상대가 의미없이 앞발을 들어 올리거나 뒷발을 내디디려 할 때, 이상 다섯 가지의 경우라고 하였다.

필자는 평소 검도지도 할 때 박자와 리듬을 맞춰 공격하라는 말을 자주 하며, 검도본에서 보면 선도는 기(기회)를 보아 공격하고 후도는 선도의 동작에 맞춰 선 또는 후의 반격으로 승리하게 된다. 선도는 싱글템포로 후도는 싱글템포 또는 카운터템포로 공격과 반격하며, 실버의 진짜 시간과 같은 개념으로 해야 한다. 중국무술에 나오는 박위(拍位)는 상대의 리듬을 끊고 자기의 리듬으로 끌어들여 승리하는 것을 의미하는데, 위 1번은 선의 공격이고 2번은 대의 선 4번은 '후의 선' 공격과 거의 같은 개념이다. 3번은 대도 7본 선도의 찔러보기(기당)에 해당하는 경쾌한 기술이며, 손목 머리 등 이단공격은 더블템포가 아닐까 생각한다.

독일식 무술에서의 가장 중요한 원리는 '주도권의 획득과 유지'에 있으며, 상대의 의도를 무산시키고 수세에 몰아넣고 제압하는 것이다. 독일에서는 이를 선(先, vor)라고 부르며, 주도권을 빼앗긴 상태를 후(後, nach)라고 부른다. 독일식 무술은 갑옷착용 전투, 갑옷미착용 전투, 그리고 마상전투 세가지 모든 경우에 롱소드를 사용한다. 독일식 무술은 독일 남부 출신인 요하네스 리히테나워가 14세기 중반에 창시한 무술로서, 현재까지 가장 상세한 연구가 많이 이루어진 유파이다. 여기에는 다양한 롱소드 자세들이 개발되어 있다. 네 가지 기본자세는 천장자세, 황소자세, 쟁기자세, 바보자세 네 가지로 아래 10 자세 중1, 2, 3, 4번이다.

1. **천장자세(Vom tag)** – 검을 머리 위에 들어올린 것과 얼굴 높이로 올린 것 두 가지가 있는데, 조선세법의 거정세나 검도본의 좌상단세 그리고 팔상(어깨칼)세와 아주 흡사하다. 그 명칭의 유래는 천장으로부터 내려오듯이 치라는 설과 머리 위에 들어올린 검을 천장에 비유했다는 설이 있다.

2. **황소자세(Ochs)** – 검을 얼굴 높이로 들고 상대의 얼굴을 겨냥하는 자세로 좌우 버전이 있다. 뿔을 곤두세운 황소 같다고 해서 황소자세라고 히지만, 이탈리아에서는 이 사세를 창문자세(Posta di Finestra)라고 부른다.

3. **쟁기자세(Pflug)** – 검을 허리 위치에 당겨잡고 상대의 얼굴을 겨냥하는 자세로 좌우 버전이 있으며 찌르기에 적합해 보인다. 소 쟁기질 할 때 모습과 닮았다고 하여 붙은 이름이다. 우리의 좌협/우협세와 아주 흡사하며 앞에 내민 좌우 발도 같다.

4. **바보자세(Alber)** – 칼끝을 내려 머리 위를 비우고 있어 언뜻 어리석은 행동처럼 보인다고 바보자세라고 불리지만. 이탈리아에서는 강철문자세(Porta di Ferro)라고 부른다. 그 연유는 이 자

세는 얼핏보면 허점이 노출된 것 같지만 사실은 난공불락의 강철
문이다하는 뜻이다. 이탈리아에서는 독일보다 검을 몸 가까이에
대는 경향이 있다. 대도 3본 하단세와 같지만, 왼발이 앞으로 나
와 있다. 방어력이 뛰어난 자세이다.

5. 찌르기자세(Langort, Langenort) - 검을 앞으로 쭉 내밀어
상대의 얼굴을 겨냥함으로써 상대와의 거리를 유지 할 수 있고 또
내 검이 짧다는 착각을 불러 일으켜 상대를 혼란스럽게 만들 수
있다. 팔을 쭉 뻗어 긴 자세로도 불리는데, 이탈리아에서는 긴 자
세(Posta Lunga) 또는 찌르기 자세로 불리운다.

6. 왕관자세(Posta Frontalle 또는 Corona) - 칼끝을 위로 가
게 똑바로 세워 드는 자세로 본국검의 지검대적세와 같지만 칼의
옆면이 상대를 향한다. 그 이유는 상대의 상단공격을 넓은 코등
이로 막기 위해서 이며, 이 자세에서는 재빠른 반격이 가능하다고
한다. 코로나에는 정수리라는 뜻도 있는데 아마 이 부분을 방어
한다는 것이 원래 취지가 아닐까 추정한다.

7. 뒤 강철문자세(Porta di Ferro Indietro) - 4번 자세와 같이
검을 내리나 칼끝이 앞을 향하는 것이 아니라 뒤를 향한다. 4본
허리칼(waki-kamae)과 매우 흡사하다.

8. 분노자세(Zornhut) - 검을 어깨에 멘 상태에서 다양한 공격

을 반복할 수 있는 자세로 분노한 사람이 본능적으로 검을 올려 맨 모습과 같다는 데서 유래했고, 이탈리아에서 같은 자세를 조신한 여성의 모습을 표현하기 위해 사용하던 구도와 닮았다고 해 귀부인자세(Posta di Donna)라고 부르는데, 그 자세는 계집 女자를 닮은 느낌이 있다. 조선세법에도 이와 비슷한 그림이 있다.

9. 열쇠자세(Schuessel) – 황소자세에서 검을 오른쪽 어깨에다 붙인 자세로 좌협세보다 높다. 이 자세의 이름은 열쇠로 문을 열듯이 손쉽게 상대의 방어를 뚫을 수 있다는 데에서 유래되었다.

10. 쌍각자세(Posta di Bicornio) – 칼끝으로 상대를 겨냥하고, 손잡이는 감싸 쥐면서 가슴쪽에 끌어 당기는 이상한 자세인데, 방어에 뛰어나며 다양한 지세로 재빨리 전환할 수 있는 장점이 있다.

V. 중세 유럽무술(롱소드)과 검도의 같은 점 다른 점 그리고 시사점

고대 로마제국이 멸망한 후 중세유럽의 검술문화는 유럽국가 간 상호 영향을 미치며 발전하였으나, 불행히 전승되지 않고 단절되었고 문헌으로만 남아있다. 현대에 와서 이탈리아에서는 클라식 펜싱(Scherma Calssica)으로 스페인은 고무술(古武術, Esgrima Antigua)이라고 재현하여 그 명맥을 유지하고 있으며, 주로 드라마 촬영 등에 쓰이고 있다. 우리나라에서도 70년대부터 본국검과 조선세법을 부분적으로나마 복원 재현하여 시범, 심사, 대회 등을 하고 있으므로 그들과 비슷한 실정이다. 섬나라인 일본은 16세기 이래 평화정착으로 새로운 무기개발이 지체된 덕분에 옛 무술들을 보존하여 전승하고 있다. 만일 일본에서 그 전과 같이 전쟁이 지속되었다면 새로운 무기를 개발하고 옛 무기들을 버렸을 수도 있었을텐데 말이다. 유럽의 경우 총화기의 개발로 무술이 더 이상 전쟁기술로 사용되지 않고 결투용 또는 패션으로 전해 내려오다 결국에는 펜싱이라는 스포츠에 그 자리를 물려주고 역사의 뒤안길로 사라졌다. 동양에서도 중국, 한국을 거쳐 일본으로 전해진 무술은 일본에서 나름 꽃 피우다가 총화기의 발달로 결국 일자리를 잃은 무사들이 격검흥행을 하다가 오늘날의 스포츠 검도로 자리를 잡게 되었다. 동서양의 칼싸움이 유사한 과정을 거쳐 프랑스에서 펜싱, 일본에서 검도로 스포츠화 하였다.

16세기 이래 일본에는 많은 유파가 생성되어 오늘날까지 100개 이상의 유파들이 남아 있지만, 사실상 같은 언어와 문화를 가지고 같은 형태의 검(대도 및 소도)을 사용하기 때문에 크게 보면 매우 유사하며 큰 차이가 없어 보이기도 한다. 그러나 유럽의 경우 나라와 언어가 다르고 옛날에서부터 내려오던 검의 전통이 각기 다른 상태에서 많은 전쟁을 치르고 중세시대를 맞았다. 그러나 중세봉건시대에는 국경의 개념이 희박하여 지역 간 활발한 교류를 행하였으며, 특히 르네상스시대에는 다양한 분야에서 인적 교류를 수반한 문화적 전파가 일어나기 시작했다. 무술분야에서도 앞에서 언급한 바와 같이 예외가 아니었다. 문화란 속성상 위에서 밑으로 즉, 높은 데서 낮은 데로 흐른다. 14-5세기에는 유럽에서 독일무술이 가장 앞선 것으로 보이며, 이탈리아가 독일의 영향을 받아 르네상스시대에 과학적 방법을 가미한 검술을 개발하여 스페인과 프랑스에 전수한 것으로 나타나고 있다. 영국은 섬나라의 특성상, 전통적 방법을 보존하고 있었으나, 실버가 안타까워 하듯이, 유럽무술을 받아들임으로써 그 전통을 상실하고 만다. 특히, 프랑스에서는 파리의 앙디상디데이가 프랑스류 검법을 만들어 단검을 폐지하고 장검만을 사용하였으며, 이후 18세기 무렵에는 귀족계급의 교양의 일부로 꼽히었고 전투적인 검법으로부터 스포츠적인 것으로 변화하였다. 다시 마스크를 착용하고, 칼끝에 솜방망이를 달아 안전성을 도모하여 완전히 스포츠화함으로써 현대의 펜싱경기가 탄생하게 되었다.

　이상에서 역사적으로 보면 이런저런 과정을 거치면서 동양에서는 '검도'라는 스포츠 종목이 그리고 서양에서는 '펜싱'이 탄생하여 롱소드(장검)의 맥이 이어진 점은 공통적이다. 스포츠로 검도를 배운 필자는 오랜 기간 검도를 했지만, 왜 검을 두 손으로 잡는지, 왜 왼발을 뒤로 오른발을 앞으로 내미는지, 왜 앞쪽 10cm로 베야 하는지, 왜 칼옆으로 막아야 하는지, 정수리를 베는지 얼굴을 베는지? 잘 몰랐었고 또 기술적인 측면이나 검리 면에서도 대부분 관습적인 지혜(traditional wisdom)에 의존해 왔다. 그러나 검도본 책을 쓰면서 학문하는 실증적인 자세로 객관적이고 합리적으로 이해하려고 노력하였으나 역부족이었다. 그래서 내린 나름대로의 결론은 '검도본은 과학이 아니다'라는 것이었다. 규범적 성격이 강하므로 일본 일부 고단자들은 검도본 원전을 바이블이라고 부르기도 한다.

　이제 중세유럽무술을 공부하면서 동서양의 공통적인 많은 검리를 발견하고 검도에 대한 이해의 폭을 넓힐 수 있는 계기가 되었고, 다른 점을 보고는 검도를 다시 한번 생각할 수 있게 되었다.

칼도 실용적인 측면뿐만 아니라 칼을 막는 방패와 갑옷의 변천에 따라 바뀌었으며, 한손 또는 두손으로 잡기도 하였다. 롱소드인 경우 1.3-1.5kg으로 무거우므로 한손 또는 주로 두손을 사용하게 되었다. 스몰소드는 한손을 사용했으며 따라서 여기에서 유래한 펜싱도 한 손을 쓴다. 검도에서 금기시 하는 직각 왼발은 레이피어에서 공격받는 면적을 줄이기 위한 목적으로 시작되었으나, 치고 나가지 않고 그 자리에 멈추기 때문에 별 지장이 없어 오늘날 펜싱의 기본 자세로 도입되었다. 롱소드에서 검의 무게중심(center of gravity)은 코등이에서 약 10-15cm 정도 앞이며 베는 부위는 앞부분이나 방어는 뒷부분으로 한다. 그 이유는 칼끝은 길고 날카롭지만 힘이 약하므로 강한 손잡이 부분으로 막는 것이 유리하기 때문이다. 코등이의 경우 검도에서는 방어 목적으로만 사용되었지만, 그들은 넓은 코등이를 사용하여 상대의 검을 떨어뜨리거나 상대편을 갈고리 같이 잡아당기기도 하였다. 타격부(percussion point/vibration node)[9] 는 야구배트의 심에 해

---

[9] 칼이 목표물에 명중했을 때 그립과 도신이 진동하게 되는데, 이때 정확한 칼의 타격부로 베면 검이 진동하지 않기 때문에 손이 피로하지 않고 운동에너지가 100% 가까운 효율을 기대할 수 있다. 진동으로 이 부위를 찾는 방법은 두 가지인데, 칼을 수직으로 세우고 병두를 두드려 진동을 느끼거나, 또는 칼날로 목제 등 단단한 물체를 살짝 두드려 손에 전해지는 진동유무를 판정하는 법이다. 그런데 실제로 중세시대에는 이를 발견하지 못했을 가능성이 크다고 한다.

당하며 베기효율이 가장 좋은 부위로 롱소드에서는 칼끝에서 약 30cm 떨어진 곳에 위치한다. 롱소드의 경우 제1선회점[10] 과 칼끝이 정확하게 일치하도록 조정되어 있어 칼끝을 공중의 한 점에 정지시킨 채 검을 움직일 수 있게 된다. 15세기 검사였던 되브링어는 "칼끝은 모든 기술이 태어나고 다시 돌아가는 중핵이다."라고 하였다. 레이피어와 한손 검의 경우 사용하는 기술이 다르기 때문에 선회점과 칼끝이 일치하지 않는다.

독일식 무술은 '선제공격지상주의'로 모든 공격을 선과 후로 나누며, '선'은 먼저 행동하는 것으로 공격적 성질을 가지고 주도권을 쥔 상태를, '후'는 상대의 행동에 대처하는 것으로 방어적 성질을 가지며 공격의 주도권을 빼앗긴 상태를 말하며 이때 즉시 반격한다. 그리고 둘 다 주도권을 쥐지 않은 상태에서 동시에 공격하는 경우도 있다. 이러한 독일식 분류는 우리 검도와 너무나 똑같지 않은가? 또한 스승과 제자 2인이 마주서서 공격과 반격을 하

---

10 칼을 움직일 때 크게 관계되는 것이 선회점인데, 제1 선회점(fore-pivot point)은 칼끝을 아래로 내린 상태에서 코등이 가까이 그립을 쥐고 앞뒤로 흔들었을 때 이동하지 않고 정지해 있는 부위이다. 제2 선회점(aft pivot point)은 손잡이 뒷 부분을 쥐고 흔들었을 때 정지해 있는 부분인데, 실제의 선회점은 두 선회점 사이에 나타난다. 따라서 타격 부는 그 사이에 위치한다. 롱소드의 경우 이를 정리해 보면, 제1 선회점은 칼끝, 제2 선회점은 도신의 중간부분, 타격부는 칼끝으로부터 약 2-30cm이므로 그 사이에 위치하며 도신의 약 1/3, 검전체의 약 1/4정도이다. 검도에서의 타격부와 거의 같다.

는 모습 또한 검도본을 보는 듯 하지만, 중국이나 한국 무술에서는 보기 어려운 장면이지 않은가? 그리고 이탈리아와 스페인에도 8방 검법이 있는데, 일본 발도술 8방베기와 거의 같다. 상하좌우 빗겨치기까지 7방은 같은데, 마지막 8방은 일본은 찌르기인 반면 그들은 올려베기이다. 일본도는 위에 날이 없지만, 그들의 칼은 위아래에 날이 있으므로 수직올려베기가 가능했던 것이다. 유럽에서는 찌르기 기술을 많이 사용한 탓인지 다양한 찌르기 공격법[11]과 방어법이 소개되고 있다. 영국식 롱소드 기술 중 "살을 내주고 뼈를 취하라(stroke aventure)."는 자신의 몸을 위험에 어느 정도 노출하고 상대보다 더 적극적으로 공격하는 것을 가르킨다. 하창시절 호익룡 선생께서 "가죽을 주고 살을 취하고, 살을 주고 뼈를 취하라."는 말씀과 같은 의미로 생각된다.

다음은 공격선(Line of Attack) 개념인데 이탈리아식 무술에서 가장 많이 사용되는 개념으로, 자기 몸의 중심과 상대 몸의 중심을 연결한 선으로 정의된다. 이 공격선은 최단 거리와 최소시간으

---

[11] 이탈리아에서는 찌르기도 세세하게 구분한다. 뒷날이 위쪽이나 오른쪽으로 향하도록 올려찌르는 것은 stoccata, 손을 머리 위로 든 상태에서 내려찌르는 것은 imbroccata, 앞날이 왼쪽을 향한 상태에서 수평으로(왼쪽에서 오른쪽) 찌르는 것은 punta riversa, 앞날이 오른쪽을 향한 상태에서 수평으로(오른쪽에서 왼쪽으로) 찌르는 것은 punta dritta, 뒷날이 위쪽을 향한 상태에서 올려 찌르는 것은 punta in falso, 손을 회전시켜 칼끝이 나선을 그리도록 찌르는 것은 punta trivellata라고 부른다.

로 목표에 도달하는 것이 이상적이라고 한다. 따라서 자신과 상대의 몸을 연결한 직선이 이상적인 공격경로라는 것이다. 독일식 무술에서도 "자신의 검과 상대의 타깃 지역을 연결한 일직선으로 연결한 끈을 따라 공격하라."라고 쓰여있다. 유럽무술에서는 공격선을 무기가 지나다닐 것으로 예상하고, 어떤 방법으로 상대의 공격선을 차단 또는 우회하여 자신의 공격선을 방해받지 않고 상대에게 도달시키느냐를 기본전략으로 삼았다. 이러한 전략은 기하학을 바탕으로 하는 르네상스 시대의 레이피어 검술에서는 중시되었는데, 레이피어 검술이 찌르기라는 직선적 공격법이 주가 되므로 공격선을 응용하기가 쉬웠을 것으로 추정된다. 타격위주의 검도는 그들과는 다르겠지만, 검도본에서의 정중선 개념이나 모든 공방이 중심에서 크게 벗어나지 않는 직선(straight line)운동이라는 점에서 대부분 공통적이라고 볼 수 있다. 대도4본 선후도가 동시에 머리를 쳤을 때 두 칼이 두 사람의 중심선에서 부딪쳐 더 이상 내려가지 못하고 공중에 멈추게 하는 세장선(細長線)의 개념을 이러한 유럽식 공격선 개념으로 이해하면 좀 더 근접할 수 있을 것 같다.

평소 좌우 한 손에 검을 들고 좌우 발을 자유롭게 내밀면서 흔들고 하는 펜싱경기를 보면서 우리와는 다르구나 생각하였으나, 중세유럽무술의 양손검(롱소드)의 경우는 우리 검도와 거의 유사하다. 왼손을 밑에 오른손을 위에(가까이 또는 멀리 잡기도 하고 코등이 위로 도신을 잡기도 한다) 두고, 오른발을 대체로 앞으로 내민다. 동양이나 서양이나 오른손잡이가 대부분이었으므로 이러한 자세가 자연스럽지 않았나 생각된다. 보법에서도 보통걸음(passing step), 이어걷기(lunge)나 모아걷기(gathering step), 좌우 벌려걷기(slope step) 등으로 다양하나 우리와 대체로 유사하다. 특히 재미있는 것은 이도류인데, 바이킹에 대항하기 위한 기술로 일찍이 도입되었지만, 후에 르네상스시대 이탈리아에서 체계적으로 정리되었나. 큰 칼은 위에 작은 칼은 아래(하단)로 하거나 두 칼(둘다 크거나, 하나는 작거나) 다 아래로 내려 찌르기 위주로 하기도 하는 등 다양한 형태가 있었다. 1979년도 세계대회에 영국팀 주장 데이비스가 쌍칼을 들고나와 당황한 일본 주장을 이긴 적이 있었는데, 이는 유럽의 전통과 무관한 것 같지 않다.

다르거나 이상한 점도 있는데; 특히 도신을 손으로 잡아 막는다든지, 왼손으로 자기칼 도신을 잡고 강력한 힘으로 공격한다든지, 칼끝을 잡고 무거운 손잡이 부분으로 상대를 가격한다는 것은 이해할 수가 없지만, 칼날이 없거나 뭉텅하면 잡을 수도 있지 않을까 또는 손가락과 손가락 사이에 넣고 끼우면 잡을 수도 있지 않았을까 생각해 본다. 칼날로 막느냐, 칼옆으로 막느냐?의 논쟁도 유럽에서 미해결과제로 남아있다. 우리는 검도본에서 칼옆으로 막도록 교육받았지만, 실제로 유럽에서는 칼날이 더 강하기 때문에 전투에서는 그렇게 해야 된다는 설이 있는데, 전투에서 사용된 칼날이 너들너들하게 되었음은 이를 뒷받침하기도 한다. 검도본에서 후도의 머리치는 부위가 어디냐는 논쟁이 있었으나, 지금은 얼굴(면)이 정설이 되었다. 그러나 유럽에서는 얼굴이라는 말은 없고 "머리(두)는 정수리를 친다."로 이해되는 것 같다. 전투에서 사망한 유골들을 분석한 결과 두개골 파손이 다수 발견되었기 때문이다. 여기에서 부수적으로 언급해야 될 사항은 공격방법인데, 독일식 검술의 드라이 분더(세가지 상해)에 의하면 1. 베기(hau)- 강하게 휘둘러 베는 것으로 가장 자연스런 공격법 2. 찌르기(stiche)-검을 앞으로 내밀어 칼끝을 상대에게 찔러넣는 방법 3.자르기(schnitt)- 칼날이 상대의 몸에 닿아있는 상태에서 검을 앞뒤로 밀고당겨 상처를 입히는 방법이 있다. 우리나라에서는 검도공격을 격자(擊刺), 일본에서는 타돌(打突)이라고 간단하게 분류하는데, 과거에 본 중국자료에는 더 세분화 되어 있었던 것으로 기억한다. 아무튼 우리나라의 조선세법에는 격법과는 좀 다른 세법(洗法)이 있는데, 위 3번은 이와 유사한 것으로 짐작된다. 일본 검도본 서적은 대도 1본에서 선후도가 머리를 치는 것을 타(打, hit)라고 쓰고 절(切, cut)의 의미라고 설명한다. 7본 후도의 허리도 타(打)라고 하지만, 그 자세한 동작의 설명을 깊이있게 생각해 보면 이는 세법(스쳐베기)이며 유럽식의 자르기임에 틀림없다. 이런 독일식으로 대도 1본의 선도 머리공격이나 거정세에서의 큰 베기는 위 1번의 크고 강한 정수리 베기인 것 같으나, 후도의 머리공격은 이마와 얼굴을 당겨 베는 3번에 가깝지 않을까 생각해 본다. 끝으로 당시 유럽에는 현재의 짚단이나 대나무 베기 같은 훈련기록은 전혀 발견되지 않고 있으며, 후대의 유사한 것들도 훈련이라기 보다 곡예의 성격이 강한 것으로 보아 유럽에서는 물체를 베는 것을 훈련이라고 인식하지 않았던 것 같다.

15세기 중반 영국과 후반 독일에서 길드(guild)와 무술 사범(meister)의 기록이 있으며, 1540년 영국 헨리 8세가 무술길드를 공인한 것으로 전해지고 있다. 이러한 길드의 규칙으로는 "훈련장에 들어갈 때는 사범과 동문제자들에게 인사한다." "훈련장에 들어갈 때는 무기와 도구에게 인사한다." "바닥 위 무기를 넘거나 밟아서는 안된다." 등이 있었다. 참고로 이슬람권에서도 무기에 인사했으며 집어 든 무기에 입맞춤으로 '예'를 표했다고 한다. 16세기 이탈리아의 마르쪼의 말에 의하면 "스승의 말에 복종하고, 스승의 허가없이 타인에게 무술을 가르치지 않는다."라는 취지의 맹세를 했다고 한다. 그 후 6주간의 훈련을 통해 몇 가지의 무기술을 배우는데 지역마다 다르지만, 영국에서는 2-3종으로 추측하며 양손 검술에 한손 검 그리고 버클러 조합이 가장 인기 있었다고 한다. 그러나 사범이 되기 위해서는 30종의 무기를 다루어야 했으며, 르네상스시대 이후 프랑스와 벨기에서는 한 번에 한 가지 무술밖에 배울 수 없었으므로 상당한 기간이 걸렸다고 한다. 무술 길드내 계급으로는 학생, 자유학생, 준사범 그리고 사범이 있는데, 준사범이 되기까지 최소 7년이 걸렸다고 한다.

당시의 훈련은 우선 무기를 바닥에 놓은 다음 그것을 다시 집어들고 연습하며, 훈련이 끝나면 다시 무기를 바닥에 내려놓는다는 흐름으로 진행되었다. 이에 대해서는 독일, 오스트리아의 회화자료로 확인할 수 있으며, 영국식 롱소드 검술의 한 형(型)안에 "검을 지면에 내려놓다." '칼끝을 지면에'라는 순서가 있는 것으로 보아 아마도 전 유럽에 걸친 공통적인 연습방식으로 추정된다. 연습방식에 대해 아주 흥미있는 것은 이탈리아의 마르쪼의 말인데, 그는 "스승이 없을 때 제자들끼리 연습하면 고치기 힘든 버릇이 들어버리기 때문에 엄격히 금지한다."란 것이다. 또한 그는 훈련 기간(6주간)이 끝나면 며칠간 스승과 대련을 하여 나쁜 버릇을 고친 뒤, 인격적으로 뛰어난 동문 선배들과 겨루기를 한 후 길드에 형제로서 맞이하는 것이 좋다고 충고하였다. 좋은 스승을 만나기 위해 3년을 허비해도 아깝지 않다는 말이나, 세살 버릇 여든까지 간다는 우리 속담과 맥을 같이 하는 동서양의 진리인 것 같다. 또한 준사범이 되기 위해 7년이 걸렸으니 사범이 되기 위해서 최소 10년 이상은 걸렸을 것이다. 이는 우리가 사범자격의 요건인 4단을 따려면 최소 10년이 걸려야 하니까, 그 기간은 동서양이 비슷한 것 같다. 만 시간의 법칙과도 통하는 이야기이다. 오늘날 우리는 칼 하나만 주로 배우지만 과거 그들은 다양한 무기를 연마하였음은 다른 점이라고 하겠다. 그러나 수호지의 임충은 80만 금군교두로 다양한 무기를 병사들에게 가르치는 무술 사범으로 20-30가지의 무기를 지도해야 했다니 이는 과거 유럽과 비슷하다.

VI. 마침말

　이상에서 고찰해 본 바와 같이 동서양의 검술은 대동소이(大同小異) 하다고 결론 내릴 수 있다. 같은 점들은 대단히 흥미로우며, 다른 점들은 이를 통해 검도를 다시 한번 생각하는 계기가 되었다. 80년대 초 이탈리아에서 대표팀을 지도하고 있을 때, 옆 훈련장의 펜싱대표팀 훈련을 자주 보게 되었다. 그들은 사제간에 자유롭게 언쟁하고 마스크나 무기를 막 다루는 등 우리와 다른 행태를 보였던 것이 이상하게 보였으며, 특히, 지도할 때 공격(attaco)과 반격(conta-attaco) 그리고 페인트모션(finta)을 당당하게 가르치고 있었다. 필자는 '당시 속이지 마라', '막지마라', '물러나지 마라'라고 하면서 지도했는데, 그들은 속여서 공격하고 또 막고 치는 것이 일상화 되어 있었다. 공격무술의 나라 독일의 Fechtbuch에도 페인트모션이 나와 있으며, 영국무술에서는 방어가 공격보다 우선시 되었기 때문에, 유럽인들에게는 이러한 겨루기 방식이 전해 내려온 것으로 이제 이해가 된다. 우리 검도에는 페인트 모션이라는 말이 없지만, 최근 작고한 전설적인 챔피언 지바선생의 dvd를 보면 공격전 항상 칼을 낮추어 상대의 움직임을 보고 그에 따라 손목이냐 머리냐를 결정해 공격한다. 유럽사람들은 이 동작을 페인트라고 하지 않을까? 대도 7본의 선도 찌름은 무엇인가? 찔러보고 빈틈이 생겼으면 그곳을 공격하지 않았을까? 이러한 동작들은 서양식으로 보면 페인트가 아닐까? 학생 시절 손목칠까 머리칠까 허리칠까 칼을 돌리는 S검법이 유행했었는데, 큰 검도가 아니었으므로 요즘은 사라진 것 같다. 다음은 막는 것인데, 막지 말라고 가르치지만 누구나 다 막지 않는가? 시합을 잘 하는 사람들 가운데는 공격보다 방어에 능한 사람들도 있는 것 같다. 그럼에도 불구하고 검도에는 공격과 반격만이 있을 뿐이라는 가르침은 유효하고 또 여전히 훌륭한 것처럼 느껴진다. 유럽 사람들은 어떻게 생각할까?

우리 검도도 오랜 변형 과정을 거치면서 오늘에 이르렀는데, 필자가 검도를 배우기 전인 50년대까지만 해도 코등이 싸움에서 죽도 안으로 걸어 뺐고, 발걸고, 호면 벗기는 완력적인 접근전을 했으며 넘어지면 발로 밟고, 목찔렀다는 이야기를 들었다. 60년대에도 이런 관행들이 일부 남아 선배에게 들어가 코등이싸움을 오래하면 왼주먹 또는 오른주먹으로 턱을 친 분들도 있었다. 한마디로 실전기술이었으며, 전투기술의 잔재들이 아니었나 생각한다. 중세시대의 유럽검술에도 그때의 우리들과 너무나 비슷한 기술들이 많이 발견되어 이 글을 쓰는 동안 참으로 반가웠다. 칼 한자루씩 둘이서 들고 싸우는 동서양의 검술에 사실상 공통점 많은 것은 당연한 일인 것 같지만, 실기뿐만 아니라 이론까지도 유사하니 참 희한하다. 독일식 검술의 선후개념과 공격주도권 개념, 이탈리아의 공격선과 템포, 영국의 시간과 동작의 상관관계 그리고 프랑스의 마스크개발과 스포츠화가 오늘날 검도의 검리와 스포츠화가 약간의 기간 차이로 진행된 듯한 느낌을 받았다. 중국과 한국에 없는 사제모델의 2인 대련형, 2도류의 경우 특히, 일본과 유럽이 거의 같다. 16세기 이후 쇄국정책을 실시한 한국이나 중국에 비해 일본은 서구와 접촉하였으며, 특히 1867년 명치유신 이후에는 본격적으로 서구를 벤치마킹하지 않았는가? 해군은 영국, 법과 행정은 독일 등을 배우는 과정에서 유럽의 무술을 연구했을 가능성이 있으며, 비교연구를 통하여 오늘날 무술을 체계화시켰을 가능성도 없지 않아 보인다. 이렇게 잘 정리된 무술을 바탕으로 2차대전 이후 미국으로 또 유럽으로 진출하여 국위선양을 도모했을 것이라고 추측해 볼 수도 있겠다. 아무튼 검도는 이론이나 실기에 있어 어떤 다른 스포츠 종목보다 거의 완벽하게 정리되어 있다. 다만, 스포츠화 과정에서 서구와는 달리 옛 것을 버리지 않고 둘 다 취하였다. 따라서 검도가 스포츠냐? 무도냐?라는 논쟁은 지속

될 것이며, 심판 판정제도에 대한 시비 또한 끊이지 않을 것으로 보인다. 진정한 무도라면 경기하기가 어려울 것이고, 스포츠로 경기를 하려면 객관적이고 합리적인 판정제도를 정립하여야 할 것이다. 무도(칼) 이야기를 하면 스포츠(죽도) 뒤에 숨고, 스포츠 이야기를 하면 무도 뒤로 숨는 오늘날의 무술지도자로서 조선세법도 배워보고 검도본도 해 보지만 옛 무술의 진면목을 이해하기에는 역부족이었다. 그러나 중세유럽무술을 공부하고 동서양의 공통점을 통해 무술의 지평이 다소 넓어진 것 같아 참으로 기쁘다.

참고문헌

Comune di Roma, Catalogo delle Opere di Scherma, 1982.
DK, Eyewitness Guide- Arms & Armour, 2000.
Ryuta Osada, The Martial Arts of Medieval Europe(중세유럽의 무술) I, II. 번역: 남유리, ㈜에이케이 커뮤니케이션스, 2014.
이종원, 『검도본 교본』, 대원출판사, 2019.

사에(sae)가 있는
수내작용(手內作用)과 격자(擊刺)[1]

일흔이 넘어 그사이 수십 년을 배우고 익힌 자기 스타일의 검도(자세와 기술) 습관을 고친다는 것은 쉽지 않은 일이겠지만, 만일 잘못된 것이 있다면 지금이라도 바로 잡는 것이 검도정신에 부합할 뿐만 아니라 검도를 공부하는 사람의 마음가짐이 아닐까 생각한다. 필자는 대학교수로서 평생 진리를 탐구하고 학생들에게 옳고 그른 것을 강의해 왔으니 이를 검도에 그대로 적용해 보면 잘못된 점을 고치고, 새로운 것을 배우는 것이 옳은 일이다. 공자님 왈 나보다 나은 사람, 같은 수준의 사람, 못한 사람 3인이 모두 나의 스승이라고 하지 않았는가.

2020년 1월 우리나라에서 처음 코로나19 바이러스가 발병한

---

1 한국대학검도연맹, 『대학검도회보』, 2022년 발행 통권 제38호.

이래 사회전반에 걸친 사회거리두기(social distancing)의 영향으로 검도행사 및 연습도 크게 위축되었고 기간별로는 금지되기도 하였다. 따라서 자연히 집에 머무는 시간이 많아지면서 실내검도(image training)을 하거나 검도유투브(youtube)를 시청하는 빈도가 많아졌다. 8단과 범사를 수칭한 이후는 점차 이기고 지는 승부위주의 검도동영상(8단 대회는 봄)보다 바른 검도를 지도하는 것과 검도본 동영상 시청을 선호하게 되었다. 그런데 최근 사에(sae)가 있는 테노우찌(산뜻한 느낌의 끊어치기 타격과 이를 위한 수내작용)에 관한 다수의 지도 동영상을 보다가 세계적인 명인 대가들의 손동작과 필자의 것이 비슷하지만 약간 다른 느낌을 받았다. 그들의 것들은 10개중 8, 9개는 같아 보였다.

문제의 핵심은 양손으로 죽도를 짜느냐, 짜지 않느냐는 것이었다. 필자는 짜라고 배웠고 또 그렇게 가르쳐 왔다. 과거 모두들 걸레 짜듯이 또는 차수건 짜듯이 양 손목을 안으로 조이면서 힘(impact)을 주라고 배웠지만, 수련을 오랜 기간 해 오면서 걸레 짜는 것은 아니라는 것을 체득할 수 있게 되었다. 그럼 차수건은 어떻게 짜는 것인가? 다도모임에 가 보기도 하고 다도하는 검도인에게 물어보기도 하였지만, 검도나 다도나 사람마다 하는 방식이 모두 다르니 그 길이 하나인 것 같지는 않았다. 필자가 보기에는 가늘고 얇은 천을 손안에다 넣고 조물락조물락 하는 것처럼 보였다. 즉, 죽도 타격 시와 같이 손목을 안으로 짜는 동작을 볼 수 없었다. 검도할 때도 양손이 열려있지 않고 일직선상으로 안으로 조이고 있는 상황에서 더 이상 손목을 안으로 조임은 부자연스러운 일이다. 과거 죽도를 옆으로 잡을 때는 칠 때 안으로 조이면서 V자 라인으로 일직선이 되었지만, 지금은 이미 일직선상의 파지를 하기 때문에 좌우로 비틀지 않고 상하로 손목 코킹(cocking)으로 스냅동작을 취하는 것이다. 즉, 죽도의 무게를 이용해 중심선상에서 상하로 손목을 꺾어 베는(cut) 것으로, 머리의 경우 턱까지 내려치는(short follow-swing) 것이다. 이렇게 함으로써 잘라(끊어)치기를 하는 것이다. 즉, 때려치는hit가 아니라 끊어치는 cut의 느낌을 살리는 것이다. 이 느낌과 동작을 사에(sae)라고 부른다.

산뜻한 느낌의 타격(사에, sae)은 손동작뿐만 아니라 발동작과 허리힘, 몸이 나가는 속도와 발구름까지 합쳐져야 하는 검도의 완결판(完結版)이고(기검체 일치), 이 행위의 목적은 결국 칼끝 3치(죽도의 경우 약 15cm, 유효격자)에 힘을 싣기 위함이다. 이러한 모든 동작의 총합은 칼 끝에 힘을 전달하기 위함이고 그 빠르고 강한 힘으로 끊어 침으로써 반동이 있는 산뜻한 느낌이 나게 되는 것이다.

이러한 격자(사에가 있는)를 위해서 우선 죽도를 바로 잡고(파지법) 그 작동에 있어서는 수내작용(Tenouchi)이 원만히 이루어져야한다. 좋은 수내작용은 사에(sae)가 있는 격자의 필요조건이다. 본고에서는 파지법과 수내작용, 중단겨눔세, 공세와 타메(tame)에 관해 순차적으로 검토하고 이를 바탕으로 사에(sae)가 있는 격자를 서술하고자 한다.

1. 파지법(죽도잡는 법)

필자가 배운 가장 좋은 파지(把持)[2] 는 합장을 한 후 손을 내려 모양을 먼저 잡고 양손 안에다 죽도를 끼워 넣는 것이다. 즉, 죽도를 잡는 것이 아니라 그냥 끼워져 소지로 고정시키는 것이다.

---

2 도구를 사용하는 모든 운동은 꽉 잡고 하는 것이 아닌데, 파지(把持)는 사물을 꽉 잡는다는 뜻이므로 검도에 적합하지는 않지만 이미 정착된 용어이므로 그대로 사용하기로 한다.

파지에서 먼저 중요한 것은 위로부터 잡는 것이다. 합장(合掌)을 한 후 정중선으로 왼손을 배꼽 앞으로 한주먹 정도 내밀되 배꼽 아래에 둔다. 오른손은 왼손으로부터 한주먹 반 정도 위로 두되 검지가 코등이에 살짝 닿을 정도로 잡는다. 병혁 끝을 왼손바닥에 대고 소지를 그 끝에 반쯤 걸치고 중지, 약지 순으로 감아쥔다. 오른손도 같은 형태로 잡고 양손의 엄지와 검지는 거의 힘을 빼고 양손의 V자 라인과 바느질 부분이 일직선상에 오도록 한다. 이때 양손의 힘을 30%정도만 사용하는 것이 좋다. 양손 힘의 배분은 왼손 중심으로 7대 3 정도로 한다. 양손의 겉은 딱딱하게 그러나 속은 말랑말랑하게 잡도록 노력하며 옆에서 잡는 것은 금한다. 왼손은 계란 잡듯이 왼 겨드랑이는 새를 잡고 있듯이 라는 비유는 좋아 보인다. 기타 우산 잡듯이 핸들 잡듯이라는 표현도 도움이 되는 것 같다. 아무튼 요지는 부드럽게 잡으라는 것이다.

2. 수내작용(手内作用, tenouchi)

tenouchi는 국내에 정착된 용어가 없어 손맵시, 손매무새 등으로도 쓰이고 있지만, 본고에서는 한자표기와 유사한 수내작용(手

內作用)으로 사용하기로 한다. 수내작용이란 일종의 그립(grip)으로 공격이나 반격 시 양손사용의 전반적인 작용을 의미하며, 그립을 풀거나 조임(loosening, tightening) 뿐만 아니라 양손 간의 균형조정이 이에 포함된다. 요약하면 수내작용이란 쥐는 방법이 아니라 손목과 다섯 손가락의 작용을 말한다.

 손가락의 힘보다는 가능한 손바닥의 무지구(拇指丘)나 소지구(小指丘)로 쥐고 소지, 약지, 중지 순으로 강하게 잡고, 오른손도 같은 방법으로 쥐지만 왼손보다 더 느슨하게(loose) 한다. 오른손을 꽉 잡지 않는 것이 검도를 잘할 수 있는 비결이다. 오른손에 힘을 주면 몸에 힘이 들어가 경직되고 양손 간의 균형이 깨지게 되며, 따라서 공격이나 반격할 때 준비된 몸으로 대응할 수 없게 된다. 우리 검도의 최대 문제점 중 첫째는 박학진 선생의 주장에 의하면 오른손에 힘주는 것이다. 지도할 때 오른손 잡지마라! 하는 것도 결국 오른손의 힘을 빼라는 이야기가 아니겠는가. 왼손보다 오른손을 먼저 움직이고 그리고 과하게 사용하면 인근(刃筋, hasuji)의 방향이 치고자 하는 대로 가지 않고 틀어지게 되므로 자르지(cut) 못하고 옆으로 때리게(hit) 된다. 혹 경기에서 득점을 할 수 있을지는 몰라도 제대로 된 검도라고 보기는 어렵다.

흔히 왼손을 베는 손(切手, cutting hand) 또는 당기는 손이라고 하고 오른손을 미는 손(押手, pushing hand)라고 부르고, 왼손의 검지손가락을 공격손가락, 소지를 결정손가락이라고 한다. 중지는 가운데서 공격을 시작할 때나 공격을 결정할 때 보조 역할을 한다. 공격을 시작하고 마무리 하는 과정에서 오른손 중지를 받침대(hinge)로 지렛대원리와 원심력으로 빠르게 앞으로 오른손 무지구로 튕겨낸다. 이때 양 손목은 꺾였다가 펴지며(cocking, un-cocking) 손목의 힘(snapping)이 작용한다. 이 경우 만일 걸레 짜듯이 밖에서 안으로 손목을 강하게 조이면, 칼은 머리 위에서 서게 된다(stop). 과거에 배운 이러한 방식은 일정한 지점(point)에 빠르고 강한 충격을 주는 데는 효과적일지 몰라도 두께가 있는 물체(손목이나 머리)를 자르는 데는 한계가 있는 것 같다. 그렇다면 차수건 짜는 방식은 어떤가? 차수건은 얇고 가늘기 때문에 손목을 틀어 좌우로 짜는 것이 아니라 손바닥 안에 차수건을 넣고 가볍게 조이는 것이다. 즉 손가락이나 손목의 힘을 쓰는 것이 아니라 손바닥의 힘(掌力)을 이용하는 것이다. 검도에서도 걸레 짜듯이 치면 칼은 정수리나 잘해야 눈높이에서 멈추게 되지만, 차수건 짜듯이 가볍게 치면서 손목을 상하로 움직이면 칼이 턱까지 내려온 후 다시 머리 위로 올라가게 된다. 말하자면 양

손목이 아래로 꺽이면서 내려왔다가 다시 올라간다. 물체가 있다면 타격 후 반동을 받아 '퉁' 하고(sae) 튀어올라 가게 된다. 이때 왼손목의 유연성과 꺽임은 매우 중요하며, 이 반동(反動)이 사에의 요체가 된다.

수내작용에서 가장 중요한 것은 손모양이 바뀌지 말아야 한다는 것이다. 즉, 죽도의 등줄과 좌우손의 V자 라인 그리고 바느질 부분이 일직선이 되어야 한다. 이것은 실과 같은 미세한 선의 개념이 아니라 1cm 정도 굵기의 줄의 개념이라고 생각하면 한결 자연스러워진다. 일직선이 되지 않는 파지를 하고 있는 사람 즉, 중단에서 좌우수가 약간 열린 사람 또는 지나치게 조이고 있는 사람들은 칠 때 손목을 안으로 조이거나 밖으로 열 수도 있는데, 타격할 때 칼날 방향이 수직으로 바로 내려올 수 있다면 괜찮겠지만, 이 경우 대체로 약간 흔들린다. 그 이유는 수평운동이 상하 수직 운동을 방해하게 된다. 필자도 짜라고 배웠고 또 그렇게 가르쳐 왔지만, 최근의 연구와 조사 그리고 나름대로의 실습을 통하여 잘 못되었거나 최소한 비효과적이라는 사실을 발견하였다.

결론적으로 타격 시 수내작용은 양손을 좌우로 짜는 것이 아니라 상하로 손목을 꺾어 손바닥을 조이면서 베는 것이다. 손목을 좌우로 조이면 힘의 작용이 플러스와 마이너스 효과로 제로가 되어 죽도가 일정 지점에서 멈추게(stop) 된다. 이러한 상하 수직베기는 양손 V자 라인과 병혁가죽의 페멘 부분의 일직선이 전제조건이다. 또한 죽도를 잡을 때는 위에서부터 잡는 것이 좋다. 배가 나온 사람은 옆으로 약간 틀어서 잡을 수도 있지만, 들어 올릴 때는 정중선으로 해야 한다. 왼주먹이 앞으로 두 주먹 이상 나오고 왼손이 명치까지 올라간 높은 중단세를 하는 사람은 받아치기나 스치치기 등에는 유리하나 공격적인 검도에는 한계가 있다.

3. 중단겨눔세 : 자세가 곧 기술이다

검도본에 나오는 다섯 가지 자세 중 중단자세가 가장 기본이며 공격과 수비 모두에 유리한 겨눔세이다. 현대검도에서와 같이 좌우 움직임이 거의 없어지고 앞뒤로 이동하며 중심 뺏기와 지키기가 주된 기술이 된 오늘날 중단의 우위성이 점증되고 있다.

중단자세는 양발을 반듯하게(11자로) 보행하다가 발을 멈추고 뒷발인 왼발의 뒤꿈치를 약간 든 채로 왼손을 배꼽 아래에 두고 오른손은 검지가 코등이에 살짝 닿을 정도로 잡는다. 왼손은 엄지의 접합부위(제1관절)가 배꼽 아래 오게 하고 주먹 하나 정도 앞으로 내민 후 안으로 악간 조인(무지구로 누른) 상태로 쥔다. 이렇게 죽도를 잡으면 오른손은 정중선에 위치하나 왼손은 정중선에서 1cm 미만 좌측에 오게 되며, 죽도의 연장선은 상대의 왼쪽 눈을 향하게 된다. 오른발이 앞으로 나가 있기 때문에 자연체가 되는 것이지 일부러 몸을 비트는 것이 아니며, 그 원리는 좌상단을 취할 때 왼발을 앞으로 내미니까 좌자연체가 되는 것과 같다. 이때 주의할 점은 치려고 들 때는 왼손이 정중선으로 돌아와 타격 진후에도 그 신성에 징확하게 넘아 있어아 한다는 깃이다. 대도 1본 선도가 좌상단에서 정중선으로 돌아오면서 크게 베는 것이나, 조선세법 거정에서도 평대하여 정중선으로 베는 것은 같은 원리이다. 실제로 사람에 따라 약간 열리거나, 더 틀어 손바닥이 아래를 향하기도 하지만, 치려고 들어 올릴 때 바로 올리면 괜찮다. 사람마다 체형이나 성격이 다 다르므로 서 있을 때 사람마다 편한 자연체로 준비하고 있다가 쉽게 움직일 수 있는 것이 우선이라고 생각한다. 그러므로 고단자들의 중단세도 똑같은 사람이 없고 조금씩 다 다른 것이다.

중단겨눔은 참으로 다양하므로 이해를 돕기 위하여 역사적인 언급을 잠깐 하는 것이 도움이 될 것 같다. 1912년 검도본 제정 당시 2본은 상호중단, 6, 7본은 청안(晴眼)이라고 했지만, 1981년 해설서에서는 이들을 모두 중단으로 통일하였다. 원래 중단은 유파에 따라 중단, 청안(晴眼, 靑眼, 淸眼), 정안(正眼), 성안(星眼), 제안(臍眼) 등으로 다양하게 사용되었으며, 겨누는 부위도 미간, 좌안, 목, 얼굴중심, 배꼽 등으로 다양했었다. 정안이나 청안은 바른 마음, 맑은 마음으로부터 유래되었다고 하나 확실하지 않고, 지금은 모두 중단이라는 새로운 용어로 사용하고 있다. 원래는 오른쪽 눈(日)과 왼쪽 눈(月) 사이를 겨냥한다고 해서 청안(晴眼)이라고 명명되었지만 더 이상 쓰이지 않고 단순한 높이 기준인 중단(상, 중, 하 중의 하나임)으로 통용되고 있다.

중단자세를 겨눌 때 칼끝은 어디를 향하고(aiming) 또 그 높이는 어느 정도인가가 그 다음 문제이다. 가장 보편적인 기본은 상대의 눈(좌안 또는 양미간)을 겨누고 그 높이는 가슴이지만, 이보다 낮게 목을 겨누고 명치 높이로 내리는 실전적인 경향도 많다. 그리고 좌우로 더 벌리거나 위아래로 더 낮게 또는 더 높게 겨누기도 한다. 최근 2020년 대한검도회보(가을호 발행통권 제125호)

에 실린 8단 여섯 분의 중단 겨눔은 전부 다 다르지 않았는가. 그렇다면 어떤 중단겨눔이 좋은 것인가? 상대의 눈을 겨누어 상대가 내 죽도의 길이를 가늠하지 못하게 하는 겨눔이 아닐까 생각한다. 이를 위하여 먼저 상대의 눈과 자신의 눈 그리고 자신의 배꼽 세 점을 이어 3각형을 만든다. 상대의 눈과 자신의 배꼽을 이은 가상의 선상에 죽도를 올려 놓으면 된다. 이때 기준이 되는 거리는 일족일도이다. 만일 죽도가 점으로 보인다면, 이론상 죽도의 길이도 폭도 없어지므로 상대방은 선혁과 코등이 밖에 보지 못하게 될 것이다.

따라서 중단겨눔을 할 때는 칼끝이 정중선에 있고 또 그 연장은 양눈 사이라고 할 수 있다. 중단 대적 시 정중선을 지킴으로써 상대의 공격을 효과적으로 대처할 수 있고 공격 시 최단거리를 활용할 수 있기 때문이다. 그러나 여기에서 언급할 두 가지 문제는 첫째, 죽도의 두께인데 과연 2-3cm 폭의 죽도 두 개가 정중선에 들어갈 수 있을까? 둘째는 오른발과 오른손이 앞으로 나온 우자연체의 자세에서 몸이 미세하게 왼쪽으로 틀어지지 않을까? 따라서 왼손의 V라인이 배꼽과 일치하는 것이 아니라 왼손 엄지 제1관절이 배꼽선과 일치하게 된다. 이 두 가지를 고려하면 죽도의 연장선은 상대의 왼쪽 눈을 겨누게 된다. 그러므로 필자의 생각에는 처음 지도할 때는 두 눈 사이를 겨누라고 가르치는 것이 옳다고 생각하지만, 고단자가 될수록 자연히 왼쪽 눈을 겨누는 경향이 있지 않나 생각한다. 사실 그 차이는 몇 mm이므로 초보자들은 잘 느끼지 못할 수도 있다. 그렇지만 이 미묘한 차이가 손목을 감추어 주고 또 상대의 공격을 스쳐 올리기에 용이하게 한다. 검도5본 후도가 대상단 중단세로 스쳐올리는 경우가 그 한 예이다. 그러나 공격을 하려고 왼손을 들 때는 왼주먹과 검선이 반드시 정중선으로 돌아와야 한다. 그렇지 않으면 칼날의 방향이 틀어지기 쉽다. 결론적으로 초보자부터 2-3단까지는 정중선을 지키며 양눈 사이를 겨누라고 지도하는 것이 좋겠다. 왜냐하면 숙달되지 않은 사람에게 왼쪽 눈을 겨누라고 하면 대체로 지나치게 왼쪽으로 칼끝을 틀어 손목을 가리는 경향이 있어 나쁜 자세가 몸에 베이기 때문이다.

4. 공세(攻勢)와 타메(溜)

세메(seme)라는 국제용어가 국내에서는 공세(攻勢)로 정착되었다. 공세란 국어사전에는 '공격하는 태세'라고 간단히 정의되어 있지만, 검도에서 공세(세메)란 '상대와 겨눌 때 공격을 하기 위하여 충실한 기세로 접근함으로써 상대의 균형을 신체적으로 또 정신적으로 무너뜨리는 것'을 의미한다. 한편, 타메(tame)라는 용어는 아직 우리말이 없는 상황이라 검도영문사전을 참조해 보면, '상대의 공세나 기술에 대응함에 있어 정신적 및 신체적으로 충실하게 준비된 상태를 유지하는 것'을 뜻한다. 사전에는 없지만, 자신이 공세를 취한 후 기술을 내기 직전 충분히 준비된 상태를 만드는 것도 포함시키는 것이 좋겠다고 생각한다. 김영달 선생님께서는 타메(tame)를 '풀잎에 맺힌 이슬(溜)이 떨어질 때까지 기다리는 것'이라고 이야기 하였는데 결국 타메(tame)란 때가 될 때까지 충전하며 기다리는 것이 아닐까? 이를 섬노몬과 연관시켜 생각해 보면 견절(見切, mikiri)과 유사한 개념으로 보인다. 견절이란 '상대가 거리로 치고 들어올 때 이를 예측하고 끝까지 보다가 마지막 순간에 뒤로 물러나며 쳐내거나 슬쩍 피하는 행위'이다. 견절(mikiri)에는 시각적 대응이, 타메(tame)에는 정신적 상태가 강조되고 있다.

공세란 대략 칼끝 3치에서 5-6치 사이 약 10cm에서 일어나는데, 이 구간에서 상대를 이기고(상대의 태세를 무너뜨리고) 공격하는 승타법(勝打法) 검도의 핵심이다. 고교검도까지는 파워와 스피드로 주로 먼저 쳐서 상대를 무너뜨리고 이기는 방식(打勝法)을 취하지만, 사범의 수준에 이르면 공세에서 먼저 이기고 난 다음 공격하여야 한다. 공세의 방법은 서로 중단에서 밖에서 안으로, 안에서 밖으로 또는 아래로 내리면서 상대의 죽도가 중심을 벗어나도록 만드는 것이다. 사람에 따라서 다양한 방식의 공세방법이 있으나 결국 상대죽도를 중심선에서 벗어나게 하여 공격하고자 함이 목적이다. 이때 공격의 의사가 없이 손놀림만으로 하는 것은 바람직하지 않지만, 상대를 감지하기 위하여 대거나 또는 상대가 누를 때 부목(浮木)이 제자리로 돌아오는 것은 좋은 것이다. 결국 공세란 상대와의 칼끝싸움인데 이를 대화라고 표현하는 사람도 있고, 연애할 때 밀당과 같은 것으로 비유하기도 한다.

공세 중 으뜸은 상대를 타는(乘) 것이다. 상대의 기(氣)를 타고, 칼을 타고, 기술(技術)을 타는 삼살법(三殺法)이 공세의 극치이다. 기타 상대와의 거리를 가까이 또는 멀리 하거나, 또는 상대의 공격 리듬을 끊은(拍位) 후 상대가 당황할 때 공격하는 방법도 있다. 흔히 칼을 내리거나 찔러보거나 쳐보고, 상대의 칼이 내려오면 머리, 올라가면 손목을 공격하는 것이 가장 일반적인 방법이다. 이때 공세와 공격을 연결시키는 것이 매우 중요하다. 공세를 하다가 상대에게 되치기 당할 때는 즉시 죽도의 능각(鎬)을 사용하여 상대 칼을 스쳐 흘리고 한 박자로 대응기술을 내면 간단히 유효격자를 낼 수 있다.

 필자의 경우, 이제 나이도 단도 많아지니 남의 죽도를 툭툭치는 것은 좀 경망하고 실례가 되는 것 같고 또 한편 찔러보거나 내리면 페인트 모션 같아 삼가하고 있다. 그래서 주로 밖에서 안으로 상대의 죽도를 누르다가 상대의 공세가 강하면 발동작과 함께 반대쪽으로 눌러 중심을 차지한다. 항상 상대의 칼을 타려고 하며, 상대가 나의 죽도를 눌러오면 부목과 같이 다시 중심으로 돌아온다. 최근에는 목계(木鷄)를 연상하면서 종전과 다른 중단자세를 연구하고 있다.

5. 사에(sae)가 있는 격자

 사에(sae)는 외래어로 국내용어가 아직 없어 그대로 쓰고 있는데, 나름대로 끊어 침, 솜씨, 반동 있는 끊어침(필자번역) 등으로 쓰기도 하지만 그 의미전달이 충분하지 못하다. 사에를 풀어서 설명해 보자면 '검도기술의 정교함(skillfulness of technique)'인데, 이러한 기능(function) 또는 느낌(feeling)은 격자 시 양손(손가락과 손목 포함)의 협력적 작용과 양손의 조임(tightening)으로 발생한다. 그러나 스포츠검도에서는 발구름과 몸나가는 힘이 수반되어야 사에가 발생할 수 있으며, 이것이 없는 격자는 엄밀한 의미에서의 한판(유효격자)이 될 수 없을 것이다. 시간을 정해 놓고 승부를 내기 때문에 사에가 부족해도 상대적 우위에 의해 한판이 인정되고 있는 현실이지만, 고단자시합에서는 그렇지 않다. 특히 8단 시합에서는 사에(sae)와 존심(存心)이 없는 한판은 있을 수 없다.

일본어에 능통한 유용규 교수는 사에(sae)는 순간적인 타격 속에 모든 것이 응집되어 있는 기술, 즉 응집기(凝集技)로 정의한다. 적어도 10가지 이상의 복합적인 요소들을 동시에 충족시켜야 사에(sae)가 나오겠지만, 한, 두 가지 요소가 좀 부족하더라도 사에(sae)가 없다고 말할 수는 없을 것이다.

그렇다면 어떻게 하면 사에(sae) 있는 한판을 격자할 수 있을까? 우선 합장한 상태로 손을 내려 죽도를 위로부터 잡고, 양손 V 자랑, 등줄, 꿰멘자리, 배꼽이 대체로 일직선상에 있는 파지가 중요하다. 다음으로 왼손과 오른손에 죽도를 끼워 넣은 듯이 죽도의 무게를 겨우 느끼듯 가볍게 한다. 왼손과 오른손은 7 : 3 정도로 왼손 위주로 잡고 양손 엄지와 검지는 힘을 최소화 한다. 이때 긴장하면 오른손을 강하게 쥐게 되므로 몸의 힘을 최대한 뺀 느슨한 상태를 유지한다. 칠 때는 왼손과 왼발부터 시동을 걸고 왼손과 왼발로 친다는 느낌이 중요하다. 왼발은 무지구에 힘을 줘 밀고 왼손은 검지로 시작하여 칼을 들고 지렛대 원리를 이용하여 왼손은 당기고 오른손은 중지를 받침대(hinge)로 하여 무지구로 민다. 양손의 무지구의 역할이 대단히 중요하다. 왼손 소지를 조여 공격을 마무리하면 왼 겨드랑이 조임도 동시에 발생하여 칼끝에 힘이 들어간다. 임팩트 시에는 소지, 약지, 중지에 힘을 넣어 손바닥의 힘(掌力)으로 조이는데, 만일 엄지와 검지를 꽉 비틀면 칼이 하늘을 향해 선다. 오륜서에도 이 두 손가락은 잡는 둥 마는 둥 하라고 적혀있다. 머리를 칠 때는 손목이 꺽여 상대의 턱까지 베고 다시 올라가는데, 이때 왼손목의 유연성과 꺽임으로 인한 반동이 매우 중요하다. 친 뒤에는 두 팔이 아니라 좌우손목을 사용해 안쪽으로 살짝 조임으로써 사에(sae)있는 격자를 마무리 할 수 있게 된다. 타격 후 쳐들거나, 오른손을 열거나 또는 풀어버림으로써 사에(sae)가 없고 존심(存心)도 부족한 경우가 있으므로 이를 주의해야한다. 양손 엄지(또는 무지구)를 가볍게 누르기만 해도 이를 예방할 수 있다.

양손으로 잡는 검도의 특성상 좌우균형과 조화가 깨지면 제대로 베어지지 않기 때문에, 오늘날 왼손으로 쳐라! 오른손 힘빼라! 라고 지도하고 있다. 그렇다고 오른손의 역할이 없는 것은 아니지만, 오른손을 지나치게 사용하면 칼날방향이 틀어지기 쉽고 칼이 경직되어 산뜻한 느낌의 사에(sae)가 없어지게 된다. 따라서 좌우수의 역할과 힘의 배분이 대단히 중요하다. 다음으로는 손가락과 손목의 역할인데 좌우수의 엄지와 검지는 느슨하게 한 채 나머지 세 손가락으로 잡고 손목의 스냅을 이용하여 죽도를 던지듯이 앞으로 내고 치는 순간에 양손을 차수건 짜듯이 잡으며 상하로 조이는 것이다. 이때 손목이 굳어있거나 손을 꽉 잡으면 사에(sae)가 있는 타격을 할 수 없다. 부드러운 수내작용(tenouchi)은 공격뿐만 아니라 대응기술 및 받아치기 기술의 전제조건이기도 하다. 결국 좋은 수내작용이 없으면 격자에서 사에가 나올 수 없다.

이상에서 조사해 본 바에 의하면 사에가 있는 격자는 검도에서 가장 중요한 모든 것이 응집되어 있는 검도의 정수(精髓)이다. 그러나 아직 '검도경기 심판규칙'에 규정은 없지만, 일본에서는 2011년 이후 강습회를 통해 사에(sae)가 없는 격자는 유효격자로 될 수 없다고 교육하고 있다고 한다. 우리나라에서도 관행적으로 이를 판정에 적용하고 있지만, 사에(sae)라는 용어가 통일적으로 사용되고 있지도 못한 실정이다. 추후 우리나라에서도 적절한 용어가 선정되어야 하겠으며, 판정에 있어서도 그 중요성을 명문화하는 것이 바람직하지 않을까 생각한다. 한편 진검의 경우 사에(sae)는 한칼에 '쓱' 잘라짐이라고 생각되지만, 검도본에 관한 국내외 저술에는 사에(sae)라는 용어가 발견되고 있지는 않다. 짐작컨대 검도본에서는 실제로 베지 못하고 그 앞에 서거나 동작만 취하기 때문일 것이다.

격자의 전제조건인
攻勢(seme)의 의미와 방법[1]

머리말

    1990년대 7단 시절 몇 년 동안 필자의 검도화두는 "일족일도의 거리에서 공격할 때 한 걸음 들어가서 치느냐 아니면 그냥 한 칼로 치는가?"였다. 아무리 생각해도 답이 나오지 않아 주변 많은 분들과 상의했지만, "한 발에 친다 또는 발에 친다."라고 설명해 주었지만 왜 그런지의 인과관계가 불분명하여 설득력이 부족했으므로 충분히 이해되지 않았다. 그러던 중 1996년 대만 국제강습회에 같이 참가했던 유용규 선배와 주의깊게 검도경기를 관찰한 적이 있었다. 그는 모든 유효타는 일족일도의 거리에서 한 걸음 더

---

[1] 한국대학검도연맹, 『대학검도회보』, 2021년 발행 통권 제37호.

들어가 친다고 확신하였다. 그렇다면 2족 1도가 되지 않는가? 고민은 더 깊어졌다. 당시만 해도 우리나라에 seme라는 용어가 아직 도입되지 않았고 일족일도(一足一刀)라는 용어가 사용되기 시작할 때였다. 그러던 어느 날 허광수 사범이 일본에 갈 때마다 그들은 seme라는 말을 참 많이 하는데 우리나라에는 왜 그런 말이 없냐고 물어 왔으며, 후에 그는 이를 공세(攻勢)[2]라고 국내 최초로 번역하였다. 오늘날 많은 젊은 사범들은 이러한 공세의 개념을 잘 알고 있는 것 같다.

상기 화두를 어렵지 않게 정리해 준 사람은 서울대:동경대 교류 친선경기에 심판장으로 내한한 고바야시(전 일본국가대표팀 감독) 선생이었다. 필자가 전광희선생의 통역으로 질문한 내용에 그는 담담하게 "공격과 일족일도의 사이에는 seme가 있습니다"라고 답하였다. 공격을 위해 상대를 몰아가는 과정에서 거리가 좁혀질 수 밖에 없었으므로 두 걸음 들어가는 것처럼 보였던 것이다. 이때 거리를 좁히면서 상대를 압박하는 행위가 seme였지만, 당시 국내에서는 그 용어가 도입되지 않았던 시절이었다. 공격 전 누구나 하고 있었지만, 그 개념이 정리되어 있지 않았으므로 이에

---

[2] 유재주 사범도 최근 「백회연습」, 「8단의 수행」에서 공세라는 용어를 사용하고 있다.

대한 체계적인 교육과 지도가 어려웠다. 예를 들면 검도대련이나 경기 시 상대 죽도를 치거나 감든지 또는 중심을 타고 찔러 보는 행위는 공격 전에 누구나 하고 있지만, 이러한 공격 전 상대를 제압하기 위한 압박(위협)행위를 총칭할 수 있는 용어가 없었던 것이다. 본고에서는 이 용어를 한자의 攻을 살려 공세라고 사용한다.

공세(攻勢)[3] 의 정의와 종류

검도에서 공세란 상대와 일족일도의 거리(또는 원간)에 대치하고 있을 때 공격의 주도권을 확보하기 위하여 상대에게 접근하면서 압박하는 일체의 행위를 일컫는다. 이때 상대가 정신적으로나 신체적으로 위협을 느껴 불안정한 상태가 되어야 유효한 공세가 된다. 만일 상대가 동요하지 않고 안정된 태세를 취하거나 역공세(counter-attack)를 취하면, 그 공세는 실패한 것이 된다.

이러한 공세에는 일반적으로 세 가지가 있다. 첫째, 기력(氣力)에 의한 공세(attack with spirit) 둘째, 검선(劍先, 칼끝 세치)에

---

[3] 사전적 정의는 공격하는 태세 또는 그런 세력, 영어사전에는 attack, (military) offensive라고 나와 있다.

의한 공세(attack with the tip of the sword) 셋째, 격자에 의한 공세(attack with strikes)

다른 분류 방법으로 공세를 유무형으로 나누기도 한다. 즉, 눈에 보이느냐 아니냐가 그 분류기준이다. 첫째, 무형의 공세(invisible seme)- 상기 1번의 기공세와 유사한 것으로 상대를 심리적/정신적으로 압박하는 행위로 '치려는 기색을 보인다' 든지 상대의 '기미를 읽는다' 든지 하는 상당히 고차적인 심리적 조작이 필요한 최고급 기술로 오랜 기간의 수련이 필요하다. 그렇지만 때로는 상대에 따라 어렵지 않게 압박하여 나오게 하거나, 약한 것처럼 보여 상대의 공격을 유도하는 경우도 있다. 그런데 이렇게 포착한 좋은 기회가 우연에 의한(by chance) 것인지 또는 의도된(intended) 것인지 불분명한 경우도 있다. 만일 전자라면 그것은 진정한 공세라고 볼 수 없을 것이다.

둘째, 유형의 공세(visible seme)- 가시적인 공세로 몸 공세와 칼 공세가 있다.

1) 칼 공세는 상기 둘째 검선에 의한 공세와 같은 것으로 나의 죽도로 상대 죽도를 누르거나, 제치거나, 밀거나, 툭툭치거나, 감는 등 죽도 조작에 의해 중심을 확보하는 것이다.

2) 몸 공세(발동작 포함)- 몸을 앞뒤 또는 좌우로 가볍게 움직이거나 상하로 움직이며 하는 공세인데, 이때 양발이 다 움직일 수도 있고 한발만 움직일 수도 있다. 이것은 발동작을 포함한 몸넣기(入身)를 의미한다. 최근에는 일족일도의 거리에서 왼발을 당기지 않고 오른발만 밀어 넣다가 상대의 움직임에 따라 즉각 대응하는 경향이 있다. 종래 시합요령 중 상대가 왼발을 당길 때 공격하라는 것이 있었다. 그래서 요즘은 이에 대응하여 왼발을 준비하고 오른발만 앞으로 내보내다가 상대가 치고 들어오거나 역공세 하는 순간 공격한다.

기타 다양한 물리적 공세의 종류가 있다: 즉, 강한 공세↔약한 공세, 가벼운 공세 ↔ 무거운 공세, 긴 공세 ↔ 짧은 공세, 먼 공세↔ 가까운 공세, 깊은 공세 ↔ 얕은 공세, 큰 공세 ↔ 작은 공세, 둥근 공세 ↔ 각진 공세, 두터운(폭이 있는) 공세 ↔ 얇은 공세

이외에도 추상적이거나 심리적인 공세가 있을 수 있지만, 구체적인 설명은 어렵다. 실제로 경기상황에서 보면 어느 단독의 형태보다 여러 가지 종류가 섞인 복합공세의 형태가 많다. 예를 들면 칼을 하단으로 쑥 내리면서 기공세를 한 후, 상대의 반응을 보아 (상대의 기미를 읽고) 머리, 손목, 찌름을 밖으로 또는 안으로 아

니면 안으로 들어왔다가 다시 밖에서 공격하기도 한다.

다음으로 숙련자(고수)와 미숙련자(하수)가 하는 공세의 차이를 보면, 후자는 동작이 크고 강하며 형태가 드러나는 유형의 공세를 많이 하는 편이나, 전자는 무형의 기공세를 하거나 작고 얕고 둥근 형태의 공세를 일반적으로 하고 있다. 고단자가 크게 움직이지 않는 이유는 아마도 상대를 무너뜨리기 위해 크게 움직이다 보면 이쪽의 중단이 먼저 무너질 수도 있기 때문일 것이다. 따라서 검도를 오래 한 고단자는 무형의 공세를 선호한다. 실제로 검도대련에서 보면 하수의 공세에 무너지는 고수는 거의 볼 수 없다. '공세가 곧 검도실력이다' 보니 하수가 기공세와 검선공세에서 고수를 무너뜨릴 수 없으므로 남은 선택은 격자에 의한 공세뿐이다. 이것은 체력과 스피드에 의한 연속공격으로 상대를 무너뜨리고 유효한 격자를 시도하는 것이다. 연속공격에 의한 공격방법은 쳐서 이기는 타승법(打勝法)으로 이기고 치라는 승타법(勝打法)과는 반대이지만 나쁜 것은 아니다. 타승법은 고단자가 되기 위해 반드시 겪어야 할 과정이기 때문이다. 승타법과 관련된 검도용어는 삼살법(三殺法)이다. 상대와의 겨루기에서 먼저 기를 이기고 다음은 칼을 그리고 마지막으로 기술을 이겨야 한다는 것인데, 이 앞 두 가지 즉, 칼과 기를 이기는 과정이 공세에 해당하는 것이다.

모든 겨루기에서는 누구나 공세를 하지만 아직 국내에서는 통일된 용어도 없고 그 개념도 체계적으로 정리되지 않았으므로, 행동으로는 하지만 그 행위를 제대로 말로 설명하지 못하는 실정이다.

공세의 방법과 사례연구

공세를 '상대와 대적하여 공격의 기회를 만들기 위한 제반 동작'으로 본다면 그 방법은 일반적으로 다음 몇 가지로 나누어 볼 수 있을 것이다.

I) 밖에서 안으로 상대 죽도를 치거나 감거나 누르는 등의 행위
ii) 안에서 밖으로 상대 죽도를 치거나 감거나 누르는 등의 행위
iii) 자기 죽도를 아래로 내려 상대의 주먹을 위협하는 행위
iv) 상대의 가슴을 겨냥하여 찔러 보는 행위(7본의 선도와 같이)

위 네 가지 경우에 발동작의 조합이 가미되거나 2단계 3단계로 공세가 연결되면 더욱 다양한 공세 경우의 수가 발생한다.

이상은 검선에 의한 공세로 스포츠검도에서 행하는 가장 일반

적인 경우이다. 기력(氣力)에 의한 공세는 고도의 정신적이고 심리적인 차원이므로 말이나 글로 표현하기 어렵다. 한편, 격자에 의한 공세는 눈에 보일 뿐만 아니라 스피드와 체력에 의한 것이므로 유단자라면 누구나 가능하다. 기공세는 오랜기간 수련이 필요하므로 어렵고, 격자에 의한 공세는 타승법이므로 체력만 있으면 누구나 가능하다. 한편, 검선에 의한 공세나 몸으로 하는 공세는 난이도에 있어 중간 정도이다.

다음으로 유명한 검도사범들의 공세 사례를 보면 다음과 같다.

I) 고바야시 히데오 범사(한치, 또 한치의 공세) - 조금씩(3cm) 조금씩 세 번까지 상대에게 접근하여 위협하면서 공격의 기회를 추구한다. 그의 어느 옛날 선생님은 3회에 그치지 말고 5-6회 기회가 올 때까지 끝까지 공세하라고 지도했다고 한다. 섣부른 공격을 하지 않고 세메와 세메 그리고 타메와 타메를 하고 있다가 한칼로 결정하는 검풍이 그의 검도 스타일이다. 그가 추구하는 것은 회심의 일타이다.

ii) 야노 히로시 범사(중심뺏기) - 검선을 상대의 중심선에서 벗어나지 않게 유지하면서 또 칼끝을 강하게 하는 것이 공세의 기본이다. 그는 "나이가 들수록 스피드와 체력이 떨어지므로 죽도 끝으로 표출되는 기력(氣力)을 살려 체력부족을 보완해야 오랫동안 검도를 할 수 있다"고 한다. 그의 스승인 오가와 선생의 중심위압감과 검선이 강한 호리구찌, 오노 선생으로부터 강한 공세를 배운 바 크다고 한다.

iii) **가꾸 도시히꼬 범사(마음의 공세)** – 일반적으로 왼허리, 왼발, 왼손의 사용법이 검선의 공세에 영향을 미치지만, 거기에 마음의 공세가 더해지면 강력한 힘이 생긴다. '공세에서 이기는 자에게 칠 권리가 있다'는 이야기가 있듯이 검도에서는 공세가 가장 중요하다. 그렇지만 공세는 대단히 어렵고 자신도 오랜 기간 이를 제대로 이해하지 못했다고 한다. 그의 겸손하고 솔직한 표현에 필자도 전적으로 공감한다. 사실 검도의 오묘한 경지를 어떻게 다 알겠으며 몇 마디 말로 나타내겠는가? 자신을 낮추고 남을 비방하는 것을 삼가야 할 것이다.

iv) **나가노 유타카 범사(중심선 쟁취는 기의 문제)** – 검선을 상대의 중심선 겨눔에만 집착하면 중요한 점에 소홀하게 될 수 있다. 호리구찌는 낮은 검선에 오른손이 중심선에 있으며, 다까노는 높은 검선에 왼손이 중심선에 있지만, 사이무라는 중심이 없다고 하며 위로부터 타고 들어 간다고 한다. 즉, 중심겨눔이란 고정된 것이 아니고 격자의 전제로, 칼끝은 치기 좋은 곳에 두는 것이다(미야모토 무사시). 이쯤 되면 최고의 경지로 검도가 점점 더 어려워진다. 알듯말듯하다.

v) 야마다 히로노리 범사(기(氣)의 공세와 타메[4] (溜))

공세가 강하기로 정평이 있는 아마다[5]는 기본적으로 검선의 연장선은 상대의 왼쪽 눈이지만, 겨누는 점은 상대의 목이며 칼끝은 상대의 코등이 부위에 올라타는 기분으로 누른다. 그렇지만, 치바의 상단과 대결에서 난관을 경험한 그는 검선이 교차하지 않는 '기공세'의 중요성을 강조한다. 즉, 검선이 상대를 향하고 있지 않아도 기분이 상대를 향하고 있으면 이는 공세지만, 반대로 검선이 상대의 목을 겨누고 있더라도 상대가 전혀 두려움을 느끼지 못한다면, 이것은 진정한 공세라고 할 수 없다. 그러므로 '진정한

---

[4] 상대의 공세에 대응하거나 기술을 낼 때 정신적으로나 신체적으로 긴장 속에서도 준비된 상태를 유지하는 것. 야마다는 검도본 수련을 통해 이를 배울 수 있다고 바른 검도본 수련을 강조한다. 눈으로는 상대의 공격을 끝까지 보되(見切), 왼손은 마지막 순간에 움직이므로 이를 배울 수 있다.

[5] 최고의 찌름 기술을 자랑하는 후루까와도 야마다와의 중단겨눔에서 찔려 죽을 것 같은 위협을 느낀다고 회고했다.

공세는 상대가 느낄 때만 가능한 것'이다. 대 상단 자세로 검선을 연 자세를 취한 후 상대의 움직임을 끝까지 보고 있다가 커브를 그리며 목을 찌르거나 또는 상대의 왼허리를 친다. 이때 그는 타메의 중요성을 특히 강조한다. 니시카와(西川淸紀) 8단 역시 비슷하게 상대의 움직임에 왼손이 쉽게 정중선을 벗어나 위로 올리는 것을 금기시하고 있다.

vi) 치바 마사오 범사(하단 후 다양한 공격)

　국내외의 다양한 경기를 보면 가장 많이 하는 형태의 공세가 공격을 위한 하단 공세가 아닐까 한다. 은퇴 후 상단에서 중단으로 돌아온 그는 연전 제작한 dvd 검도교육자료에서 하단 공세 후 상대의 칼이 내려오면 머리나 찌름, 올라가면 손목 그대로 있으면 제쳐서 머리나 손목 또는 찌름을 하라고 가르치고 있다.

　기타 전설적인 검도경기의 달인인 나까꾸라 선생이나 미야자키 8단은 상대의 공격기회를 원천봉쇄하는 압도적인 공세를 하고 있지만, 기검체의 복합적인 요인 외에도 강인한 정신적인 요소가 있으므로 그들의 고차적인 공세를 한 두 마디 말로 설명하기는 힘들다. 또한 아무나 노력한다고 누구나 그렇게 할 수 있을 것 같지는 않다. 그들은 공자도 인정한 생이지자(生而之者) 즉 타고난 사람들인 것 같다.

　필자가 아직까지 이해하지 못한 두 가지 공세의 경험이 있는데, 그 첫째는 앞에서 언급한 고바야시 선생이다. 서울대에서 8년에 걸쳐(동경대가 2년에 한번 한국 방문함) 네 번의 연습과 끝날 무렵 한판 승부를 그와 경험했다. 필자가 중단에서 공세하여 중심을 뺐고 올라타(乘) 칼을 누르면 내 칼에 붙어 내려갔다 또 같이 올라오므로 도저히 공격의 기회를 잡을 수가 없다. 그러다가 어느 순간 느닷없이 칼을 쑥 들어올려 머리를 친다. 빠르지도 않은데 이 똑같은 머리를 4년에 걸쳐 네 번 맞고 전패했다. 최근 그의 유투브 동영상을 보니 내노라 하는 유명한 검객들도 그림같은 그 머리를 맞고 진다. 또 다른 분은 필자와 동갑인 경시청 수석사범(8단 대회 우승자)을 지낸 엔도(遠藤正明) 선생이다. 그는 한판 시합에서 중단에서 칼을 안쪽으로 붙여놓고 미동도 없이 있다가 상대가 공세하면 정중선으로 돌아왔다가 다시 안으로 간다. 죽도 하나의 두께로 안팎을 넘나드니 들어갈 수가 없다. 그래서 승타법으로 손목머리를 머리를 치면 바로 머리를 치고 나온다. 동시에 맞는다. 필자의 느낌으로는 단발머리의 타격이 손목머리의 타격보다 좀 더 강한 듯하다. 중단겨눔이 탁월한 분이 왜 안으로 들어 왔을까? 8단 대회 결승전에서는 우찌이에 선생과는 바르고 강한 중단 공세로 해설자의 칭찬까지 받았는데… 아직까지 잘 모르겠다. 80년대 후반 여러 해 동안 성균관대에서 같이 운동했던 사이타마 출신의 역시 동갑인 은행원 다나까 이따루 상은 중단에서 늘 왼쪽으로 들어와 상대가 치면 거는 수세적인 연습을 해서 힘들었는데, 엔도는 그와는 달리 왼쪽 공세를 했지만 기다리지 않고 곧 들어올 것 같은 위협을 느끼게 한다.

다음은 필자 개인적인 경우인데, 필자는 공세에서 중심 지키기를 가장 중요하게 생각하므로 공격과 방어에서 왼손이 아랫배와 명치에 되도록 가까이 있도록 그리고 정중선에서 많이 벗어나지 않도록 노력하고 있다. 중단겨눔 시에는 상대 죽도를 밖에서 타듯이(乘) 누르며 상대의 움직임을 관찰(감지)하고 있다가, 상대가 나오려고 할 때 선의 선으로 머리나 손목을 치지만 빠른 상대에게는 후의 선 받아허리 기술로 대처한다. 가까운 거리에 들어와서 손목을 감추려 검선을 여는 상대에게는 주로 한손 찌름[6] 을 한다. 상대

---

[6] 팔이 짧은 필자에게는 한손찌름이 양손찌름보다 약 30cm 더 길어 유리하지만, 상대가 죽도를 스쳐올릴 경우 대단히 위험하다. 이렇게 찌름기술은 한판을 잃기 쉬울 뿐만 아니라, 상대의 마음을 상하게 할 수도 있으므로 확실한 상황에서만 시도하는 것이 좋을 것으로 생각된다.

의 공세를 역이용하는 좋은 공격로는 상대가 공세하며 거리를 좁힐 때 부지불식간에 '탕' 하고 먼저 뛰어드는 머리공격이다. 이때 준비된 왼발의 타메(溜)가 성공의 관건이다. 또는 상대가 공세에서 이겼다고 먼저 뜨는 순간 작고 빠른 스텝으로 공격하는 후발선지(後發先至)의 기술이다. 반대로 멋지게 맞는 경우는 필자가 공세에서 이긴 줄 알고 먼저 머리를 떴을 때 상대가 작고 빠르게 치는 전광석화의 손목이다. 허를 찔린 멋진 손목 맞고도 기분이 좋다. 반성할 점은 너무 중심을 강조하다 보니 쳐들어가기 보다 오히려 지키는 쪽에 중점을 둔 소극적인 공세를 하지 않았나 하는 것인데, 이를 보완하기 위해서는 기공세를 더욱 단련하여 상대가 느낄 수 있는 적극적인 공세를 추구해야 할 것 같다. 대등한 상대가 아닐 경우 좀 열어 들어오게 하고 맞아주든지 스쳐치기나 절락기술을 시도하기도 한다. 손쉬운 선택으로 아랫사람을 좌절시키기보다 어려운 선택을 택하는 쪽이 수련에 도움이 되지 않을까 생각한다. 이제 일흔이 넘었으니 나이와 단위에 걸맞는 품위와 우아함을 잃지 않으면서도 상대와 교감하며 또 배려하는 '마음의 검도'를 하고 싶다. 또한 떨어진 체력과 스피드를 보완하기 위한 '기공세' 또한 중요하다고 생각한다. 마음의 검도와 기공세 이 두 가지가 필자의 향후 수련과제이다.

마침말

 이상에서 고찰해 본 바와 같이 산의 정상에 올라가는 길이 여러 갈래가 있듯이 공세하는 방법도 다양하게 존재한다. 눈에 보이는 또 보이지 않는 다양한 공세를 배우고 익히는 한편, 수많은 공세법에 대응하는 훈련도 해야 할 것이다.

 '공세에서 이긴 자만이 칠 권리가 있다' 라는 말과 같이 공세는 격자의 전제조건이므로 공세없는(충실한 기세가 없는) 격자는 유효한 격자라고 인정할 수 없다. 일족일도(또는 원간)의 거리에서 접근하여 공세에서 이기고 타메로 기를 모아 상대와 합기(合氣)될 때 기술을 내야만 진정한 유효타(멋진 한판)가 나올 수 있다.

 어떤 공세이든 상대에게 접근하면서 압박(위협)하여 4계(경구의혹)에 빠진 상대를 공략하는 것이므로 첫째로 명심해야 할 것은 '적정한 거리' 이다. 경기에서는 비교적 먼 거리에서 공세하지만, 연습에서 보면 일족일도보다도 더 가까운 근간에서 노닥거리다가 권투에서의 난타전과 같이 검도를 하는 사람들도 많다. 검도는 한판을 추구하는 운동이므로 다타(多打)가 유리한 권투와는 다르다. 굳이 비교하려면 검도에는 KO나 홈런만 있지 작은 기술이나 판정과 같은 제도는 없는 것이다. 아직도 많은 검도인들은 공세의 개념이 부족해서 상대를 압박할 줄도 모르고 심지어 상대의 공세에 위협을 느끼지도 못하며, 때로는 중심을 지키는 상대의 칼끝에 자기의 목을 대고 들어간다. 이기고 들어가야 하는데, 지고 들어가니 칼이 목에 걸리는 것이다. 한편, 이길 생각은 없이 걸기만 하는 검도 또한 좋은 검도라고 할 수 없다. 따라서 적정한 거리에서 충실한 기세로 상대의 칼을 이기고 기술을 이긴 후 승자의 존심을 취할 수 있어야만 멋진 한판(회심의 일타)이 나올 수 있을 것이다. 이를 위하여 부단한 공세공부가 필요하지 않을까 생각한다.

우리나라에서는 누구나 나름대로의 공세를 하고 있지만, 그 개념과 방법 등이 체계적으로 정리되어 있지 않기에 아직 부족한 필자가 다양한 세메를 구사하지도 못하고 있지만, 공부하는 의미에서 본고를 작성해 본다. 결국 공세는 상대와 밀고 당기며 상대의 기미(機微)를 읽으며 감(勘)[7] 으로 하는 것이므로 부단한 수련이 없으면 완성될 수 없다고 생각한다. 고단자 여러분들의 지도편달과 다양한 후속연구를 기대한다.

---

7 우리나라에서는 感으로 쓴다.

에필로그

 검도는 배우는 것이지만, 배우기만 하고 생각을 하지 않으면 그 배움이 더딜 것이다. 반대로 생각만 하고 배우지 않으면 엉뚱한 방향으로 잘못 갈 수도 있다.
 學而不思則罔 思而不學則殆(배우기만 하고 생각하지 않으면 어둡고, 생각만 하고 배우지 아니하면 위태로우니라)
 논어 위정편에 나오는 이야기이다. 검도나 학문이나 배우기만 하고 연구와 사색하지 않으면 깊은 이치를 깨달을 수 없고, 반대로 얕은 지식으로 생각만 하고 남의 말이나 옛사람들의 가르침을 배우지 않으면 소견이 좁아 위태로운 사상에 빠지기 쉽다. 검도는 배우고 익힌 후 남을 가르치는 운동이며, 몸으로 익혀 마음으로 베는 무도이다. 검도는 나이든 사람이 젊은 사람에게 밀리지 않는 격기무술이기도 하다. 그리고 검도는 지도자가 행동으로 보여 주며 솔선수범해야 하므로 실천철학이기도 하다.
 따라서 검도사범은 실기와 지도뿐만 아니라 이론적 지식과 고매한 인격까지 갖추어야 한다. 참으로 어렵다. 역설적으로 그래서 매력이 있고 사회에서 검도를 최고로 인정하는 것이 아닐까. 그런데 우리나라의 현실은 깊이 있는 읽을거리가 턱없이 부족하다. 읽고 쓰는 것을 기피하는 사람들도 있다. 아마 일본도 그래서 교사

칭호 심사를 실기 빼고 논문으로만 하는 것이 아닐까 생각해 본다. 검도는 몸으로 익히는 것이 맞다. 그러나 마음이 몸에 영향을 미치며 결국 머리에서 이 모든 것을 조정하게 되므로 배우고 익히며 또 깊이 생각해야 검도를 잘할 수 있을 것으로 사료된다.

필자는 후배 검도인들에게 심판장으로서 자주 검도 사범의 3박자를 이야기하는데, 그 첫째는 검도실기 기능이고, 두번째가 심판능력 그리고 그 다음이 인격까지 갖춘 지도력이라고 생각한다. 노벨 경제학상 수상자인 폴 크루거만은 경제학자의 3박자란, 논문과 저술의 연구능력, 강의능력, 현실참여능력을 말했는데, 그는 이 3박자를 갖추었음에 틀림없다. 그러나 3박자를 갖춘 경제학자나 검도지도자가 과연 얼마나 있을까? 필자의 경우 경제학이나 검도나 다 잘해야 B학점 정도 되지 않을까 싶다.

따라서 자신의 부족함을 잘 아는 필자는 그 부족함을 채우기 위해 배우고 익히기로 하고 책을 읽고 또 글을 쓰며 배우는 한편, 검도를 가르치며 동시에 배우고 있다. 배우고 가르치는 것(敎學相長)이 즐겁다! 본서의 집필 마지막 작업 중에도 소설가 유재주 관장이 번역한 '백회연습'과 '8단의 수행 I, II'를 읽고 크게 깨닫고 배운 바 있다. 종래 원어로 보거나 일부 번역서를 보기는 했으나 그 뜻이 충분히 전달되지 않았으나, 이번 유사범이 7년 번역 노력한 결과 그 의미가 이제 마음에 와 닿게 되었다. 그 주인공들의 검도사랑이 구도자(求道者)에 가까운 듯하다. 69세의 노선생을 찾아다닌 53세의 국사관대와 경시청 수석사범을 역임한 당 시대 최고수 사범의 학습 일기장을 보면 숙연해진다. 아름다운 사제지간의 동행은 오가와가 60세 그리고 모치다가 76세 만 7년 만에 끝났다. 말로 옮기지 못할 만큼 수많은 좋은 내용이 많았지만 옛날 말이라 이해 불가한 곳도 있었다. 상대의 일어남을 노리는 선선의 기술, 이기고 싸우는 기위와 현대일치, 공세 싸움에서 기가 뜰 때 허리를 펴면 칼끝이 산다. 그리고 한판을 빼앗겨도 초조하지 않기 위해서 배의 수행 즉, 복력(腹力)을 기름, 내면에 충실한 기합은 칼끝에서 나온다. 필자보다 나이가 많은 분들의 글을 보면 배 즉 '하라'라는 말이 많이 나오지만, 필자 또래부터는 잘 사용하지 않고 온몸(whole body)을 사용하라든지 또는 단전(丹田)이란 말을 흔히 쓰지만, 허리와 붙은 물리적인 배 또는 내면의 배 어느 것도 검도에서는 아무리 강조해도 지나치지 않을 정도로 중요하다고 생각한다. 요즘 필자는 나이들면서 어느 때보다 호흡의 중요성을 깨닫고 있는데, 이 과정에서 배의 역할을 재삼 느끼고 있다. 머리를 치고 들어갈 때 허리가 빠지는 사람, 중심이나 기(氣)가 자꾸 위로 올라가는 사람은 배의 역할을 기름으로써 시정할 수 있을 것이다. 아랫배를 중심으로 깊은 호흡을 함으로써 하체를 중심으로 한 견고한 자세를 유지할 수 있게 된다.

 최근 다행히도 국내 검도계에 출판 러시가 이어질 것으로 보인다. 최근 막 출판된 이상호 박사의 '검도철학'에 이어 본서 발간 직전에 직지출판사로부터 박학진 범사와 이국노 8단의 출판 소식이 곧 전해질 것으로 예상된다. 아직 그 책들을 보지는 못했지만, 국내 검도서적이 희소함을 감안하면 가뭄에 단비 같은 반가운 소식이다. 이후에도 팔리든 안 팔리든 검도인들에게 많은 읽을거리가 제공되었으면 하고 기대한다. 이러한 검도책 보급에는 이보식 사장의 노고와 헌신이 있었다. 그가 아니었으면 잘 팔리지도 않는 검도책을 누가 내 주겠는가? 이제 그는 5권의 검도책을 발간하고 출판사와 도장을 접고 도미(渡美)한다. 그의 성공과 무운장구(武運長久)를 빈다. 자전거를 타고 2년 동안 상해에서 히말라야로 중동을 지나 그리스, 이탈리아, 프랑스를 거쳐 포르투갈 로카곶까지 그리고 런던에서 귀국한 그인데, 무슨 일인들 못하겠는가?

 끝으로 본서가 출판되도록 도와주신 우곡 김종권 선생, 신동일 화백, 김성국 교수, 문성빈 교수, 이충희 교수, 이성수 교수, 성용은 교수 등 여러분들에게 감사드린다.

그림_신동일